No lugar de Deus
Ensaios (neo)teocráticos

João Décio Passos

No lugar de Deus
Ensaios (neo)teocráticos

Dados Internacionais de Catalogação na Publicação (CIP)
Angélica Ilacqua CRB-8/7057

Passos, João Décio
  No lugar de Deus : ensaios (neo)teocráticos / João Décio Passos. - São Paulo : Paulinas, 2021.
  240 p. (Coleção Kairós)

  Bibliografia
  ISBN 978-65-5808-105-0

  1. Teocracia 2. Igreja e Estado 3. Ciência política I. Título II. Série

21-4783   CDD 261.73

Índice para catálogo sistemático:
1. Teocracia   261.73

1ª edição 2021

Direção-geral:	*Flávia Reginatto*
Conselho Editorial:	*Andreia Schweitzer*
	Antônio Francisco Lelo
	Fabíola Medeiros
	João Décio Passos
	Marina Mendonça
	Matthias Grenzer
	Vera Bombonatto
Editores responsáveis:	*Vera Ivanise Bombonatto e João Décio Passos*
Copidesque:	*Ana Cecilia Mari*
Coordenação de Revisão:	*Marina Mendonça*
Revisão:	*Sandra Sinzato*
Gerente de produção:	*Felício Calegaro Neto*
Projeto gráfico:	*Telma Custódio*
Capa e diagramação:	*Tiago Filu*

Nenhuma parte desta obra pode ser reproduzida ou transmitida por qualquer forma e/ou quaisquer meios (eletrônico ou mecânico, incluindo fotocópia e gravação) ou arquivada em qualquer sistema ou banco de dados sem permissão escrita da Editora. Direitos reservados.

Paulinas
Rua Dona Inácia Uchoa, 62
04110-020 – São Paulo – SP (Brasil)
Tel.: (11) 2125-3500
http://www.paulinas.com.br – editora@paulinas.com.br
Telemarketing e SAC: 0800-7010081

© Pia Sociedade Filhas de São Paulo – São Paulo, 2021

Sumário

Introdução 7

Capítulo I
O retorno do poder de Deus 21

Capítulo II
A questão das novas teocracias 47

Capítulo III
Pátria amada, idolatrada 71

Capítulo IV
O Deus *pantocrator* no comando da pátria amada 103

Capítulo V
Panorama e modelos de teocracia 127

Capítulo VI
De volta ao mito 157

Capítulo VII
Mito político e consciência fanática 187

Considerações finais 217

Bibliografia 227

Índice remissivo 233

Introdução

Os israelitas disseram a Gedeão: "seja nosso rei, você e depois seu filho e seu neto [...]". Gedeão respondeu: "Nem eu nem meu filho seremos reis de vocês. O rei de vocês será Javé". (Jz 8,22)

As reflexões que compõem a presente publicação entram em um território tão antigo quanto novo: a do poder político exercido como autoridade provinda de Deus. *Ensaios teocráticos* pontuaram e ainda pontuam a história política do Ocidente com modelos tão semelhantes quanto distintos. O nome clássico da postura e dos regimes políticos implantados por Deus, em seu lugar ou em seu nome é teocracia (*theo + kratos* = poder de Deus). Portanto, em princípio, onde houver afirmações do poder de Deus sobre a terra haverá teocracia, tanto em espaços estritamente eclesiais quanto naqueles estruturados politicamente como regimes, narrativas e governos. Essa declaração de fé jamais sofreu abalos na consciência crente de um modo geral e, de modo definido, fundamentado e politizado, na consciência política ocidental que se formou na luta permanente entre o poder divino e a autonomia humana. Essa luta já narrada como drama no mito do paraíso terrestre se estende pela história afora, tomando as mais diversas formas políticas. Deus e o homem ainda não entraram em acordo sobre os fundamentos da ordem do mundo, apesar da rebeldia humana que desobedeceu à norma divina e foi expulsa pela própria bondade divina do paraíso da eterna dependência. O dom da autonomia desobediente ainda busca seus modos de organizar politicamente, e a saudade do paraíso ainda impulsiona retornos à tirania da ordem divina traduzida em regimes e em governos.

As teologias do poder de Deus podem ser afirmadas e formuladas por comunidades religiosas – nascedouros e incubadoras teocráticas – ou por poderes políticos nos quais o poder divino busca as formas de efetivação e justificação pública, tornando-se uma ação plena por meio de eleitos para a função. Embora o termo remeta quase sempre para os antigos regimes em que o rei era o ungido de Deus para reinar em seu nome ou em seu lugar, a postura permanece ativa na história religiosa e política dos povos e mesmo nos tempos modernos que têm como um dos centros articuladores os regimes democráticos. O termo teocracia é adotado nessa reflexão para designar a postura que entende a origem e a organização do poder a partir de um fundamento religioso, mesmo que isso não resulte em um regime teocrático, como nos modelos monárquicos do passado. Se, por um lado, a consciência política moderna não suporta esses regimes, por outro, tem convivido com a postura que, de tempos em tempos, emerge com forte ímpeto de encarnação em governos concretos, particularmente em regimes ditatoriais e governos de ultradireita. É verdade que, ao menos no Ocidente, os antigos regimes teocráticos já se foram, deixando não mais que alguns rastros em monarquias atuais como a inglesa. Contudo, mais forte que esses resquícios politicamente inoperantes, a sobrevivência de uma consciência teocrática se mostra viva e em nossos dias adquire expressões que, até bem pouco, seriam desacreditadas como coisa definitivamente superada.

No pacote que compõe o "eterno retorno" da ultradireita (KAHHAT, 2019), a postura teocrática se faz presente em doses diferenciadas, segundo os líderes que a exibem como razão e fim de seus governos salvadores das respectivas nações e, até mesmo, do Ocidente cristão. Talvez esses líderes tenham feito nada mais que abrir a caixa de pandora, destravar o inconsciente mítico onde habita o líder absoluto com toda a sua força salvadora (FINCHELSTEIN, 2015) capaz de vencer o caos com o cosmos, ou simplesmente pôr a público o que se encontrava recluso nas intimidades religiosas como dogma do poder divino. O fato é que o apelo ao fundamento religioso do poder é hoje um dado mundializado visível a olho nu. Os líderes de direita do Hemisfério Norte lançam mão desse expediente para legitimar seus governos, mesmo que a cultura laica seja o clima de suas nações. Cá no Sul, o retorno teocrático tem seus percursos próprios e parece significar o extravasamento do poder de Deus de uma esfera estritamente religiosa para a esfera política e pelas mãos de sujeitos pouco versados na regra política democrática. Os grupos pentecostais e os cristãos pentecostalizados são os protagonistas diretos desse extravasamento que hoje se encontra em curso no governo brasileiro. Se, para esses, até não muito tempo o poder de Deus se opunha aos poderes humanos, distantes de Deus das coisas de natureza espiritual, agora descobriram que é possível levar Deus até o coração da coisa pública e acionar seu poder por meio de líderes investidos para essa missão salvadora.

A teologia do poder de Deus, central nesse segmento cristão, entra na cena pública e de modo desarranjado busca os meios de efetivação. Contudo, trata-se, na realidade, de uma mesma e única batalha que visa devolver a história ao comando divino, por meio de alguns eleitos para essa missão. Deus está no comando! "Estamos no governo por desígnio de Deus!", repetem alguns sujeitos do governo. Nada de novo sob o sol dos poderes com pretensões de mando arbitrário. Ademais, o que haveria de mal em trabalhar pela pátria em nome de Deus e sob sua providência e proteção diretas? Quem negaria esse privilégio ou esse direito? Somente os cristofóbicos, já respondeu categoricamente o mandatário maior.

Para além dos fiéis crentes no poder de Deus, alguns assistem atônitos às cenas teocráticas. Outros as encaram com relativa naturalidade e outros, ainda, com indiferença. O fato é que a frase norteadora da campanha do deputado até então desconhecido, "Brasil acima de tudo. Deus acima de todos", era mais que uma estratégia de marketing político; era, de fato, uma sentença programática de um governo. Os percursos da montagem e do exercício do governo foram mostrando o poder daquelas palavras supostamente inoperantes. Um governo de reverendos, orientado por referências religiosas explícitas e conduzido por um líder francamente religioso, desenhou-se com toda crueza perante todos e provocou mais buchichos do que gritos de protesto. Aliás, entre todos os atentados contra a democracia que sofreram reprimendas do Judiciário no decorrer do governo, os que feriam o Estado laico não ocuparam um lugar central ou de grande relevância. Nenhum recurso foi impetrado com o objetivo de resguardar a laicidade do Estado. O silêncio que predominou faz pensar, ou na reverência tácita ao poder de Deus (como um tabu religioso que não deve ser tocado) ou no medo de confrontar-se com os grupos religiosos e suas igrejas (como base política popular que não deve ser enfrentada). Deus tem reinado na Terra de Santa Cruz com o apoio de religiosos e de liberais, de militares e de banqueiros, de fundamentalistas e de agnósticos.

Os significados desse fenômeno em curso ainda deverão ser examinados nos próximos anos pelos estudiosos. Não passaria de um resgate de posturas do passado, ainda vivas na alma nacional? O governante atual seria uma construção das elites para representar seus interesses perante o mercado mundial? Ou seria uma simples soma de variáveis de forças políticas que em um determinado contexto possibilitou a composição de um governo? Ou, ainda, um expediente regular da alma humana acuada pelo medo que busca salvação em um líder salvador de tipo carismático? Talvez um pouco de tudo isso. As reflexões que seguem não têm pretensões de oferecer respostas precisas para essas interrogações e, na verdade, o frescor dos fatos impediria de construir essa objetividade. Elas oferecem aproximações que sugerem perspectivas analíticas que desvelem o que o senso comum e as igrejas encaram com certa naturalidade e destacam aspectos a serem levados a sério a partir da categoria *neoteocracia*.

Essas aproximações permitem idas e vindas entre fatos e conceitos, visam elucidar alguns significados do que tem acontecido com o Brasil em pleno século XXI em sintonia com outros governos espalhados pelo mundo. Entre o passado e o presente, entre a civilização e a barbárie, nossa história tem conhecido dias inéditos em sua política. Um quadro apocalíptico se manifesta entre frases bíblicas e políticas públicas. Um Messias nos foi dado! Um reino doado por Deus quer continuar governando a Terra de Santa Cruz por tempo indefinido, talvez por meio da dinastia familiar que se encontra alojada no centro da inteligência do governo comandando seu gabinete paralelo. Uma mistura de dominação tradicional-familiar e carismática, diria Max Weber? Um quadro de uso ideológico da religião por parte dos poderes econômicos, repetiria os marxianos? Uma cena de retorno ao inconsciente liberando suas forças violentas, sugeriria Freud? Não restam dúvidas de que devem ser evitadas definições de tipo puro para esse governo, assim como para seus análogos de outros pontos do planeta. Longe disso, todos se apresentam como misturas desarranjadas entre o antigo e o novo, entre arquétipos míticos e racionalidades administrativas, entre barbárie e civilização, entre poder de Deus e "poder do povo". Nesse sentido, é que será adotado o termo *neoteocracia* como designação dessas expressões atuais de exercício do poder a partir de fundamentos religiosos. São novas formas de acomodar a velha percepção de Deus todo-poderoso, agora encarnado em estratégias que agregam em sua base de apoio as diversidades modernas, as narrativas híbridas que combinam distintas tradições religiosas em uma massa mais líquida do que sólida. As tipologias utilizadas por David Priestland (2014) para reinterpretar a história do poder, o guerreiro, o sábio-sacerdote e o comerciante, parecem fundir-se ou confundir-se nesses novos modos de praticar o poder de Deus na história atual. As castas distintas se agregam em torno de um poder forte que conta, ao mesmo tempo, com Deus, o dinheiro e o exército. A Bíblia e o tanque de guerra são exibidos como símbolos de força que tem escondido com relativa tranquilidade os interesses do mercado mundial que apostou em um projeto de governo ultraliberal, embora exasperado por um suposto nacionalismo.

O antiglobalismo político bradado pelos líderes de ultradireita expressa o ápice da contradição insolúvel entre a democracia e o capital liberal (neoliberal ou ultraliberal), na medida em que assume o soberanismo nacional como estratégia local de concretização da ordem financeira mundial. Cada nação se eleva como unidade interessada em usufruir com o máximo desempenho daquilo que pode oferecer o capital globalizado. A luta soberanista hoje em alta em vários países significa a busca de hegemonia econômico-financeira, a captação do desejo nacional para apropriar-se da maior fatia do capital global. No caso do Brasil, o paradoxo torna-se ainda mais cínico por se tratar de um governo que entrega as riquezas da nação e a administração dos bens locais a empresas regidas pelo capital mundializado. A casta do capital internacional conta com as castas guerreira e sacerdotal para executar seus propósitos. Mais uma vez, nos trilhos do velho colonialismo, repete-se a máxima: para a nossa nação basta uma parcela que cai da mesa dos senhores. É a servidão voluntária das elites econômica e política vestida de antiglobalismo e simulada como libertação moral da nação decadente.

Nessa velha pauta, o poder de Deus é afirmado como justificativa capaz de agregar de novo a nação em torno de um sentimento nacional perdido e de uma salvação da economia em crise. Afinal, o capital que sempre se alimenta das crises, alimenta-se também dos sacrifícios oferecidos às divindades na busca do paraíso prometido, eternamente prometido. Nessa perspectiva, as novas teocracias não retomam uma percepção antiga culturalmente superada, mas brotam de dentro da própria lógica do capital que exige poderes transcendentes para concretizar seus projetos. As posturas teocráticas renascem. As democracias morrem. O mercado mundial impera. As elites e os pobres entram em acordo na busca de salvação que vem do alto para garantir os interesses dos primeiros e as necessidades dos últimos. Deus está no comando, acima de todos. A pátria cristã dará os rumos de recuperação da nação decadente. Os inimigos serão vencidos na batalha que se encontra em curso e já mostra sua vitória na própria presença do líder eleito.

As teocracias são construções políticas que realizam o que prometem os grupos milenaristas. A concretização certa, segura e duradoura do Reino de Deus na terra antecipa todas as promessas de soluções das contradições e precariedades históricas que os movimentos políticos milenaristas anunciam como projeto e com data futura marcada. No imaginário cristão, plasmado na consciência temporal judaica, de uma história que caminha para a frente na busca de etapas superiores e de soluções definitivas para os males, a realização do Reino de Deus anunciado por Jesus de Nazaré significa o fim da história que já se realiza.

As teocracias cristãs que acompanham a formação do Ocidente se inscrevem nessa moldura messiânica que gradativamente foi superada por outro "messianismo", agora secularizado: o da democracia. Também esse regime se apresenta em certo sentido como síntese final e como único capaz de conduzir a humanidade ao equilíbrio perfeito entre a igualdade e a liberdade. Nesse sentido, a alternância entre democracia e teocracias, bem conhecida nos tempos modernos, indica a reivindicação do final da história mais coerente e eficiente cada qual, nos momentos em que as crises são encaradas (e evidentemente construídas) como ponto crítico que exige saídas urgentes e definitivas.

Entretanto, as teocracias criam zonas de conforto mais seguras do que as democracias, na medida em que anunciam um reino de soluções advindas pela força da palavra de um líder escolhido por Deus e dispensam o jogo tenso e, na verdade, sem fim da democracia como processo histórico conduzido pelos sujeitos históricos distintos e, até mesmo, antagônicos. Perante as incertezas da dinâmica democrática, o poder chancelado por Deus e conduzido pela presença forte do líder, seu eleito, goza de maior credibilidade junto às massas, pois já oferece a solução pronta que o jogo democrático teria que construir laboriosamente nas incertezas da história. Entre a escuridão e lentidão da democracia, sempre sujeita a erros, e a *certitudo salutis* das teocracias, essa última pode ser vantajosa para aqueles que aspiram a uma solução paternal/maternal para os problemas urgentes, problemas localizados na região da alma concupiscente que clamam soluções de alguma alma irascível destemida ou de uma mãe saciadora que oferece proteção. Freud ou Platão? As teocracias encarnam as soluções que a alma humana fragilizada busca na soma desorganizada dos filhos aflitos que querem pão e proteção. E, de todas as inseguranças que clamam por proteção do soberano todo-poderoso, a relacionada ao futuro é, por certo, a mais desestruturadora, a que provoca o medo das classes saciadas de perder seus privilégios. Por essa razão, as classes médias costumam abraçar os poderes absolutos como antecipação de soluções para seus interesses. Elas negociam com todos os poderes salvíficos, ainda que na forma mais ditatorial. Se os pobres se achegam aos governos poderosos como solução imediata, a classe média (SOUZA, 2018) aposta na antecipação e vende sua alma ansiosa por segurança ao primeiro caudilho ou ao primeiro Messias.

A zona de conforto oferecida pelas teocracias leva vantagem perante os filhos da nação insegura. Deus emerge como o marco divisor e seguro que separa os inimigos ameaçadores dos filhos autênticos da nação; representa ao mesmo tempo a bondade e a força que salvam da grande ruína, em uma espécie de juízo final antecipado que tem como juiz o líder com suas narrativas e sentenças. Escatologia realizada, Reino de Deus na terra. Assim nasceu a primeira teocracia cristã com Constantino (desde 313) e, a partir desse germe primordial sempre resgatado, todas as outras que a sucederam com seus arranjos próprios: do sacro-império romano ao cristofascismo do Terceiro Reich, do tropismo ao bolsonarismo. O poder de Deus é sempre solução para as consciências crentes, porém pode ser solução até mesmo para os integrantes céticos e liberais da massa ávida de soluções que de repente abraçam a salvação divina oferecida pelo líder ou, ainda, por membros de uma elite autoritária que acolhem estrategicamente os fundamentos religiosos inerentes aos ímpetos do líder. A insegurança e o medo criam as massas ávidas de solução para suas expectativas. A sequência *medo-massa-salvação* constrói as neoteocracias. A dissolução iminente não pode contar com saídas oferecidas pelo poder rotinizado, no caso, pelo aparelho regular do Estado, nem mesmo pelas regras do jogo democrático. Só um messias político pode oferecer saídas seguras. Os mitos se encarnam em personagens e promessas.

A profissão de fé no líder é a atitude fundamental das massas teocratizadas de ontem e de hoje. É pela fé em sua pessoa que realiza sempre o que promete, em quem a palavra e a ação se identificam sem necessidade de verificação lógica ou empírica, que os seguidores fazem política. Essa atitude é princípio e método que norteiam as ações de apoio ao que diz-faz o líder. E a fé no poder absoluto de Deus jamais foi abandonada por crentes professos e por cidadãos que a consideram razoável, mesmo sem práticas religiosas regulares e militantes. Dessa postura guardada na alma e nos valores nacionais, subscrita em símbolos religiosos do Estado laico, preservada pelo mesmo em nome das liberdades religiosas e alimentada com toda a sua força simbólica pelas confissões religiosas, as teocracias se recolhem ou se expandem para além das intimidades religiosas. No governo bolsonarista extravasou para a esfera pública como fonte direcionadora das ações governamentais. Assim como em outros governos de ultradireita, o que se instaurou por aqui tem revelado que a postura teocrática não constitui obrigatoriamente o antídoto político da democracia – como acreditou o Ocidente moderno –, mas sim um pressuposto necessário e legítimo das instituições do Estado democrático e laico. Governar em nome de Deus é uma missão legítima, natural e urgente em uma pátria cristã e, de modo particular, em um Estado em crise. Estranhos são os que negam essa necessidade política salvadora. Somente os antipatriotas, os comunistas, os corruptos e os ateus negam essa estratégia de governo. Eis o credo fundante das neoteocracias ensaiadas em governos do Norte e do Sul.

Por essa trilha o Estado laico, com todos os seus aparatos, é assumido como mediação disponível para a execução de um plano divino conduzido por um grupo de eleitos de forma remota ou direta. Espírito religioso em corpo laico, governo teocrático no Estado democrático? É verdade que a dinâmica democrática é sempre um desconforto para os teocratas. Contudo, enquanto não traduzem a teocracia em golpe autoritário, atuam inevitavelmente por dentro das estruturas estatais erigidas no espírito e na lei da democracia. Se é verdade que "o uso do cachimbo entorta a boca", as consequências estruturais desse espírito teocrático se mostrarão mais cedo ou mais tarde. Quem viver verá. Nesse sentido, vale ressaltar que as reflexões aqui expostas têm como foco expor as lógicas e dinâmicas das neoteocracias e não avaliar suas efetividades e eficácias como governo instalado em plena época moderna e por dentro das estruturas laicas.

Nesse contexto específico e no contexto histórico mais amplo dos regimes e teologias teocráticas construídos no que se pode entender por Ocidente (NEMO, 2005) é que as reflexões ora expostas estão enquadradas. Não deixa de ser instigante e tentador que nesse momento histórico ao menos um olho se voltasse para o Oriente, quando o Talibã retoma o poder no Afeganistão e entra em conflito com o Estado islâmico. As ideias e as práticas teocráticas de matriz islâmica têm suas características próprias. Colocá-las em cena, ainda que em exercícios de analogia com as teocracias ocidentais, significaria uma abertura de foco fora do alcance momentâneo do autor, com seu objeto mais imediato e com os instrumentais analíticos. A longa temporalidade na qual dispõe a questão da teocracia na história ocidental, assim como a dialética entre secularização e sacralização do poder nesse mesmo percurso oferecem conteúdos suficientemente diversificados e complexos para se pensar, antes de tudo, o cenário nacional com suas idiossincrasias políticas. No final das contas, Deus é brasileiro e por aqui tem sido esbanjado como grande dono da nação espoliada pelos comunistas. Esse dono cósmico na Terra de Santa Cruz assume agora o senhorio político da nação; é conclamado como grande general dos eleitos investidos de poder para extirpar dessa terra, desde sempre sagrada, os opositores da fé e inimigos da nação.

As teocracias de ontem e as expressões contemporâneas operam com uma teologia política que oscila entre o implícito – a dimensão teológica subjacente nos discursos políticos – e o explícito, as formulações que explicam o fundamento transcendente, absoluto e normativo do poder. Se, nos regimes teocráticos do passado, o implícito nada mais era que uma interiorização ou uma naturalização da teologia explícita, nas expressões contemporâneas, o trânsito entre as esferas se mostra de modo confuso: ora como explicitação de uma cosmovisão religiosa implícita na percepção política do líder e de seus apoiadores (politização do poder de Deus), ora como busca de fundamento para as ações dos governos e de determinadas políticas públicas (teologização do poder político). As teocracias atuais estão muito distantes de serem compostas e, ao mesmo tempo, de comporem um sistema teológico puro e orgânico como no passado. Muito ao contrário, operam com processos de hibridação religiosa que se mostram no paralelismo e no ecletismo de diferentes matrizes confessionais, sem pretensões ou condições de compor qualquer síntese, a não ser aquela do poder de Deus assumido como fonte do poder político. Por essa razão, as teologias políticas explícitas dos poderes de ultradireita atuais se mostram sempre em fragmentos desordenados, embora visíveis e apelativos: versículos bíblicos repetidos à maneira fundamentalista, gestos rituais praticados perante plateias religiosas, exposição pública da Bíblia, afirmações políticas de fundo religioso, classificações sumárias sobre os inimigos do poder etc. Não parece possível encontrar um sistema teológico ou uma metafísica religiosa ordenada nem na forma nem no fundo de tudo isso, mas apenas um agregado de doutrinas que brotam das alianças que apoiam os referidos governos. Mas resta sempre a pergunta pela teologia implícita nas políticas públicas desses governos: as raízes teológicas do soberanismo, da intolerância (homofobia, xenofobia, aporofobia etc.), do autoritarismo, das narrativas de ódio, do armamento da população, do negacionismo. A hipótese de um "sistema de crenças" subjacente a essas posturas parece ser plausível: poderes nacionalistas e autoritários operam com dogmas de origem transcendente. Esse território transcendente é feito de elementos teológicos implícitos e explícitos sustentados por vínculos com grupos religiosos.

As neoteocracias se assentariam em crenças que se ajeitam no âmbito da sociedade moderna e da instituição política moderna, sem uma teoria coerente e uma práxis uníssona decorrente. Não significam, portanto, uma acomodação pacífica, harmônica e sistêmica, mas o desenho de um sistema de crenças eclético, fruto de alianças políticas circunstanciais com distintos grupos confessionais e não confessionais. Essas crenças carregam a condição moderna da pluralidade cultural e religiosa e se aliam de modo estratégico (ocultando as diferenças e as divergências em nome de interesses comuns mais fundamentais), mas também por afinidades eletivas (WEBER, 1996, p. 64) que somam ativamente percepções políticas (poder autoritário) e percepções religiosas (poder divino imediato) que compõem a visão dos distintos grupos. O acordo de fundo ocorre em torno de um poder transcendente (de Deus e do líder), anterior e superior à ordem precária a ser restaurada.

As análises que seguem circulam entre os fragmentos visíveis nas posturas e nos discursos do governo atual em conexão com seus pares de outras partes do planeta e as referências teóricas e históricas dos regimes e das ideias teocráticas. As temáticas oferecem distintas aproximações conceituais que permitem perceber rupturas e continuidades entre os modelos do passado e os do presente, construir analogias entre eles e fazer discernimentos políticos e éticos. As reflexões visam examinar as dinâmicas da teologia do poder (teocracia) implícitas e explícitas no governo atual e, por extensão, em seus pares de hoje e antecedentes de ontem.

Cada capítulo aproxima-se e distancia-se desse contexto imediato em busca de elementos que ajudem a compreender o que se passa na política atual: a fé no poder de Deus, a presença do líder redentor na história, o mito da pátria agregadora, a promessa de salvação, a verdade infalível, os modelos de governo teocrático, a consciência fanática, são questões que atravessam o conjunto da reflexão e que merecem igualmente atenção em tópicos específicos. Os textos foram construídos em um processo gradual; possuem focos distintos, mas se interligam nas questões que vão sendo retomadas durante as reflexões. Poder de Deus, mito, messias, salvação, autoritarismo, violência, pátria, teologia política, líder de tipo carismático, pentecostalismo, são categorias que perpassam as reflexões e vão sendo repetidas e aprofundadas a cada título desenvolvido nos capítulos. O eixo comum centrado na hipótese de uma neoteocracia hoje visível e atuante nos governos de ultradireita sustenta as abordagens nas partes e no todo.

As análises tomam essa postura somente como objeto, ou seja, tem a teologia do poder como objeto e não como perspectiva. Em outros termos, segue os trilhos da ciência da religião e não da teologia, ao menos de modo intencional e metodologicamente regrado. Contudo, esse lugar teórico não é ética e teologicamente neutro. Muito ao contrário, adota como pressuposto uma filosofia-teologia política que nega a legitimidade do uso da religião como fundamento do poder. Embora esse pressuposto não seja exposto e aprofundado, ele sustenta a reflexão como ponto de partida e como fio de prumo dos posicionamentos e das críticas do autor no decorrer dos temas trabalhados. Nesse território epistemológico, a reflexão se esforça por ser objetiva e crítica, sem entrar no mérito teológico do poder de Deus, postura própria da teologia. A crítica teológica do poder de Deus encarnado politicamente foi evitada, não obstante ser tentadora e, por certo, portadora da munição mais demolidora que pode demitizar o próprio fundamento religioso do poder.

As reflexões que seguem surgiram em um contexto que merece ser mencionado. Obviamente nasceram, antes de tudo, do espanto perante o que se desenhou a nossa frente desde a eleição do governo atual. Desse espanto vieram os esforços de compreensão que foram sendo feitos no âmbito do Programa de Estudos Pós-graduados em Ciência da Religião da PUC-SP. Eles padecem dos limites de todas as análises contextualizadas, sabendo das mudanças inevitáveis das conjunturas que, não somente recompõem as forças ao sabor dos interesses presentes, como também revelam mecanismos subjacentes aos poderes que anteriormente eram desconsiderados.

O fato é que, por mais original que um governo religioso possa parecer, como é o caso do Brasil atual, ele se insere em dinamismos mais amplos e profundos, sejam os da alma humana temerosa que clama pelo colo da pátria e pelo poder paterno do líder mítico, sejam os de uma conjuntura mundial que persiste em longa crise e que provoca tentativas de saídas que retrocedem a modelos supostamente seguros do passado. As teocracias atuais oferecem a fundamentação para as tiranias do medo e do capital mundializado.

> A desmodernização, ao contrário, faz nascer utopias retrospectivas. Ela faz imaginar uma volta a uma ordem global baseada em crenças religiosas ou instituições políticas e suscetível de pôr um fim à fragmentação da experiência vivida (Alain Touraine).

Capítulo 1
O retorno do poder de Deus

O retorno político do poder de Deus faz parte de um ciclo de retornos de uma concepção de poder na longa temporalidade da história ocidental, senão da história humana. Deus ainda não foi desbancado como origem dos poderes, mesmo que, desde a chegada do Estado laico, tenha permanecido na retaguarda religiosa e cultural como origem primeira de todos os poderes, quando não como origem imediata das forças da natureza. No subsolo da cultura, nos bastidores dos poderes políticos e no comando das comunidades confessionais, o poder de Deus subsiste como causa e como força disponível a todos os que dele necessitarem e a ele recorrerem. A história e o funcionamento do poder laico acomodaram Deus e seu poder em territórios permitidos, embora governantes dos mais devotos ao mais laicos tenham mantido a virtude/vício de visitá-lo quando julgavam necessário. E o próprio Estado laico não o dispensou por completo de seus símbolos mais fundamentais: dos juramentos, dos tribunais, das cédulas monetárias e, em muitos casos, até das Cartas Magnas. É verdade que são fragmentos do poder divino que regularmente não encamparam o conjunto do aparelho laico em suas regras e funcionamentos. Contudo, constituíram expressões de uma consciência religiosa mais consistente e completa, subjacente e ativa na cultura ocidental, na verdade, mais adequadamente, uma espécie de inconsciente político sempre controlado pelo superego laico do Estado.

Esse inconsciente tem liberado suas energias e seus arquétipos no decorrer da história, quando o medo é cultivado e extravasado como sentimento comum que clama pelo retorno da dependência à ordem divina, estado paradisíaco que regride para a fase anterior à desobediência da liberdade que constrói a história como drama permanente. Os poderes políticos redentores são, de fato, uma espécie de saudade do paraíso, agora projetado como futuro imediato a ser realizado.

Por certo, as imagens míticas presentes nas encarnações históricas do poder de Deus são variadas e elucidativas da alma humana ávida de salvação. Mas o fato é que hoje as novas expressões teocráticas estão cada vez mais naturalizadas na rotina política nacional e mundial e, na maioria das vezes, passam despercebidas como um detalhe inofensivo ou, o pior, como narrativas legítimas. É, de fato, curioso ou lamentável que não seja necessário demonstrar que hoje em dia muitos governos se apresentem como mandatários de projetos executados em nome de Deus. Esse dado já se tornou rotina e as mídias o exibem sem os costumeiros tons espetaculares e sem maiores indignações republicanas. O povo brasileiro parece ter recebido as imagens e os discursos de conteúdos teocráticos explícitos da parte do governo com naturalidade e, até mesmo, como virtude política do mandatário maior e de seu alto escalão. E, para completar a coerência da cena teocrática, o presidente é denominado explicitamente *mito*. O governo em nome de Deus necessita, sem dúvidas, de mito e não de governante eleito pelas vias regulares do jogo democrático; necessita de promessa salvadora e não de projeto de governo. Em doses diárias que vão tornando-se cada vez mais naturais, o exercício teocrático do poder se mostra em gestos, em discursos e em decisões do presidente e de seu corpo de especialistas religiosos. Não é somente no Brasil que a cena se mostra explícita. Também em outros quadrantes do planeta, até mesmo em berços consagrados da democracia e do Estado laico, tem feito cena. O poder de Deus tem sido evocado e encarnado em governos atuais como volta às fontes mais vigorosas, superiores (e evidentemente anteriores) às democracias que se encontrariam em uma suposta crise, sem oferecer saídas por suas regras regulares. Estratégia antiga, da idade de todas as ditaduras que se implantaram no Ocidente, sobretudo no Sul do planeta: a religião foi regularmente adotada como fundamento do poder autoritário e as igrejas, majoritariamente a Católica, foram buscadas como bases de apoio para a salvação da "pátria amada" e da nação cristã das garras de um inimigo destrutivo já instalado dentro de casa. As ditaduras latino-americanas da segunda metade do século passado repetiram unanimemente essa pauta.

Se hoje a presença da religião nos governos causa algum espanto ou constrangimento, esses sentimentos não ultrapassam a esfera de uma pequena elite intelectual, nem mesmo em uma mídia liberal de plantão, como no caso da Rede Globo, tem ocupado um espaço de destaque digno de nota. Deus já fora adotado como lema de campanha do líder atual, sem causar espanto ou indignação, talvez por tolerância das elites que nele apostaram naquele momento, ou, de outra parte, pela base de apoio de lideranças religiosas que se afinavam ao lema com seus reverendos emergentes na esfera política.

O quadro teocrático do governo atual é tão antigo quanto novo, como será visto nas demais reflexões. Por ora, serão apresentadas algumas questões introdutórias ancoradas no contexto político nacional.

1. DE VOLTA O PODER DE DEUS

O estado moderno, representante e protagonista, filho e pai da modernidade secular, vigorou como valor, regra e prática desde o epicentro do Ocidente, maximizado e sacramentado com as revoluções francesa e americana. As nações que se libertavam das teocracias nessa parte do planeta adotaram o Estado laico como modelo político e, evidentemente, sua filosofia subjacente: secular, laica e em conexão direta com as ciências. Não parece ter interessado a esse sistema político – como práxis e pensamento – considerar qualquer sobrevivência de uma cultura teocrática que pudesse subsistir na alma popular e, menos ainda, qualquer possibilidade de emergência dessa cosmovisão em termos políticos reais.

A superação segura de uma perspectiva teológica política de fundo teocrático por uma filosofia política antropocêntrica demarcou as mentalidades modernas de modo estruturante e indelével. Por conseguinte, a segurança da laicidade consolidada nas estruturas laicas do Estado deu e dá o clima e as condições para o exercício da política nos três poderes, para os processos legais de renovação dos mesmos e para o exercício das funções em benefício de cada cidadão e do bem comum.

Não obstante as recaídas teocráticas que podem ser observadas no decorrer da história, assim como as teologias políticas disfarçadas ou hospedadas dentro das instituições laicas, o regime e as ideologias teocráticos foram, de fato, lançados para tempos e espaços distantes e considerados cada vez mais fora de moda nos tempos modernos. Fariam parte de uma era superada e sem possibilidade de retorno. Os fatos mais recentes da política mundial têm colocado em questão essa convicção segura e esse ideal político, de modo emblemático no caso do Brasil. Se o regime teocrático está superado, suas bases teológicas persistem e buscam modos de se viabilizar politicamente por dentro das estruturas laicas do Estado.

Uma frente político-religiosa se espalha e se configura mundo afora com suas idiossincrasias locais, porém pautada por posturas regulares de retomada de uma identidade perdida, identidade cristã do Ocidente e de enfrentamentos a tudo o que a ameaça. Nos Estados Unidos, o presidente Trump não é tão original quanto possa parecer. A visão de que os Estados Unidos concretizam politicamente o povo escolhido por Deus para ser o seu juiz sobre o mundo e defender o Ocidente de um inimigo iminente, com nomes variados (antigamente os comunistas, hoje os islâmicos), persiste como convicção na alma política norte-americana e, sobretudo, no partido republicano. Na Europa secularizada, defensora da pluralidade de manifestações e berço dos direitos humanos, regurgitos teocráticos soam mais inéditos, embora conquistem efetivamente espaços sociais e planejem postos de poder, caso de Matteo Salvini na Itália, de Orbán na Hungria, de Kaczinski na Polônia. Essas extravagâncias políticas se apresentam em todos os casos como solução urgente para uma grande crise mundial que anuncia o caos iminente, a crise da economia e, por conseguinte, da democracia liberal corrompida pela lógica mercadológica e rendida ao mercado financeiro mundial (CASTELLS, 2018).

O fato atual: o Estado laico não é mais o mesmo, em uma democracia que não é mais a mesma em uma economia que não é mais a mesma. De outro lado, os pentecostalismos não são mais os mesmos, assim como os católicos e outras religiões ajustadas que estão às dinâmicas mundiais do poder econômico-financeiro e da cultura do consumo. Na verdade, se os católicos vêm de uma longa tradição acostumada com os regimes teocráticos e eivada de teologias políticas, os pentecostais, diferentemente, ainda ensaiam a adoção dessa postura de um modo mais fragmentado, mas não menos autoritário. O governo brasileiro atual tem sido o grande laboratório onde ensaiam suas teologias políticas de cunho fundamentalista, bem como praticam suas alianças. Para além de todas as antipatias laicas ao fenômeno, há que se reconhecer que escrevem um capítulo novo das expressões teocráticas nos tempos modernos. E não se trata apenas de ensaiarem uma teologia do poder político, o que se constata em diferentes modelos nos grupos estadunidenses, mas de terem chegado ao poder com uma frente significativa de pastores ocupantes de Ministérios.

A volta aos fundamentos mais antigos do poder e da ordem social e política adquire força simbólica para garantir o rumo da história e superar uma crise de fisionomia catastrófica que ameaça o mundo e, de modo particular, o Ocidente, mas, de modo caricatural, o Brasil. Deus acima de todos! Dentre outras estratégias de salvação das nações descristianizadas, a visão teocrática emerge como saída. A crise que estaria assolando o país exigiria no comando um agente inédito forte o suficiente – por si mesmo e em si mesmo – para restaurar a ordem em crise e superar o caos. Deus salvará a nação e não as regras instituídas do Estado moderno laico. Deus é apresentado como a arma mais eficaz para libertar o Estado em crise de todos os males.

A conjuntura do governo atual exibe uma visão explícita de teocracia, ou seja, de exercício do poder em nome de Deus. As narrativas de percepção teocrática são exibidas diariamente. Mas, do ponto de vista operacional, concretiza-se por meio de algumas igrejas que ali compõem o primeiro e os demais escalões e que atuam como força política remota da base governamental. Uma teologia do poder religioso está viva como percepção, como propósito de gestão e como política pública da saúde, da segurança, da educação e, até bem pouco, das relações exteriores. O Estado laico se depara diariamente com esse desconforto e parece encolher-se em sua identidade e em seus mecanismos legais de resistência. A visão do poder político com sua referência direta a Deus se mostra nos discursos do presidente e de seus ministros reverendos, em atos públicos de flertes religiosos com igrejas, sobretudo com aquelas de matriz pentecostal. E, quando os ministérios reservados à cota de Olavo de Carvalho (ROCHA, 2021) foram ocupados por católicos tradicionalistas, eles comungaram da mesma teologia política hegemônica de matriz pentecostal sem qualquer divergência. Vale lembrar que a comentada consagração do Brasil ao Coração de Maria não trouxe qualquer abalo ideológico aos apoiadores pentecostais. O presidente ora com os pastores pentecostais e recita a Consagração a Nossa Senhora em Aparecida. A pentecostal Damaris Alves tem como secretária da família de seu ministério a católica tradicionalista da *Opus Dei* Ângela Gandra. A causa maior de um poder exercido em nome de Deus esconde as distintas confissões antiecumênicas que compõem o governo como fundamento de um enfrentamento da crise provocada pela esquerda no Estado e na nação brasileira. Deus acima de todos! Inclusive das distintas tradições cristãs que jamais se entenderam em questões marianas. Os dogmas mais íntimos das confissões se rendem às oportunidades de um propósito (e não propriamente um projeto) de poder capaz de agregar os interesses comuns de velhas elites nacionais e de massas religiosamente conduzidas.

De fato, "projetos" de natureza religiosa são anunciados como legítimos e necessários: necessidade de um ministro terrivelmente evangélico para o Supremo, a afirmação de que as igrejas vão dominar a nação e que os cultos de cura vão ajudar na saúde pública, convênios da Capes com Escola Evangélica norte-americana dedicada à formação de pastores, o presidente convidando a nação para um jejum (enfrentamento da crise da pandemia do coronavírus), defesa da abertura dos templos religiosos durante a pandemia etc. São algumas medidas e afirmações que já se naturalizam como discurso público. Vários ministérios se apresentam como uma espécie de gestão religiosa do Estado: trata-se de um governo em nome de Deus, com sujeitos que pensam a coisa pública do ponto de vista religioso e com poderes de gestão distribuídos entre igrejas. Os fatos já fazem parte da rotina diária e dispensam apresentar documentações (FONSECA, 2019, p. 5-10).

A teologia do poder hoje em pleno funcionamento no governo já não causa desconforto nas mentalidades das elites financeiras e políticas secularizadas que apoiam o governo. Uma causa maior, o Estado laico sustenta esses apoiadores que aceitam o sacrifício da laicidade no altar do capital financeiro. E, da parte de uma parcela expressiva da população, parece tratar-se de um fundamento natural do poder. Como negar que Deus deva estar sempre no comando da nação, do governo e, no fundo, do próprio Estado? Na teologia do poder de Deus, hegemônica nas confissões religiosas e, em boa medida, na cultura, não há lugar para dúvidas, sob pena de incredulidade e de apostasia. Ninguém duvida de que Deus esteja no comando de tudo. O *Deus obsconditus* dos subterrâneos da coisa pública vem revelando-se nos espaços de comando da mesma, desde que chegou ao parlamento e ensaiou uma aliança eficaz nas frentes BBB. Nessas já se encontravam a Bíblia (acima da Constituição), o agronegócio (contra os ecológicos) e o fuzil (sem o feijão).

2. PODERES PARALELOS

Governar em nome de Deus parecia até bem pouco uma melodia do passado ou uma escala melódica oriental estranha aos ouvidos ocidentais. Embora o poder de Deus nunca tenha sido desacreditado da imensa maioria dos cidadãos nos tempos modernos, ele permanecia controlado pelas forças políticas laicas e pelas perspectivas científicas metodologicamente agnósticas. A relação de causa-efeito entre Deus e natureza tem acompanhado as tradições religiosas como dogma fundamental e as sociedades ocidentais como um dogma subjacente, isento das demitizações, sendo jamais questionado teologicamente. Os governos democráticos foram criando formas de lidar com o poder de Deus sem ligações diretas: sem mandatários e mandatos eleitos, sem referências confessionais e sem alianças com castas sacerdotais. Os territórios do mandato divino ficaram relativamente restritos às intimidades religiosas e confessionais, apesar de deixar seus rastos nas coisas públicas e eclodir de tempos em tempos em determinados governos.

A consciência religiosa se alimenta do poder de Deus, a ele recorre primeiramente por meio das súplicas e a ele se achega por meio de louvores como fonte inesgotável de todas as graças. A negação de um Deus todo-poderoso, ou seja, de um ator absoluto que atua como causa direta na natureza e na história, constitui a maior de todas as heresias para os crentes de um modo geral, mas também para as ortodoxias que controlam as instituições religiosas. Deus é poder inequívoco; mais que isso, é o único poder verdadeiro, sendo todos os demais poderes nada mais que exercícios transitórios de reles mortais. A consciência religiosa do mais ao menos praticante adota esse pressuposto e não encontrou formas de adequá-lo aos tempos modernos: da ciência que imanentizou a relação causa-efeito no âmbito das leis da natureza, da política que fez o mesmo com o poder, nada mais que exercício de causa-efeito de decisões de sujeitos históricos. As sociedades ocidentais, embora estruturadas cada vez mais, a partir de gramáticas laicas, parecem ter caminhado sobre um frágil paralelismo entre poder de Deus e poder secular capitaneado pela ciência e pela política. Esse paralelismo separou as esferas da coisa religiosa da coisa pública secular, o que configurou dois mundos sem acordos e, muitas vezes, em competição. Nenhuma sociedade ocidental moderna superou definitivamente a dicotomia entre o templo e a praça, entre a Bíblias e as Constituições, entre as ciências e os rituais. Os crentes exerceram essa dupla cidadania, dando, contudo, a supremacia hermenêutica ao poder de Deus na plena supremacia prática do espírito e das instituições modernos. O fato é que o poder de Deus irrompe com regularidade, sem licenças e sem articulações elaboradas acima ou no meio das leis da natureza. O milagre não somente acompanha as consciências religiosas como recurso necessário e disponível, como horizonte utópico de todas as contingências e como oferta ritual acessível aos que creem fielmente, mas também como alternativa postada no limite da racionalidade científica. Onde a ciência termina começa a atuação própria da religião. Em outros termos, o poder de Deus supera todos os limites, inclusive os das ciências. Deus é a solução do que não tem solução, a explicação do que não tem explicação. Nesse lugar, ao mesmo tempo próximo e distante, o poder de Deus é evocado e pode entrar em ação como onipotente e mostrar os limites dos poderes das ciências de um modo geral.

E não parece ter sido diferente com o poder político. Deus permaneceu como a causa/fundamento de todos os poderes exercidos pelos humanos, recurso disponível que pode irromper quando os limites das grandes crises se impõem e solicitam soluções urgentes e definitivas. Tanto quanto nas ciências, em tempos de normalidade funcionam as invenções humanas com suas soluções, em tempos de crise, quando elas mostram seus limites, o poder de Deus entra em ação. Para além do poder laico, o poder divino subjaz como fonte primeira de onde tudo decorre e que pode irromper na história com toda a sua força por meio de eleitos escolhidos para tal missão.

3. Confluências históricas

As confluências dos poderes divino e humano na esfera da natureza e dos cotidianos religiosos têm, como últimos intérpretes ou responsáveis, cada indivíduo e cada confissão religiosa. Cada qual administra a força divina que invade a vida como solicitação que parece operar de duas maneiras: como causa regular que não dispensa as causas naturais, mas, ao contrário, supõem-nas como meio de sua própria realização e como poder de exceção que suspende toda lógica de causa e efeito naturais e se apresenta como causa suprema que dispensa ou suprime todas as demais. O poder divino de exceção não contradiz seu poder de rotina, mas, ao contrário, o confirma e ratifica, embora se oculte em sua onipotência na intimidade divina. Na perspectiva weberiana, a distinção entre religiões místicas e ascéticas (WEBER, 1982, p. 373-375) mapeia esses dois exercícios de poder divino, sendo que no tipo asceta só restaria ao fiel esperar em Deus e agir, tendo em vista sua inacessibilidade e seu desígnio supremo já ter traçado para cada fiel o seu destino. Na tradição da predestinação, resta aos homens trabalhar para Deus e em nome de Deus, sem manipular seu poder em benefício próprio. Nas mãos da providência implacável, restaria a cada qual conformar-se, agir e, no interior mais íntimo da fé, esperar por sua salvação final. Cá na história as coisas seguem seu curso como foi planejado, sem qualquer solução mágica, embora o milagre possa ser feito por Deus. No comportamento mágico, Deus se encontra na relação direta com os seres humanos e pode entrar em ação como poder que age e interfere. As ações rituais, as súplicas e as promessas têm a força de convencimento perante Deus e seu poder e podem introduzir sua ação no mundo dos mortais.

O problema para ambas as posturas será sempre o da confluência do poder de Deus com os poderes humanos executados na história. Quando e onde eles se encontram? As confluências naturais ficam a cargo das individualidades religiosas e das confessionalidades mais ou menos crentes, mais ou menos aptas a obter os favores divinos. Cada qual se encarrega de narrar a condição de privilegiado ou de miraculado ou, no caso das agremiações religiosas, de demonstrar maior capacidade de abrir espaço para a descida do divino, ou de convencê-lo ritualmente a entrar em ação. De sua parte, a natureza continua com seu ritmo e os crentes com suas convicções, sem terem que prestar contas da veracidade de suas convicções e de seus benefícios, amparados que são pela liberdade religiosa. Nesse sentido, o Estado laico não somente permitiu, mas também possibilitou o exercício diversificado do poder divino na esfera das vidas privadas e confessionais. O poder de Deus pode, evidentemente, entrar em ação sem restrições, mesmo que, em muitos casos, tenha uma clara manifestação charlatã. O último critério de discernimento sobre o poder divino será sempre privatizado.

Trata-se de uma manifestação teocrática privatizada, porém sempre comunicada socialmente e com impactos na sociedade mais ampla. Por essa razão, o poder público não esteve completamente ausente desses impactos, quando julgou como inadequado o proclamado poder divino invadindo a esfera pública como risco à saúde pública ou como ofensa aos direitos individuais e coletivos. Contudo, a chegada do poder divino na esfera pública vaza para além das confessionalidades, como será delineado nas reflexões nos tópicos posteriores. A história da política ocidental apelou para o poder de Deus em tempos e por meio de modelos mais ou menos regulares. Regimes, governos e líderes se apresentam de tempos em tempos como designados por Deus ou por alguma divindade para colocar em prática projetos salvadores das nações. Se o controle do poder divino na esfera da atuação na natureza cabe unicamente ao fiel ou às igrejas, agora ele tem como critério o próprio líder com seu séquito, seja aquele núcleo próximo que se encarrega de executar o projeto divino, quase sempre uma casta de iluminados ou de consagrados, seja pelos que a ele se agregam como fiéis seguidores.

O poder religioso historicizado promove uma síntese entre o transcendente e o imanente no seguintes termos: a) síntese imediata em um líder escolhido para a função que desde então fica investido de verdade salvífica que dispensa verificação; b) síntese que integra no líder a força sobrenatural como mito historicizado que dispensa a história e a ciência como mediações críticas do exercício de seu poder; c) síntese que no mito presente e encarnado agrega os desejos mais arcaicos das massas como imagem forte e violenta, anterior e superior a todas as mediações históricas entendidas como precárias e superadas; d) síntese que encontra no mito encarnado todas as soluções para o enfrentamento do caos pela via da força, sem controles institucionais; e) síntese que se perpetua como uma espécie de governo que não morre, com pretensões de continuidade ininterrupta na realização de seu projeto querido por Deus; f) síntese que unifica a diversidade e exclui toda diversidade como estranha, perigosa e inimiga; g) síntese que busca nos pares religiosos a narrativa legitimadora, seja em castas sacerdotais, seja em intelectuais iluminados ou, ainda, em alianças diretas com uma determinada confissão religiosa.

O poder divino encarnado historicamente em um governo tem sempre essa função de agregar o diverso no mesmo sentimento comum, no mesmo projeto e na mesma comunhão de ideais, na mesma força e na mesma proporção com que cria o diferente e o torna hostil e perigoso. Por essa razão, a dialética entre o igual e o diferente conhece no mito suas expressões mais violentas, como a própria força do bem que enfrenta, luta e elimina o mal.

4. Configurações teocráticas atuais

As negações das democracias em nome de algum mito superior mais ou menos teocrático, porém sempre transcendente, não seguem mais os velhos roteiros de tomada do poder, como bem analisam os autores da obra *Como as democracias morrem* (LEVITSKY; ZIBLATT, 2018). A morte da democracia é lenta e envenenada por dentro e não pela força externa de um golpe ditatorial implantado com o uso de armas. Os governos de tendência teocrática não se implantam nem como um regime do passado, nem com um líder religioso que toma o poder, como ocorre em certos países islâmicos. São governos eleitos pelo poder do povo que, aprovados pelo mesmo povo, se apresentam como portadores de um projeto que tem Deus na dianteira: Deus acima de todos! Por essa via, o poder de Deus se mostra legítimo, mesmo que gradativamente revele sua força na condução dos rumos autoritários dos governos. Os governos de ultradireita que costumam retornar ao poder no Ocidente democrático cristão, com seus projetos salvadores, seguem hoje essa pauta da morte lenta da democracia. O assassinato, segundo os autores citados, vem por algumas vias regulares, que, no caso brasileiro já estão quase naturais: rejeição ou relativização do jogo democrático (leis e processos democráticos), tolerância e encorajamento da violência, negação da legitimidade dos oponentes e restrição das liberdades civis (LEVITSKY; ZIBLATT, 2018, p. 70-71). Curiosamente, os autores não observam no fundo ou na superfície dessas posturas o recurso ao religioso como fundamento do poder, o que parece estar, de fato, patente, na medida em que: a) o jogo democrático é relativizado em nome de uma lei maior, eterna e de origem religiosa, o que fica explícito quando a Bíblia aparece na mão do líder ou é evocada como referência para o exercício do poder; b) o encorajamento da violência tem uma clara delimitação de bem e de mal que separa os malditos e os benditos de Deus; c) os oponentes rejeitados são inimigos por serem estranhos religiosamente, no caso dos islâmicos na Europa ou nos Estados Unidos, ou os ateus comunistas, no caso do Brasil, assim como os homossexuais, as feministas etc.; d) em nome de um poder exercido pela graça de Deus, seguem as posturas antidemocráticas por meio do negacionismo das ciências (em nome de doutrinas seguras), de revisão da história e de banalização de símbolos históricos, de afirmação de personalidades inimigas ou da oposição às casas da democracia, como no caso do Capitólio nos Estados Unidos, ou do Supremo Tribunal Federal no Brasil.

Do lado de cima do globo, a democracia vai sendo sufocada por líderes de ultradireita eleitos democraticamente que se apresentam como representantes de uma ruptura necessária para salvar a Europa. A dupla Orbán (primeiro-ministro húngaro) e Kaczinski (presidente polonês) afirmam que:

> Nós reclamamos os valores tradicionais e conservadores: a família, a nação, a Igreja. E ainda bem que o fazemos, porque os conservadores europeus, aqueles que o deveriam fazer, abdicaram de seu papel. Os alemães da senhora Merkel adotaram o casamento gay, defendem o multiculturalismo, transformara-se em um partido centrista, deixaram de ser conservadores. Somos os defensores da Europa cristã, não apenas porque defendemos suas fronteiras, mas também porque defendemos seus valores tradicionais conservadores (BLAY, 2019, p. 49).

O projeto conservador e autoritário afirma a defesa da nacionalidade como sinônimo de modelo tradicional de família e como identidade cristã. Uma sociedade tradicional, que teria sido dissolvida pela própria democracia, deverá ser retomada em seus pilares antigos pelas mãos dos novos líderes. A religião oferece a matriz mais básica da identidade perdida e sustenta o projeto. A mesma postura é repetida por Bolsonaro no encerramento da Assembleia da Organização das Nações Unidas em 2020, onde afirmou: "O Brasil é um país cristão e conservador que tem na família sua base".

A perspectiva neoteocrática fundamenta um pacote mais amplo de retomadas conservadoras. À vontade no seio da sociedade secularizada e do Estado laico, apresenta-se como salvadora das identidades perdidas, no caso do Brasil provocadas pela esquerda que se manteve no poder. Em nome de Deus, os governos se lançam destemidos como líderes populares que dispensam as estruturas democráticas obsoletas e desagregadoras. No retorno a antigos fundamentos, a teocracia se mostra como o antídoto mais forte que as democracias. Em nome de um poder onipotente e com o apoio dos que acreditam que no mesmo se encontra em curso governos que reproduzem o clássico vínculo fascista entre líder e massa, dispensando as mediações institucionais da democracia. Deus-líder-massa constitui a sequência regular dos novos governos. O foco de compreensão não parece tanto a defesa do Estado laico como entidade que, ao que tudo indica, sobreviverá, após os governos, mas, sobretudo, os meios legítimos que permitiram a chegada de um governo teocrático autoritário ao poder por dentro do mesmo Estado, sem a vigilância devida do Judiciário, com o apoio do exército (órgão do Estado) e das elites financeiras. Da parte da massa evangélica que manifestou o maior apoio a um candidato na história, a teologia do poder não é somente bem-vinda, mas natural e urgente para que Deus finalmente triunfe na nação. Da parte dos eleitores de um modo geral, a evocação de Deus como bandeira do governo poderá ter sido vista como manifestação de uma fé pública destemida do novo presidente, prova de sua honestidade e de sua competência. Afinal, ter a companhia de Deus no exercício do poder não poderá jamais ser negada como um valor para todos os que acreditam em seu poder e em sua existência.

O governo brasileiro tem contado com um time de pastores que ocupam postos no primeiro e nos demais escalões do governo e ali manifestam suas teologias do poder, com naturalidade e com a firme convicção de que Deus escolheu o candidato para uma missão de salvar a nação do caos. A motivação religiosa acompanhou a campanha e garantiu a legitimidade dos métodos inéditos de campanha por ele adotados; a pertença a determinados grupos religiosos, na maioria pentecostais e na totalidade fundamentalistas, regeu o critério de composição do governo manifesto como "terrivelmente evangélico" e mostra seus impactos nas políticas governamentais. Um dos modelos dos velhos regimes teocráticos era precisamente o exercício do poder por meio de uma casta de sacerdotes. No caso já não se trata apenas de uma aliança com uma Igreja, da qual se espera apoio ideológico em troca de determinados favores, mas de um governo, de fato, clerical. Um aparelho governamental configurou um *front* religioso empenhado em retomar uma identidade cristã nacional e em implantar políticas públicas de orientação religiosa fundamentalista/tradicionalista, por contar com segmentos católicos conservadores.

Seguindo a hipótese sugerida por David Priestland para interpretar o poder, pode-se dizer que a casta clerical dos reverendos se sente afinada com a casta militar com sua teologia da batalha que confronta os bons e os maus e oferece a vitória iminente do Reino de Deus. A batalha de Deus contra os inimigos da nação conta com a Bíblia e os fuzis, frente comum de guerreiros e clérigos que servem a casta dos comerciantes internacionais (2014 p. 12; 38). Contudo, uma casta, segundo o analista, "permite ver os grupos sociais não só como organismos que buscam o interesse próprio e a vantagem econômica, mas também como encarnações de ideias e estilos de vida que com frequência procuram impor aos outros" (p. 13). A luta religiosa encarnada pelo governo composto pelos escalões de reverendos nasce de uma perspectiva que leva adiante a missão de moldar a nação aos modelos cristãos.

Não se trata, portanto, somente de um pressuposto religioso que afirma a origem divina de todo poder e o traduz em uma determinada postura moral, mas de um exercício concreto de uma perspectiva teocrática que toma formas e direções no exercício governamental. São políticas de viés religioso que avançam por dentro das estruturas do Estado laico, ainda que se debatendo em improvisos que vão sendo emperrados, ora por impedimentos legais, ora por reações negativas da grande mídia. Entre acertos e erros, o poder de Deus exercido por reverendos e capitaneado pelo capitão católico-pentecostal vai tomando formas sobretudo como negação do mundo e da história, seguindo a lógica da batalha do bem contra o mal. E não por acaso trata-se de um governo dinamizado praticamente em políticas negativas e não afirmativas; ações empenhadas em desmontar o que antes havia sido implantado em políticas públicas e em garantias legais.

5. A CONFIGURAÇÃO TEOCRÁTICA NACIONAL

Deus acima de tudo! A teologia do poder de Deus contida nessa máxima será analisada mais à frente. De fato, parece ser dessa unidade teológica de fundo que advém a confluência das tendências que compuseram o governo atual desde a sua instalação. Afinal, retornar aos pilares sociais, políticos e culturais do passado significa necessariamente adotar seu fundamento primeiro. Se, para muitos, não passa de um acordo inevitável para a defesa de interesses econômicos – e com certeza é –, para outros, significa uma oportunidade de implantar um governo capaz de transformar a sociedade por demais modernizada em uma sociedade unificada por valores morais, entendidos como valores cristãos. A unidade nacional perdida nas denúncias de corrupção que culminaram no *impeachment* da Presidente Dilma e, de modo simbólico, na condenação do líder popular ex-presidente Lula, não desenhou somente um quadro de crise aguda na economia e no modelo democrático, mas abriu um vácuo na paternidade nacional, por onde deveria entrar um novo líder com seus antídotos políticos capazes de recuperar a unidade ou conduzir a nação um ponto de solução. Muitos dos desvalidos e desamparados podem realmente ter trocado de pai. Sem entrar nas distinções reais entre crise concreta e crise construída, o fato é que a consciência de uma crise nacional aguda trouxe à tona o sentimento comum da indigência nacional, do entusiasmo em torno do novo líder e a esperança de uma superação urgente e certa (WEBER, 1997, p. 194).

Não há dúvidas de que o atual presidente aglutinou em sua performance a indigência, o entusiasmo e a esperança das massas, segundo a velha sequência dos líderes autoritários, contando, porém, naquele momento com as imensas possibilidades abertas pelas redes sociais. Foi por essa mediação que navegou e construiu uma massa de adeptos diretos que dispensou as mídias clássicas, contando, como hoje é sabido, com as estratégias das *fake news* controladas por robôs remotos (EMPOLI, 2020). O método já havia sido testado na campanha de Donaldo Trump e no plebiscito *brexit*. A destradicionalização política ou despolitização já em curso nos tempos de desmodernização encontrou o ponto mais saliente e ágil de concretização (TOURAINE, 1999, p. 29-67). Em nenhum momento da história política, a possibilidade técnica de construção populista e de dissolução da *polis* moderna esteve tão disponível. As bolhas políticas construídas, alimentadas e expandidas em escala exponencial, permitem a construção de um mundo próprio que reproduz as verdades certas a serem seguidas pelos adeptos do líder onipresente nas redes por meio de cada aparelho celular.

As novas teocracias renascem nessas condições históricas bem determinadas e aí encontram solo fértil para germinar suas prerrogativas, mesmo que diretamente vinculadas a um líder, ou que dele dependam diretamente. Trata-se de um fundamento que vai mostrando sua força no meio das posturas e das estratégias do líder autoritário e não propriamente de um projeto articulado. Embora seja nítida a ruptura com o imaginário laico, o aparelho estatal permanece laico em suas estruturas e processos, o que impede a presença de um regime teocrático explícito, assim como de um projeto composto de modo coerente e sistêmico. No caso do Brasil, de fato nenhum projeto de governo foi defendido publicamente por Jair Bolsonaro durante a campanha que o elegeu, e durante seu governo o ensaio e o erro são mais regulares do que qualquer planejamento. Como parece previsto nas lideranças carismáticas, a figura do líder se impõe por si mesma por meio de uma utopia salvadora que encarna e promete realizar com sua simples presença. Nesse sentido, não serão somente estratégias de marketing as afirmações apelativas de cunho salvacionista da nação em crise que ele profere nos improvisos matinais junto aos fãs eufóricos. O tom do entusiasmo é o principal mecanismo agregador das massas nas performances dos caudilhos de plantão ou dos líderes político salvacionistas. O séquito acolhe o líder pelo que encarna e representa e não pelo que defende com fundamento e coerência. A palavra do líder é autoridade a ser ovacionada, independentemente de seu conteúdo e antes que chegue à boca do mesmo. Ele é a palavra da promessa que se mostra em carne e osso.

6. AS PALAVRAS E AS COISAS PÚBLICAS

As palavras do mandatário e de seus escalões governamentais não mentem. Aliás, jamais mentiram, desde a campanha, a começar pelo slogan que a norteou. No máximo elas extrapolaram os limites legais da possibilidade de efetivação, uma vez que o governo se instalou com suas visões teocráticas por dentro das regras instituídas do Estado laico. A luta cada vez mais clara e frontal entre o Judiciário, concretamente entre o Supremo Tribunal Federal e o governo (com o Messias Bolsonaro e seus escalões religiosos), foi revelando esse conflito entre o ideal e o possível. Ao longo dos anos de governo, o papel do Judiciário revelou-se fundamental para a preservação das estruturas democráticas e, por conseguinte, das estruturas laicas. As políticas negativas da batalha contra o mal não avançaram mais devido aos freios legais impostos pelo aparelho judicial, postura que adquiria destaque cada vez maior, tendo em vista o alinhamento do Congresso Nacional. Acima da lei, da moral, das etiquetas e das liturgias do cargo, o presidente e suas castas não pouparam a nação e o mundo de seus impropérios políticos pronunciados diariamente. As coleções de frases proferidas por membros do governo estão disponíveis em inúmeros sítios da internet, que não serão indicados por razões de estética textual. Por ora, valem recordar algumas "pérolas" que explicitam a visão religiosa do governo.

Jair Messias Bolsonaro
"Deus acima de todos. Brasil acima de tudo" (slogan do governo).

"Deus acima de tudo. Não tem essa historinha de Estado laico, não. O Estado é cristão e a minoria que for contra que se mude. As minorias têm que se curvar para as maiorias" (encontro na Paraíba, fevereiro de 2018).

"Muitos tentam nos deixar de lado, dizendo que o Estado é laico. O Estado é laico, mas nós somos cristãos. Ou, para plagiar a minha querida

Damares: Nós somos terrivelmente cristãos. E esse espírito deve estar presente em todos os poderes. Por isso, o meu compromisso: poderei indicar dois ministros para o Supremo Tribunal Federal [STF]. Um deles será terrivelmente evangélico", declarou o presidente (discurso na Câmara dos Deputados em julho de 2019).

"O presidente pode misturar política com religião?" "O Estado é laico, SIM. Mas o Presidente da República é CRISTÃO, como aproximadamente 90% do povo brasileiro também o é. 'Se Deus é por nós, quem será contra nós?'" (em rede social em agosto de 2019).

"Meu país esteve muito próximo do socialismo, o que nos colocou em uma situação de corrupção generalizada, grave recessão econômica, altas taxas de criminalidade e de ataques ininterruptos aos valores familiares e religiosos que formam nossas tradições" (discurso na Organização das Nações Unidas em 2020).

"O Brasil é um país cristão e conservador que tem na família sua base" (discurso na Organização das Nações Unidas, setembro de 2020).

"Cala a boca, vocês são uns canalhas. Vocês fazem um jornalismo canalha que não ajuda em nada. Vocês destroem a família brasileira, destroem a religião brasileira. Vocês não prestam" (a uma jornalista em junho de 2021, em Guaratinguetá).

"O Brasil tem um presidente que acredita em Deus, respeita a Constituição e seus militares, valoriza a família e deve lealdade a seu povo" (discurso na Organização das Nações Unidas, em 2021).

Ernesto Araújo (Ministro das Relações Exteriores)
"Sou Ernesto Araújo. Tenho 28 anos de serviço público e sou também escritor. Quero ajudar o Brasil e o mundo a se libertarem da ideologia globalista. Globalismo é a globalização econômica que passou a ser pilotada pelo marxismo cultural. Essencialmente é um sistema anti-humano e anticristão. A fé em Cristo significa, hoje, lutar contra o globalismo, cujo objetivo último é romper a conexão entre Deus e o homem, tornado o homem escravo e Deus irrelevante. O projeto metapolítico significa, essencialmente, abrir-se para a presença de Deus na política e na história."

"A providência divina ajudou a eleger Bolsonaro. Deus está de volta e a nação está de volta: uma nação com Deus. Deus através da nação."

"De fato, a pedra que os órgãos de imprensa rejeitaram, que a mídia rejeitou, a pedra que os intelectuais rejeitaram, a pedra que tantos artistas rejeitaram, a pedra que tantos autoproclamados especialistas rejeitaram, essa pedra tornou-se a pedra angular do edifício, o edifício do novo Brasil."

Damares Alves (Ministra da Mulher, da Família e dos Direitos Humanos)
"Naquele dia, Deus renovou nossas forças. Porque Deus nos disse que não são os deputados que vão mudar essa nação, não é o governo que vai mudar esta nação, não é a política que vai mudar esta nação, que é a Igreja evangélica, quando clama. É a Igreja evangélica, quando se levanta (que muda a nação)."

"As instituições piraram nesta nação. Mas há uma instituição que não pirou. E esta nação só pode contar com essa instituição agora. É a Igreja de Jesus. Chegou a nossa hora. É o momento de a Igreja ocupar a nação. É o momento de a Igreja dizer à nação a que viemos. É o momento de a Igreja governar."

"Não estamos cansados. Só Deus nos impede. Se não for vontade de Deus que estejamos na condução do Brasil, não vamos continuar."

Milton Ribeiro (Ministro da Educação)
"O papel do Ministro da Educação é 'mais espiritual do que político'. 'Nós queremos tirar o Brasil de um rumo de desastre, em que valores como família, como criação de filhos, o que é certo, o que é errado, pudessem ser novamente restabelecidos. A Bíblia diz que haveria um tempo em que as pessoas iriam chamar o que é errado de certo, e o que é certo de errado'."

Onyx Lorenzoni (Ministro da Secretaria-geral da Presidência)
"Pois a nossa luta não é contra os seres humanos, mas contra os poderes e autoridades, contra os dominadores deste mundo de trevas, contra as forças espirituais do mal nas regiões celestiais" (Ef 6,12).

Não houve escrúpulos republicanos que pudessem colocar freio ou tom adequado nas palavras espontâneas do *staff* superior do governo nesses quatro anos de mandato. Nos foros internacionais e no "cercadinho" do Planalto, o presidente manifestava suas convicções e intenções religiosas. Em coletiva de 12 de julho de 2021, irritado com a pergunta de um jornalista, ele encerrou a entrevista convidando os jornalistas a rezarem um "Pai-Nosso". Não parece ser somente uma oração fora de lugar, mas o sintoma psicológico do uso religioso como solução para os problemas do governo. Válvula de escape religioso ou estratégia do escândalo perante a mídia incômoda? Seja o que for, o religioso tem sido um recurso disponível do governo em todos os momentos, mas, de modo sintomático, nos momentos em que se sente acuado. Não há dúvidas de que o atual presidente opera com um imaginário político-religioso popular que dispensa as mediações das ciências, utilizando-se, ao mesmo tempo, de elementos católicos tradicionais bem afinados às suas posturas conservadoras e de elementos pentecostais, sobretudo de uma teologia da batalha do bem contra o mal. A sua leitura de mundo é basicamente religiosa e com ela tem composto os escalões principais de seu governo terrivelmente evangélico. É com essa geral de leitura que se pode entender as posturas conspiratórias e negacionistas utilizadas por ele e por vários de seus ministros: são antes de tudo posturas crentes e não céticas, como possa sugerir. Os fatos e as ciências são negados em nome de uma crença em algo maior – anterior e superior – que oferece uma verdade certa e segura.

O Estado laico se mostrava como um mero palco de sujeitos religiosos decididos a transformar a nação em uma nação cristã em todas as frentes de atuação do governo. Vários ministros se posicionavam precisamente como executores dessa política teocrática, utilizando-se de passagens bíblicas e afirmando ter chegado o momento de as igrejas evangélicas controlarem o governo e transformarem a nação. Ainda na fase preparatório do governo, ao ser acusado de receber Caixa 2 da JBS, Onyx Lorenzoni disse que o "mais importante era resolver com Deus", evitando com isso dar as explicações solicitadas. Para os que se julgam investidos de uma autoridade política que vem de Deus, todas as coisas se fundamentam em Deus, inclusive aquelas duvidosamente morais.

As frases citadas são apenas a ponta do iceberg de um bloco governamental mais plural e complexo, composto por tendências afinadas entre si, militares, pentecostais e a chamada ala ideológica dos seguidores de Olavo de Carvalho, além de católicos tradicionalistas. Acrescentam-se ainda as forças parlamentares do Congresso BBB (Bala, Boi e Bíblia), ou seja, a bancada evangélica, a bancada ruralista e os ex-militares, assim como o apoio direto de pastores e igrejas pentecostais. É de dentro dessa aliança tecida na indigência, no entusiasmo e na esperança (WEBER, 1997, p. 194), que a fundamentação religiosa do poder encontra sua função e se estrutura a partir de algumas tendências, ou de uma lógica própria: a) como postura fundamentalista que retira verdades concluídas de versículos bíblicos e de doutrinas político-religiosas; b) como sistema de crença eclético que afirma o poder de Deus sobre todas as coisas e em ação direta na reconstrução da nação; c) como visão pessimista da realidade que afirma a decadência da sociedade e a necessidade da graça divina para redimi-la; d) como narrativa homilética autorreferenciada, situada acima e paralela à realidade concreta (aos fatos e aos números); e) como verdade suprema que dispensa a história e a ciência como parâmetros; f) como palavra que se realiza pelo simples fato de ser dita, e por isso deve ser repetida, não obstantes as contradições dos fatos; g) como momento nacional preparado pela Providência divina por meio dos grupos que se encontram no poder; h) como luta permanente entre o bem e o mal (os homens de bem e os do mal); i) como afinidade entre visão teocrática, conservadorismo e autoritarismo.

Ainda que de maneira um tanto desarranjada, trata-se de um governo que opera com uma teologia política e não com uma filosofia política concluída pela tradição do espírito das luzes (LILLA, 2007). Essa mentalidade política pouco escolarizada bebe de referências teológicas de fato populares que dispensam o diálogo com as mediações científicas no momento de distinguir os espaços das coisas públicas e das coisas religiosas, mas também de pensar as próprias fontes da fé. Trata-se de uma visão ancorada em paradigmas antimodernos construídos no século XIX, os de matriz fundamentalista evangélico ou os de matriz integrista católico que visaram afirmar a percepção cristã de realidade (PELIKAN, 2016, p. 303-314). Para ambos, o cristianismo dispõe de um arsenal de verdades definitivas e infalíveis que desbancam todas as pretensões das ciências.

Os discursos revelam e exercem, por conseguinte, funções políticas muito concretas: a) na identificação entre o poder de Deus e o poder do líder, acima de todos assim como Deus; b) no expurgo permanente em nome de Deus de todos os que discordam das máximas do governo; c) na sustentação de versões (e mentiras) que, por serem repetidas, são assimiladas como verdades ou rotinizadas como banalidades; d) na reprodução do apoio religioso dos grupos, na medida em que a narrativa religiosa mantém sua hegemonia; e) no sacrifício concomitante do Estado laico e do Estado de direito em nome de um poder maior e de uma norma transcendente.

Os discursos oferecem fragmentos de uma afinidade de fundo entre os interesses mais materiais (os econômico-financeiros das elites e dos clérigos com suas igrejas) e mais espirituais (a execução do poder de Deus por meio de seus eleitos). Poder de Deus e poder econômico parecem, de fato, escrever a história de todos os poderes políticos de todos os tempos. Mas, na conjuntura atual, essa junção conta com uma tecnologia potente, capaz de agregar e alimentar apoiadores fiéis por meio de uma engenharia que aposta na criação permanente de discursos impactantes, como observa Giuliano Da Empoli:

> No mundo de Donald Trump, de Boris Johnson e Jair Bolsonaro, cada novo dia nasce com uma gafe, uma polêmica, a eclosão de um escândalo. Mal se está comentando um evento, e esse já é eclipsado por um outro, em uma espiral infinita que catalisa a atenção e satura a cena midiática. Diante desse espetáculo, é grande a tentação, para muitos observadores, de levar as mãos aos céus e dar razão ao bardo: "O tempo está fora do eixo!" (2020, p. 18).

Os discursos neoteocráticos fora do eixo se enquadram nessa engenharia de escândalos, não estão fora do gabinete paralelo gestor do governo (o chamado gabinete do ódio) diretamente conectado com suas bolhas virtuais. Uma espécie de estado paralelo que opera com suas dinâmicas próprias que dispensam os valores e as regras do Estado oficial. Mas são discursos que operam por dentro da estrutura estatal laica e misturados aos discursos politicamente legítimos e instituídos pelas regras democráticas em vigor. Ao que tudo indica, as forças e frentes que compõem o governo não terão condições históricas de operar uma ruptura de regime político e, muito menos, de dissolver as estruturas laicas do Estado com suas convicções e missões teocráticas. Nesse sentido, instaurou-se, por um lado, um regime esquizofrênico operado com uma narrativa religiosa e, ao mesmo tempo, com uma estrutura laica, e, por outro, uma funcionalidade teocrática efetiva que foi sendo traduzida em políticas públicas. Espírito teocrático em corpo laico.

As declarações de natureza teocrática não constituem somente uma antológica coletânea de fragmentos anacrônicos sobre os fundamentos do poder político em plena democracia, mas a justificativa de uma postura política patriótica, familista, soberanista, autoritária e intolerante. O uso do nome de Deus ou, antes disso, a profissão de fé pessoal de um político pode ser exótica em determinados contextos, mas não são por si mesmos reprováveis. Também aos governantes deve ser concedida a prerrogativa da liberdade religiosa. O problema reside no perfil de governo decorrente da fundamentação religiosa: poder de Deus que fundamenta governos messiânicos e autoritários. A aproximação direta entre Deus e governos não é inocente e neutra.

A fundamentação religiosa do poder foi interpretada de forma precisa pelo presidente do STF ao comentar as cenas de êxtase político de Jair Messias com suas bases em Brasília em São Paulo, em 7 de setembro de 2021. Na nota de natureza político-jurídica, o ministro lançou mão de duas categorias teológicas que definiam os eventos golpistas: profecia e messianismo. Como serão analisadas mais adiante, as ofertas e solução salvadora das crises são promessas religiosas travestidas de solução políticas. As cenas de rua no dia da pátria revelaram de forma emblemática essa postura típica dos líderes autoritários que rompem com a ordem instituída em nome de uma indigência e sob o comando entusiasmado das massas. O Ministro Luiz Fux expressou a dimensão religiosa inerente a uma certa compreensão de pátria. "Estejamos atentos a esses falsos profetas do patriotismo". O sentimento patriótico exacerbado oferece o clima experimental do paraíso social e político prometido. E ele completa a reflexão conclamando o povo a não se iludir com as promessas: "Povo brasileiro, não caia na tentação das narrativas fáceis e messiânicas, que criam falsos inimigos da nação". Os mitos políticos operam sempre com narrativas dualistas que opõem os bons contra os maus, o caos contra o cosmos (https://noticias.r7.com/brasilia/leia-a--integra-do-discurso-do-presidente-do-stf-luiz-fux-10092021). O ministro captou com precisão a lógica religiosa dos propósitos autoritários, quando algum tipo de teocracia se mostra como força regular que mata legitimamente a democracia.

A cena neoteocrática explícita e traduzida em um aparelho funcional no governo atual tem sido uma excitação religiosa original e politicamente perigosa. Como será analisado mais à frente, todo mito salvador encarnado não deixa a história impune; ao contrário, desencadeia processos violentos que constroem e eliminam os inimigos (FINCHELSTEIN, 2015). Os resultados de sua atuação são quase sempre trágicos. Os governos teocráticos não somente repetem discursos antigos sobre o poder de Deus como fundamento da política, mas visam, precisamente, traduzir os discursos em políticas públicas. A gestão da pandemia por parte do governo revelou os efeitos trágicos dessa política. O caso Prevent Senior revela um capítulo previsto dessa tragédia anunciada. A tão reclamada polarização nacional não resulta de uma opção política de dois grupos, segundo as regras da luta política partidária e que encontra no momento do governo legitimamente eleito o amparo das diferenças e no Estado as leis que regulam os eventuais conflitos. Não se trata de uma polarização dessa natureza, mas de uma polarização anterior ao jogo democrático instituído que coloca em confronto a institucionalidade e dissolução das instituições, a civilização e a barbárie, em termos mítico-políticos, a luta entre o bem e o mal. A utopia retrospectiva do paraíso (TOURAINE, 1999, p. 47) excita os sonhos de salvação, mas termina sempre tendo que executar as máximas do realismo histórico que se resumem no "comerás o pão com o suor de seu rosto". O ressentimento costuma ser o estágio seguinte, próprio da ressaca política das massas que perderam o líder e jamais alcançaram o paraíso.

Capítulo 11
A questão das novas teocracias

Os governos em nome de Deus escreveram a quase totalidade da história política da humanidade em todos os cantos do planeta. A correlação entre poder celeste e poder terrestre construiu os regimes antigos e medievais e avançou para além dessas temporalidades em formas adaptadas no percurso de formação do Ocidente. Esses regimes sobreviveram por milênios e chegaram até bem perto de nós, em pleno século XIX. A democracia, com suas filosofias políticas laicas, é um dado bastante recente e que ainda busca meios de consolidação que possam dispensar Deus de suas estruturas e governos. Essa longa temporalidade de visão e prática teocráticas coincide com a própria formação do Ocidente, compondo os dois lados do poder exercido pelas autoridades temporal e espiritual em parcerias tensas, porém sólidas. A ilusão iluminista de uma superação histórica dessas matrizes pelos tempos laicos e pelos regimes democráticos tem escondido a sobrevivência de perspectivas e práticas teocráticas em plena modernidade e, de modo surpreendente ou não, nos dias atuais. Deus, que sempre esteve no comando do mundo, tem sido assumido como fundamento de governos atuais em pontos distintos do planeta, no Norte e no Sul. Com efeito, é necessário distinguir regime teocrático (como sistema político antigo exercido no seio da cristandade) como cosmovisão que se perpetua pela história em imagens e ideias que afirmam o religioso como fundamento de todo poder e como governos que adotam de algum modo essa perspectiva, ainda que por dentro de estruturas modernas laicas. No caso do Ocidente, os regimes teocráticos foram superados pelos Estados laicos e, mesmo que tenham deixado resíduos inoperantes na velha monarquia inglesa, as cosmovisões permaneceram latentes no interior das tradições confessionais cristãs, e os governos fundados no poder divino – ao menos de algum divino – mostram suas reincidências históricas, de modo regular em governos de viés autoritário.

Portanto, a teocracia se apresenta, de fato, como uma questão a ser examinada nessas dinâmicas de superação e sobrevivência. A perspectiva supostamente superada reaparece nos regimes de ultradireita que hoje emergem pelo planeta afora; reaparece sem muito disfarce, ainda que se utilize de uma mistura de símbolos antigos e novos, mistura de confissões e cosmovisões religiosas distintas que até bem pouco se posicionavam como opostas. Essas novas manifestações podem ser denominadas neoteocracias tanto por não se constituírem como regimes como aqueles do passado, alojando-se dentro dos regimes democráticos, quanto pelas configurações que vão construindo com dinâmicas hibridas próprias das dinâmicas culturais modernas.

1. Fora das molduras

A noção de teocracia se insere no imaginário da superação histórica que, por meio de vários modelos teóricos, representa a formação do Ocidente como dinâmica lenta de racionalização da natureza e da história em um percurso evolutivo de etapas que se sucedem. O resultado final dessa racionalização desenhou uma nova visão e práxis centradas sempre mais na autonomia: autonomia das leis da natureza explicadas pelas ciências e autonomia da história que vai sendo construída e entendida como resultado das decisões humanas. A natureza desencanta-se de suas causas sobrenaturais, e a história dispensa a fundamentação sagrada de suas instituições. Os sistemas teocráticos situam-se dentro, senão no centro, dessa luta pela centralidade do sujeito como intérprete e ator histórico, posicionados precisamente no lugar onde os controles de todas as dimensões da vida são exercidos e, evidentemente, a reprodução das hierarquias sociais e políticas acontecem. A racionalização política pode ser definida em sua essência como superação das percepções e práticas teocráticas, colocando no lugar as ordens autônomas desde as invenções das *universitates* (corporações) até o Estado moderno. Como ponta mais sensível do processo de sacralização/dessacralização desencadeado pela modernidade, o poder político exibiu sempre mais sua publicidade laica e sua função de garantia da vida laica, em nome da pluralidade e da liberdade religiosas. Ademais, o triunfo político da laicidade nas estruturas jurídicas das instituições do Estado moderno projetou uma generalidade de tal brilho e extensão que ocultou e, até mesmo, fez vistas grossas às teologias do poder de Deus que arrombavam de tempos em tempos as portas das fortalezas secularizadas.

As garantias das luzes laicas parecem ter ofuscado o olhar ocidental de todas as sobrevivências e recaídas teocráticas no decorrer da história, mesmo em análises lúcidas como as de Hanna Arendt sobre os regimes totalitários. O antidemocrático foi visto pelo viés tão somente político e não religioso, como negação da liberdade e não como negação da laicidade. A perspectiva iluminista se encarregou de classificar a história em fases anteriores e posteriores à centralidade da razão, destacando a era das trevas com suas imaginações, instituições e mecanismos reprodutores da era das luzes, agora capaz de produzir as condições da maioridade dos indivíduos e superar definitivamente as estruturas do antigo regime de origem sagrada. Nesse marco, a teocracia significa a expressão política axial do tempo das trevas, evidentemente superada pela era das luzes destinada a reconfigurar a cultura e, por conseguinte, as mentalidades e práticas políticas. No imaginário iluminista das rupturas e superações históricas, o poder religioso esteve no centro não propriamente pela religião em si mesma que entende ser natural, mas pelo uso da mesma como legitimação do poder. A guerra declarada contra a Igreja é uma guerra antes de tudo contra o poder religioso estruturador do antigo regime (CASSIRER, 1992, p. 189-220).

A noção de teocracia habitaria, portanto, o poço comum das práticas superadas pelos tempos modernos que fizeram emergir no signo das autonomias novos modos de pensar e organizar a vida coletiva. As perspectivas e práticas pré-modernas teriam dado seus lugares para aquelas modernas que, desde então, vão tornando-se cada vez mais hegemônicas, do ponto de vista das ideias e das práticas. Dentre as coisas superadas, a teocracia se mostrava, por certo, como a mais antiga e a mais inadequada, tendo em vista a hegemonia ocidental dos regimes democráticos concomitante às filosofias políticas que vão sendo elaboradas (LILLA, 2007). A dessacralização do poder torna-se, de fato, a base fundamental de um projeto que visa construir uma nova era centrada nas autonomias individuais e coletivas. O Estado moderno assenta-se na lei natural e não na lei divina e se estrutura como ordem objetiva que supera um tipo de poder legitimado por portadores de dons especiais, seja pela via da herança tradicional, seja pela vida do carisma extraordinário, para pensar como Weber (1997).

Na perspectiva iluminista que formatou a visão geral de história bipartida em duas grandes eras, a imagem do rei governando em nome de Deus seria, de fato, coisa do passado que nos tempos atuais teria espaço unicamente na ficção ou, então, nas regiões do globo que não atingiram a maturidade política da democracia. As evidências dessa superação estariam postas pelos regimes políticos concretos, não somente pelas democracias, mas também na exitosa exceção do Estado confessional britânico, modelo emblemático de acomodação dos resíduos teocráticos – religião oficial, rei como líder político, rei coroado pela Igreja – com as estruturas e dinâmicas das políticas do aparelho estatal modernos e da vida social e cultural laica. A cosmovisão teocrática teria sido vencida pela democrática, deixando dela não mais que resíduos inoperantes, o Estado laico triunfou como estrutura e como projeto que encarnou as autonomias modernas, incluindo a religiosa.

O imaginário da ruptura política abrupta, homogênea, linear e hegemônica, produziu, para além de sua concreticidade histórica, uma ideia simples que orientou no hábitat ocidental as consciências dos politicólogos e dos políticos, dos intelectuais e dos cidadãos democratas comuns, dos eclesiásticos e dos fundamentalistas. A ideia do poder laico exercido por líderes religiosamente neutros e por um aparelho estatal igualmente laico foi assimilada pelo projeto político que se expandiu e se expande como vetor de sua própria configuração. No conforto das rotinas democráticas e, antes, na segurança dos princípios da laicidade e, por conseguinte, da liberdade e da tolerância religiosa, o imaginário teocrático foi cada vez mais desconsiderado como algo que pudesse estar adormecido ao invés de estar morto, de persistir em formas residuais sem ter sido de fato superado ou, ainda, de poder retornar em projetos adaptados aos novos contextos históricos.

Essa consciência convicta da era laica foi mais confiante em uma ideia do que propriamente perspicaz em relação aos dados históricos concretos. Na verdade, mais dolorosa e obscura para as luzes políticas, a fundamentação religiosa do poder – com discursos e comportamentos teocráticos – jamais se retirou radicalmente de nossa história política. Ao contrário, marcou presença em discursos e, sobretudo, em práticas governamentais e, até mesmo, em estruturas institucionais, em princípio laicas. Tanto em regimes democráticos quanto nos autoritários, o fundamento religioso jamais desapareceu; ao contrário, exibiu sua força legitimadora, sobretudo nos momentos de crise econômica. Nos regimes democráticos, o modelo estadunidense se mostra o mais emblemático: edificado sobre a laicidade que, por sua vez, edifica-se sobre percepções e valores religiosos. A mentalidade laica gozou de um status valorativo como o politicamente correto, e as codificações religiosas foram consideradas contrárias aos fundamentos modernos do Estado. No entanto, essa laicidade instituída jamais foi pura em termos formais, unânime em termos práticos ou portou as garantias de uma conquista definitiva dos povos ocidentais. As ponderações de Lilla são verdadeiras: "[...] a complacência intelectual, estimulada pela crença implícita na inevitabilidade da secularização, não nos deixou ver a persistência da teologia política e o seu manifesto poder de moldar a vida humana em qualquer momento" (2007, p. 12). O mundo ocidental considerou que as bases teológicas do poder estavam localizadas do outro lado do mundo e do outro lado da história, presas nas jaulas seguras do antimoderno há tempo superado pelos ideais, os dogmas e as instituições modernas que assumiram o comando do Ocidente.

Conclui o politicólogo: "Historicamente falando, somos nós que somos diferentes, não eles. A filosofia política moderna é uma inovação relativamente recente, mesmo no Ocidente, onde a teologia política cristã foi a única tradição desenvolvida de pensamento político por mais de um milênio" (2007, p. 13).

As críticas sobre a modernidade em suas matrizes diversas, independentes das nomenclaturas e posturas analíticas adotadas, focaram na questão religiosa como um dos componentes das rupturas com as narrativas, os projetos e as instituições modernas; algumas afirmaram o retorno ou revanche do sagrado, outras o reencantamento do mundo ou, ainda, a dessecularização etc. Em todos os casos, constata-se a presença atual da religião em espaços, em formas e intensidades no conjunto da vida social supostamente secularizada ou desencantada. A sequência pré-moderno=>moderno=>pós-moderno traduzida em semântica weberiana como encantamento-desencantamento-reencantamento tipificou a relação entre religião e sociedade no epicentro da chamada modernidade que nasce, consolida e se desfaz. No pressuposto dessa classificação, a religião teria, então, retornado como visão e práticas já superadas. Mesmo sendo uma abstração e uma generalização distantes dos processos históricos reais (PASSOS, 2007, p. 235-239), tais tipificações não chegaram a sequenciar a relação entre religião e política, que poderia ser bem ilustrada como teocrática-democrática-neoteocrática. Um "retorno" geral do religioso parecia estar localizado sobretudo nas esferas social e cultural, de forma que a esfera política permanecia isenta dessa influência e, tacitamente, assentada com estabilidade sobre valores e regras seguras de laicidade. As teocracias estariam sepultadas em definitivo no mundo pré-moderno, superado na temporalidade e na espacialidade ocidentais.

De fato, essa classificação tem mostrado seus limites históricos e analíticos, quando se examinam os processos de secularização e de desencantamento religiosos nas realidades locais e nas microestruturas sociais, culturais e políticas. A lógica linear que possa indicar de modo geral os dinamismos de formação dos tempos modernos não se mostra apta a incluir em seus momentos e em suas composições todas as dimensões da vida humana, sendo o religioso, talvez, o caso mais emblemático. No fato religioso, as temporalidades convivem paralelamente, misturam-se e se confundem, instaurando conjunturas específicas configuradas por variáveis de cultura, de classe e de confessionalidade. Prevalece como regra os hibridismos espacial e temporal e não a distinção pura e a superação de etapas históricas sucessivas (CANCLINI, 1998). Em muitos casos, como no Brasil, o retorno do religioso significa, na verdade, a volta dos que não foram. No nosso caso, a história testemunha a presença ativa da religião no conjunto da vida social sem qualquer recuo, não obstante se possa observar em grandes linhas a classificação das três temporalidades: pré-moderno, moderno e pós-moderno, contudo sem qualquer linearidade evolutiva ou configuração homogênea. Os valores e posturas indicativos do antes, do durante e do depois da modernidade se mostram, de fato, de modo sincrônico e desalinhado nos fenômenos religiosos que persistem e se adaptam historicamente. As passagens vertiginosas da vida rural para a vida urbana testemunham essas sincronias entre o tradicional e o moderno com fortes traços que viriam a ser pós-modernidade. O pentecostalismo se apresenta como um fato emblemático dessa composição, na medida em que preserva elementos fundamentalistas anteriores aos desencantamentos modernos, vivencia processos modernos de subjetivação e individualização (cada indivíduo como centro da vivência religiosa), ao mesmo tempo que incorpora valores novos ditos pós-modernos nos modos de compor as organizações eclesiais, os ritos, as técnicas de comunicação e as próprias representações do divino.

Vale aqui a observação crítica de Canclini sobre a política latino-americana, compreendida na chave da hibridação cultural que mistura as temporalidades:

> Os caudilhos continuam guiando as decisões políticas com base em alianças informais e relações rústicas de forças. Os filósofos positivistas e a seguir os cientistas sociais modernizaram a vida universitária [...], mas o caciquismo, a religiosidade e a manipulação comunicacional conduzem o pensamento das massas (1998, p. 25).

Na esfera da teologia política não parece ter sido diferente. A concomitância do teocrático com o democrático jamais deixou de atuar nos imaginários religiosos, mesmo que tenha recuado para esferas mais privadas que públicas. A separação garantida entre os regimes teocráticos e democráticos como modelos que se excluem mutuamente e como momentos históricos distintos tem seu significado real e ideal, gozando, porém, de validade somente em termos de discurso e de práxis política legítima, ou seja, do que se apresenta como legítimo no espaço público. Nos espaços privados da consciência religiosa de um modo geral e das cosmovisões reproduzidas pelas tradições confessionais, a ideia de um Deus todo-poderoso que tudo governa sobreviveu sem qualquer desgaste racional, preservando-se como teocracia cósmica, germe fecundo das teocracias políticas que não deixaram de emergir durante a história das repúblicas em diferentes formatos, sob a liderança de salvadores designados a conduzir as nações. Mas não foi somente a presença de projetos e governos fundados em Deus que denunciou a persistência dessa consciência em plena era democrática e por dentro dos regimes institucionais laicos. A sobrevivência da mentalidade teocrática acompanhou sem maiores rumores a cultura democrática como resíduos indispensáveis e como a própria base dos governos democráticos. Teocracia e democracia não constituíram pares opostos, mesmo que tenham sido regimes excludentes. As percepções de poder estruturado segundo as regras da laicidade não excluíram aquelas que entendiam ser a religião um dado cultural a ser legitimamente preservado por dentro da mentalidade e da própria estrutura do Estado laico. O Deus cristão jamais perdeu seu poder mesmo nas esferas dos governos executores das regras democráticas. A questão parece ter sido tão somente o uso divino na dose certa, ou na dose suportável, pelo sistema democrático.

Nesse sentido, as democracias suportaram a presença religiosa não somente pelo valor da liberdade religiosa que lhe é inerente, mas também por uma convicção de plena coerência entre a afirmação do poder de Deus e do poder do povo. As acomodações mais antigas dessa convicção se deram já nas teocracias calvinistas, por exemplo. No entanto, as democracias contemporâneas sempre mostraram a presença do fundamento religioso em suas instituições. Foi da convicção no poder de Deus sobre o mundo, mas também sobre a política que as Constituições iniciaram com seu nome, que cédulas monetárias cravaram dizeres em sua honra, que os feriados religiosos foram reconhecidos pelo Estado, que líderes políticos eleitos democraticamente juraram servir a nação com a mão sobre a Bíblia, que lugares públicos exibiram crucifixos, que normas morais cristãs foram incorporadas nas legislações, que festas de padroeiros foram celebradas pelo chefes de estado, que circunscrições eclesiásticas foram instaladas dentro do aparelho estatal (dioceses e paróquias militares). A lista poderia prolongar-se. De fato, as repúblicas laicas encontraram maneiras legítimas de acomodar o religioso em suas normas, símbolos e funcionamentos. No caso do Brasil, o estudo clássico de Thales de Azevedo expôs o que denominou "religião civil brasileira", ou seja, a presença legítima e institucionalizada de resíduos religiosos em pleno Estado laico (1981).

O fato é que a afirmação do poder laico do Estado e as regras do jogo democrático jamais negaram a presença do poder de Deus como um fundamento inquestionável que poderia (e deveria) manifestar sua presença na hora, no espaço e na dose certa. Deus teve seu poder controlado pelo poder do povo, porém permaneceu na última retaguarda das próprias democracias, como onipotência sempre atuante na natureza e como socorro para as crises históricas.

2. Os novos desenhos

A superação das cosmovisões pré-modernas foi um fato inegável e mostrou sua força criadora nos projetos, nas práticas e nas instituições modernas. Contudo, uma visão tipificada e evolutiva sobre os tempos novos provocou ilusões que projetaram generalizações sobre as realidades em mudança, porém ocorridas em um jogo inevitável de preservação e renovação. Nesse sentido, será sempre necessário distinguir categorias hermenêuticas da modernidade dos processos concretos de modernização. As novas expressões teocráticas que hoje podem ser vistas a olho nu pelo planeta afora e que, no caso do Brasil, chega a ferir os olhos, demonstram que conceitos, valores e práticas do passado subsistem dentro daqueles novos que instituíram a sociedade moderna e suas instituições. E não se trata mais de resgatar os regimes teocráticos do passado, mas de posturas e movimentos que reafirmam as velhas teologias do poder por dentro dos regimes democráticos. Nesse sentido, não parece ser correto dispensar a visão e a práxis teocrática pelo simples fato de termos estruturas laicas instituídas no regime democrático e asseguradas pelo Estado laico. É precisamente por dentro dessas estruturas que as novas teocracias (neoteocracias) mostram suas facetas e suas estratégias.

a)   O conceito de neoteocracia

Como todo conceito, o de neoteocracia está sujeito a discussões. O ambiente político-cultural que molda a expressão é o mesmo dos outros "neos": neofascismos, neonazismos, neotribalismo, neoconservadorismo etc. O prefixo "neo" pondera os riscos de anacronismo histórico que possam afirmar retomadas de expressões políticas do passado no contexto atual. No caso da neoteocracia, é preciso distinguir, ao menos, três tipologias históricas. A primeira narra os poderes políticos mais arcaicos, que se confundem com as origens das grandes civilizações demarcadas por percepções míticas da realidade; trata-se das teocracias ontológicas que afirmam a natureza divina do governante, filho de uma divindade que se presentifica no tempo e no espaço e governa com uma postura que amalgama divindade-governante-lei. A segunda, tipicamente plasmada em contexto cristão, pode ser definida como teocracia tradicional, ou seja, a delegação assumida por um líder que governa em nome de Deus e reivindica a legitimidade divina de suas decisões e ações. A reforma gregoriana repartiu a história em duas fases respectivamente representadas por dois modelos: aquele centrado no monarca de direito divino que transmite ao sucessor legítimo sua missão e aquele do monarca que recebe seu direito/dever de governar em nome de Deus por parte do papa (BERMAN, 2006). O regime do padroado que chegou até nossa terra resultou de uma mistura desses dois modelos. As adaptações ocidentais do velho regime cesaropapista já têm longa data no Ocidente. As nações alinhadas à reforma protestante foram as primeiras a buscar modos de acomodação da teologia política, caso mais emblemático da teocracia calvinista de Genebra (século XVI) e dos Países Baixos no século XVII (NOBBS, 2017).

As neoteocracias não reproduzem mais aqueles lugares e símbolos antigos, mas se inscrevem em um terceiro tipo básico, teocracia funcional, ou seja, centrada na função divina do personagem político. Nesse tipo, o líder político emerge como fruto de um movimento *histórico* em determinado contexto e se apresenta como portador de um projeto político a ser implantado em nome de Deus ou de uma divindade. O "neo" responde não somente por esse caráter histórico – de um líder historicamente construído como legítimo por seus seguidores – e ao caráter individualizado – um líder portador de dom e investido de uma missão pessoal –, mas também por um aspecto paradoxalmente mais moderno: a possibilidade de fundamentação em novas metafísicas sobrenaturais distintas daquela de matriz exclusiva cristã, no contexto ocidental. Foi o caso do nazifascismo no passado (CLARKE, 2004) e, nos dias atuais, das expressões dos governos Trump e Jair Bolsonaro. São expressões teocráticas nitidamente "ecumênicas" ou sincréticas, embora preservem elementos cristãos em seus fundamentos.

Como será exposto mais à frente, a esses líderes político-religiosos cabe em boa medida a tipificação weberiana de "dominação carismática", modelo que nasce de dentro das tradições e se legitima não mais a partir do passado, mas do portador de um "dom extraordinário" capaz de agregar seguidores em torno de sua oferta de salvação (WEBER, 1997, p. 193).

Falar em neoteocracia significa, portanto, afirmar a persistência de um elemento do passado (teocracia) em uma moldura feita de elementos novos (neo). O teocrático remete para o fundamento transcendente do poder imanente, para a base absoluta da construção política histórica. Esse fundamento pode ser exercido pelo governo de uma casta sacerdotal, pela supremacia eclesiástica sobre o poder civil ou, de um modo geral, quando uma doutrina afirma que toda autoridade vem de Deus (ABBAGNANO, 2007, p. 1118). As neoteocracias reproduzem em parte e de alguma forma as duas primeiras características, mas encaram com exatidão a terceira, quando afirmam e praticam um governo em nome e fundamentado em Deus. O Estado é laico, mas o governo é religioso, repete Bolsonaro em sintonia com outros pares de ultradireita.

b) A essência das teocracias

Peter Berger já explicou a origem da religião precisamente como superação da precariedade histórica pelos processos de cosmificação, ontologização e eternização (1985, p. 42-52). No caso do poder, o modelo historicamente construído no jogo de interesses políticos dos grupos humanos se apresenta como portador de um fundamento eterno que transcende as divergências com sua verdade absoluta. A teocracia é o poder que nasce do poder eterno e dele se distende como necessário para os povos. Nessa chave de leitura, romper com a ordem política significa romper com a ordem eterna do mundo. Por conseguinte, o líder está de tal modo ligado ao transcendente que sua personalidade transcende os limites físicos, possuindo uma espécie de corpo místico imortal, como explicou Kantorowicz ao tratar das antigas teocracias (1998). Por descender de uma fonte eterna, as teocracias se apresentam todas como duradouras e, até mesmo, insubstituíveis em seus regimes e ações. As antigas se perpetuavam de monarca em monarca, afirmando um direito divino de reprodução do poder para além dos corpos físicos mortais dos governantes. O rei não morre. As modernas são análogas no quesito da superação dos limites temporais. O Terceiro Reich projetava uma duração de mil anos, um reino político natural, por estar fundado em verdades transcendentes e eternas que explicavam a verdadeira origem e natureza dos germânicos. Donald Trump se sentia justificado em se negar a sair do poder, conforme as regras democráticas. De modo semelhante, Bolsonaro, quando ameaçado pelo *impeachment*, afirmou que somente Deus o retiraria do poder. A narrativa da fraude das urnas eletrônicas defendida como evidência visava, igualmente, antecipar a continuidade no poder, perante uma iminente derrota eleitoral.

O mandatário divino não pode morrer ou tem pretensões de permanência ilimitada no poder, por encarnar em sua pessoa um personagem sacralizado destinado a salvar a nação da ruína final. O mito historicizado renasce a cada entusiasmo que flui de suas promessas e o vincula às massas. *Deus-pátria-líder* formam um todo indivisível (total, totalitário), fonte permanente de verdade. E não deve ser coincidência que o personagem assim investido esteja isento de prestar contas de suas fantasias e, até mesmo, de suas afirmações mentirosas ou criminosas. Uma espécie de corpo místico messiânico se impõe como realidade primeira sobre o personagem físico; hipostasiação teocrática que possibilita ao personagem exercitar dicotomias entre seus discursos e práticas oficiais e aqueles executados na esfera individual e lhe autoriza pronunciar como verdade absoluta qualquer mentira e desqualificar verdades como mentiras. A lógica das *fake news* eleva na potência máxima essa dinâmica arcaica do líder sagrado sempre bom e verdadeiro.

As teocracias de todos os tempos e lugares se instauram dentro dessa lógica fundamental de que "toda autoridade provém de Deus" (ABBAGNANO, 2007, p. 1118). Com efeito, esse núcleo comum se adapta em contextos históricos e incorpora novos modos de perceber o religioso como fundamento da realidade. As neoteocracias assimilaram, de fato, o religioso modernamente imaginado, de modo especial na sua dimensão de pluralidade ou de ruptura com os símbolos constitutivos dos modelos tradicionais. Foi o caso das mitologias germânicas construídas pelo nazismo (FINCHELSTEIN, 2015), dos sincretismos conservadores fundantes do trumpismo e do ecletismo religioso basilar do bolsonarismo: religião brasileira que agrega pentecostais, calvinistas, católicos e outros credos na ideia comum do poder de Deus. Acima de todos, inclusive das diferenças religiosas, Deus impera por meio do líder que também se encontra posicionado acima de todos. O poder político de Deus renasce em novas formas de perceber o divino assim como o poder. Um possível consenso religioso é construído como clima primordial que antecede todos os demais consensos instituídos e sobre esses se impõem verdade e norma. A transmissão da onipotência divina para o mandatário permanece a mesma em meios às presumíveis divergências.

Essas tradições sempre inventadas no presente (HOBSBAWM, 2002, p. 9-23) retomam elementos do passado em novas molduras e dinâmicas presentes. São novas composições de teologia do poder que oferecem "metafísicas" muito originais não menos sagradas e justificadoras dos regimes atuais do que as do passado, tendo como base regular de apoio as plataformas digitais com suas redes de relacionamento (EMPOLI, 2020).

As teocracias carregam uma essência de poder absoluto e são praticadas como síntese desse poder, mesmo que em modelos variados, mais puros ou mais mitigados, a depender da criatividade e das possibilidades de exercício efetivo do poder. A autoridade absoluta projetada em Deus, evidentemente, no Deus todo-poderoso, constitui a psicossociologia dessa consciência política. O Deus todo-poderoso é, sem dúvidas, o *alter ego* do líder todo-poderoso; nele se encontram as encenações do governo autoritário, habitam suas imagens e jorram suas energias políticas onipotentes. Toda projeção teocrática é sempre autoprojeção de um líder que se considera investido de poder supremo. Na onipotência divina descansa a onipotência de seus eleitos para governar as massas crentes com as quais se vincula antes e acima de tudo pela via da fidelidade e não de uma participação social organizada por sujeitos mediadores autônomos. Na perspectiva psicanalista freudiana perseguida por Finchelstein para desvendar a lógica do fascismo, a relação entre eu interior, mito e fascismo se mostra necessária, donde decorrem a ligação direta entre mito-poder-violência. Poder autoritário será sempre a concretização histórica de um mito que se encarna na totalidade de um regime. Não haveria, assim, um regime absoluto ou autoritário sem um mito fundacional que o origina permanentemente e do qual emanam os poderes de edificar e destruir. "Os deuses do mito político representam o medo e prometem violência e destruição" (FINCHELSTEIN, 2015, p. 22).

3. OS FÔLEGOS TEOCRÁTICOS

A hipótese da vigência da teologia política fundadora do poder nos governos atuais conduz para a interrogação sobre o fôlego dessa perspectiva.

De onde vem essa força renitente e por quanto tempo marcará presença nos governos pelo planeta e pelo Ocidente? A consciência religiosa teocrática persiste alimentada por quais fatores? Não se trata de futurologia, mas de pesar as possibilidades de uma sobrevivência real. A história ensina algumas constantes que ligam variáveis mais amplas com os recursos teocráticos. Ainda que seja um princípio abstrato, há que afirmar que, antes de tudo, enquanto houver exercício de poder e fé em Deus, ela poderá emergir de alguma forma e sem maiores dramas. O Ocidente não se desfez das convicções teológicas constituídas de um longo encontro de perspectivas (judeo-cristã e greco-romana), nas quais Deus torna-se não somente uma ideia necessária que tudo fundamenta, mas, sobretudo, um poder supremo do qual tem origem todos os demais poderes. Evidentemente, trata-se de um lado da moeda divina. O outro lado retira de Deus não a integração entre os poderes sobrenaturais e históricos, mas a separação, na medida em que vai consubstanciando as ideias mais remotas da tradição judaica que separam Deus e criação. A teologia das realidades terrestres, da laicidade e da secularização, afirmou essa dimensão um tanto ignorada pelas devoções e pelas ortodoxias religiosas ocidentais (COX, 1971, p. 27-41). Contudo, a relação entre Deus e autonomia humana ainda não foi assimilada pelos teólogos, pelas hierarquias e, muito menos, pelos simples devotos. A teologia do poder divino, mais ou menos elaborada conceitualmente, ainda é hegemônica nas tradições religiosas de um modo geral. Como será exposto com mais detalhes, o poder divino resistiu a todos os golpes da autonomia moderna e permanece atuante nas confissões religiosas e na cultura de um modo geral.

a) *A longa temporalidade dos regimes teocráticos*

A longa temporalidade que construiu o Ocidente relata em suas organizações políticas o predomínio inequívoco das teologias políticas e dos regimes teocráticos. Filho do encontro das tradições judeo-cristã e greco-romana, o Ocidente herdou de um lado as teocracias dos povos antigos, diretamente a práxis teocrática romana e, por força de suas origens, imagens teocráticas do judaísmo antigo. A assimilação mútua entre cristianismo e Império Romano, desde 313, contou com a afinidade um tanto natural de um Deus todo-poderoso que escolhe seus eleitos para governar as nações em seu nome. O mundo antigo e medieval e, na sequência genética, o Ocidente praticaram essa visão, desenhando diferentes modelos, como já foi delineado anteriormente. São milênios de construções, lutas e reinvenções do poder humano na referência do poder divino.

Vale lembrar que o Ocidente não somente descendeu dessas fontes, como a elas recorreu durante a sua constituição e delas dependem ainda hoje suas invenções, senão todas elas (NEMO, 2005). Ainda que elas forneçam elementos anacrônicos para os valores atuais, podem motivar e legitimar comportamentos individuais e coletivos em diferentes grupos sociais. A história do poder no Ocidente esteve sempre ligada à história das igrejas e, por conseguinte, à história da Bíblia: às narrativas fundadoras do poder de Deus delegado a seus ungidos. Os regimes teocráticos foram edificados em parcerias com as igrejas, a depender de cada contexto. Em todos os casos, as hierarquias eclesiásticas exerceram uma função, ao mesmo tempo, legitimadora e moderadora do poder civil. Nesse sentido, as igrejas serão sempre entidades públicas que o Estado não poderá dispensar de suas políticas públicas, os governos não poderão dispensar de suas narrativas e de seus projetos. A tensão entre laicidade e religião é um dado histórico e político atual que deve encontrar os seus modos de operar para além das velhas oposições. A religião não se encontra separada da laicidade ou muito menos fora das estruturas e dinâmicas do Estado liberal. Muito ao contrário, compõem junto com o pensamento laico naturalista um campo de força socialmente ativo. A vida secularizada e o Estado laico, seu guardião, não estão sós, como muitas vezes se formulou no passado. Isso é, de fato, o que restou concretamente da modernidade e que deve ser assumido como constitutivo das sociedades plurais dos ateus e dos crentes (HABERMAS, 2007).

O olhar retrospectivo na história do Ocidente constata o predomínio dos regimes teocráticos, ainda que em formatos diversos. Vale pensar nas origens da aliança da Igreja com o Império Romano. A Igreja Católica propriamente dita nasce nessa interação como resultado de uma assimilação mútua que edifica duas instituições distintas e relacionadas. Não obstante as intenções políticas de Constantino, o fato é que ficou inventada uma distinção político-institucional de dois poderes, sendo que na sequência da queda do Império, em 476, a Igreja Católica torna-se a instituição política preservadora da geopolítica e da tradição jurídica romanas; instituição treinada e legitimada a recompor governos teocráticos, ungindo e coroando reis em nome de Deus e na sequência da era de ouro constantiniana. A era cristã do Império (313-476) havia sido suficiente para consolidar não só as duas instituições como irmãs siamesas, como também a ideia de que ambas possuem uma missão histórica como poder delegado por Deus, poder exercido por representantes legítimos, demarcado em território próprio, estruturado hierarquicamente, executado por meio de atos jurídicos e em permanente expansão. Sobre essa base teológico-política, as teocracias eclesiais e estatais se implantaram e se renovaram no decorrer da história. Os sacro-impérios carolíngio e romano-germânico duraram mais de mil anos (de 800, com a coroação de Carlos Magno, a 1806, com Francisco I, que se rende a Napoleão). Embora não tenha sido um império estável e hegemônico, foi o suficiente para consolidar modos de pensar o poder em chave teológica. Não se pode esquecer a teocracia anexa do Oriente, que não somente resistiu de 330 a 1453 como a legítima continuadora da era constantiniana e como a síntese mais emblemática do Reino de Deus na terra (RUNCIMAN, 1978), como também deixou suas heranças para o czarismo russo que reinou por mais de trezentos anos, sob a imagem sagrada da terceira Roma. Do lado ocidental, na ponta extrema da Europa, entendida como fim do mundo, mas, na aurora da modernidade, porta de saída para o resto do mundo, o regime do padroado vai reproduzir o regime teocrático em uma espécie de combinação entre as fases pré e pós-reforma gregoriana, sendo o rei português investido da responsabilidade de governar a Igreja (AZZI, 1992). No caso do Brasil, esse regime se extinguiu somente com a República, em 1889. Essas durações históricas demonstram a resistência dos regimes teocráticos cristãos que brotam do mito fundador da vitória de Constantino com o símbolo de Cristo e de sua conversão ao cristianismo. No Ocidente e no Oriente cristãos, os regimes teocráticos editados e reeditados foram, de fato, o modo hegemônico de pensar e exercer o poder que resistiu até a chegada definitiva das repúblicas ou das monarquias modernas. O Ocidente formou-se em uma relação dialética com o regime teocrático e dele parece não ter esquecido, ao menos como modo de pensar o poder de um modo geral na perspectiva do Deus todo-poderoso.

b) Sobrevivências teocráticas

Foi da Bíblia que as teocracias cristãs antigas retiraram as imagens e as doutrinas de sua edificação como regime: o rei ungido para governar em nome de Deus, do livro de Samuel, o poder das chaves concedido por Jesus a Pedro, a ideia de Reino de Deus na terra, a imagem do corpo místico da Igreja. A hermenêutica desses textos parece ter sido sobretudo de caráter imagético: tratava-se de retirar uma imagem que fornecesse o fundamento para o exercício do poder em nome de Deus. Contudo, o pressuposto da leitura já estava constituído como pré-noção (governo em nome de Deus). O mundo antigo não tinha outro pressuposto que não este. Assim, o cesaropapismo contava com o consenso do governo em nome de Deus do mundo antigo e o que restou a Constantino e seus sucessores, bem como aos bispos, foi cristianizar com imagens bíblicas essa práxis política consolidada e inquestionável. A Bíblia forneceu elementos que permitiram expandir e aprofundar a ideia e a prática do poder em nome e em lugar de Deus.

Como é sabido, a história da Bíblia tem sua geografia principal nos países da reforma protestante. Foi com ela e em nome dela que as teocracias calvinistas de Genebra e dos Países Baixos construíram os parâmetros do governo civil-religioso. A centralidade da Bíblia não poderia deixar o poder isento de suas influências nas nações modernas que se constituíram com a presença ativa dos protestantes, como no caso dos Estados Unidos. Se a República implantada nas antigas colônias inglesas adotou, por um lado, os princípios e as regras modernas da laicidade, por outro, preservou como seu fundamento imagens e valores da tradição protestante. Max Weber ofereceu uma meganarrativa dessa relação que, segundo o pensador, contribuíra com a formação e consolidação do capitalismo a partir dos Estados Unidos (1996). Contudo, a "afinidade eletiva" entre a ética protestante e o espírito do poder não foi percebida ou, ao menos, exposta pelo pensador. Nesse sentido, merecia ser considerado que o tipo de governo republicano implantado nas colônias livres da América contou com o dado bíblico em sua legitimação. A ética intramundana fecunda o poder tanto quanto a economia. De modo análogo, é tentador pensar como a tradição do entusiasmo (individualismo e espiritualismo), a fé na graça (que nega a natureza, intrinsecamente má) e o fundamentalismo (a inerrância da Bíblia), doutrinas aparentemente tão neutras quanto a doutrina da predestinação, têm afinidades com a consciência política estadunidense de nação feita de indivíduos livres isolados, de povo eleito posicionado acima dos demais e como juiz dos demais, de defensores de uma nação governada por líderes eleitos, de afirmação da Bíblia como verdade que desbanca a ciência. Deus é um poder supremo que conduz a América nos caminhos decadentes da história. A nação edificada sobre os pilares da liberdade religiosa não pode suportar a religião oficial ou uma teocracia governada por um único sistema de crenças, não somente pelo fato de a nova Federação ter abrigado diferentes confissões oriundas, inclusive, de guerras religiosas inglesas, mas por colocar cada indivíduo no centro da vida religiosa e social. Toda presença pública de Deus (observada em símbolos e narrativas políticas) transita do indivíduo para o coletivo. A pátria, a nação e o Estado foram construídos como objetividade capaz de agregar as tradições religiosas que têm seu centro em cada individualidade (BLOOM, 1997). Essa cosmovisão revela a sobrevivência e a adaptação da cosmovisão teocrática centrada no poder absoluto de Deus, garantida pela verdade escrita na Bíblia. O Onipotente realiza sua missão por meio da nação e dos governantes da pátria eleita da América, presença de seu poder entre os povos de todo o mundo. A percepção de que os Estados Unidos nascem como projeto designado por Deus esteve presente na origem das igrejas criadas e reestruturadas e que dali se expandiram com seus projetos missionários. O caso mais emblemático dessa ligação direta entre Reino de Deus e não americana são os Mórmons, como bem explica Bloom. A visão de um povo que se liga diretamente ao povo do Antigo Testamento faz parte da narrativa fundante do grupo. A religião torna-se um povo, o povo estadunidense, pelo qual Deus implanta seu Reino na terra (1997, p. 83-101).

De toda forma, a perspectiva de um poder exercido em nome de Deus acompanha tradições religiosas, segmentos partidários e personagens estadunidenses no decorrer do tempo e emerge como narrativa mais fundamental das geopolíticas imperialistas do país. O Estado republicano não constitui uma estrutura que rompe com uma teologia do poder, mas, ao contrário, a tem como pressuposto: fundamento, motivação e parâmetro do governo. Governo e Estado laicos estão a serviço de uma nação eleita. Se até bem pouco tempo essa consciência religiosa podia ser definida como um fenômeno de religião implícita na cultura e na política nacionalistas, recentemente, no governo de Donald Trump, tornou-se explícita, como base de seus discursos soberanistas e intolerantes, de negacionismos e de fundamentalismo bíblico. As posturas de Trump estiveram (e estão) presentes nas mídias e dispensam descrições.

4. As emergências teocráticas

As teologias teocráticas têm permanecido vivas para além dos regimes teocráticos já extintos do Ocidente; sobrevivem como parte dos imaginários religiosos das tradições cristãs e como resíduo presente nas culturas ocidentais. O que morreu como regime sobreviveu como profissão de fé, como valor assimilado pela cultura e como estratégia de legitimação de poderes autoritários. Governos assumidamente religiosos têm gozado de boa aceitação popular, sobretudo em tempos de crise. As filosofias políticas laicas que teriam, em princípio, ocupado o lugar das teologias políticas, não foram assimiladas pelas camadas populares e, ao que parece, somente parcialmente nas regras do fisiologismo político das elites econômicas. A história das ditaduras do século XX demonstra como as elites saem em defesa dos fundamentos cristãos do poder como recurso legitimador desses regimes, sacrificando muitas vezes suas convicções liberais, ao menos do ponto de vista das convicções publicamente manifestas. Em torno de Deus, a aliança política entre a ralé e as elites encontra seu ponto de convergência um tanto natural (ARENDT, 2000, p. 376). Assim se apresentaram os governos autoritários fascistas e as ditaduras a eles alinhadas nas versões ibéricas do franquismo e salazarismo, e nas versões latino-americanas do getulismo e do peronismo. Deus foi adotado como fundamento desses regimes e, na maioria deles, a Igreja Católica retomou seu velho lugar como parceira direta no exercício do poder. Teocracias implantadas sorrateiramente em contexto republicano, porém legitimadoras de um Estado forte e de governos nacionalistas e tiranos.

a) Crise e poder divino

Quando os consensos políticos entram em crise, a ideia teocrática retoma seu lugar como base inquestionável para a retomada da unidade nacional fragmentada e para a construção das razões e dos rumos de projetos restauradores. Entre o tempo lento da construção dos consensos e o consenso religioso já estabelecido em torno da onipotência divina, este último significa uma estratégia mais eficaz que responde de imediato às urgências de reforma. O poder inequívoco de Deus, em permanente exercício na esfera da natureza, extravasa como solução pronta para a esfera política. No tempo intermediário do antigo que se desfez e do novo que ainda não chegou, a retomada do fundamento seguro se mostra a saída mais econômica e mais segura que dispensa com suas simplificações a luta por estabelecer novos consensos entre os sujeitos quase sempre em luta por hegemonia. A eficácia dos discursos teocráticos como saída imediata para as crises reside na sua potência unificadora que supera todas as divergências e, por conseguinte, as rejeita e elimina como portadoras de desagregação e instauradoras do caos. A fundamentação religiosa do poder é sempre integradora e integralista, na medida em que busca a convergência de todas as dimensões da vida humana em torno de um projeto em uma determinada nacionalidade e não suporta as divergências. Somente uma unidade transcendente pode garantir a unidade de regime em termos de garantia plena e de controle absoluto das forças do mal instaladas na história. Nesse sentido, os governos de viés teocrático se instalam em uma circularidade que inclui ao mesmo tempo a construção da crise e o anúncio do novo; a narrativa do caos iminente e de uma única oferta de solução são os dois lados do mesmo projeto. A precariedade da realidade tornada consenso busca na religião o fundamento que abraça o permanente como solução, a unidade absoluta como regra e a exclusão das divergências como necessidade. Nas pegadas de Peter Berger, pode-se entender a fundamentação religiosa do poder como saída cosmificadora da política, quando o eterno, o estável e o uno são assumidos como solução disponível de superação do caos (BERGER, 1985). Nesse sentido, as teologias teocráticas se orientam como luta entre a verdade e a falsidade, os cidadãos de bem e os cidadão maus, a identidade pura e alteridade ameaçadora, entre o bem e o mal.

b) Poder divino e projeto populista

A religião é a fornecedora da base mais radical que garante a estabilidade da realidade precária. As teocracias oferecem a garantia do fundamento comum e as estratégias da unificação da mesma nação, do único povo e da pátria-mãe posicionada entre o transcendente e o imanente como valor sentimental. As políticas unificadora e integradora são sempre identitárias, centradas em uma pureza nacional a ser preservada em nome de uma única raça, de uma unidade moral e religiosa. A última palavra dessa unidade nacional é a afirmação de povo eleito e predestinado a ser o protagonista do Reino de Deus na história. Assim foram praticadas as teocracias antigas e, em doses discretas, as que foram implantadas já nos tempos modernos. Como será visto, a ideia de pátria sintetiza com relativa facilidade essa ilusão político-religiosa: um sentimento comum, de uma nação unida e de um único povo. A pátria é a imagem primordial da unidade perfeita dos mesmos filhos e tem suas raízes primeiras fincadas em tempos primordiais que se identificam com a graça divina; ela nasce de alguma forma da gratuidade divina que ampara e conduz os filhos escolhidos em meio às dificuldades históricas. A mesma filiação nacional tem seu último fundamento na unidade religiosa imaginada quase sempre à imagem e semelhança das religiões hegemônicas: catolicismo nas teocracias do mundo latino, calvinismo nas teocracias genebrinas e holandesas, ortodoxas na teocracia bizantina. No caso dos regimes teocráticos antigos e medievais, a ligação direta entre o poder monárquico reproduzido nas linhagens descendentes garantia a ligação legítima entre o governante eleito por Deus (nascido da autêntica linhagem familiar e consagrado para a função pela Igreja) e o próprio Deus. Nos tempos modernos, as teocracias foram reconstruídas, ou por uma casta de sacerdotes presentes e ativos no poder, como no caso emblemático das teocracias calvinistas e nos casos mitigados dos regimes autoritários de Franco ou Getúlio, ou por meio de líderes que se apresentaram como legítimos salvadores das pátrias. As tendências teocráticas mais recentes trazem essa marca. Na ausência de uma linhagem tradicional que possa exercer o poder em nome de Deus, somente uma liderança carismática, em termos weberianos, portadora de dons extraordinários, pode se apresentar como legítima representante de um projeto de salvação querido por Deus.

Foi nessa lógica que os líderes fascistas emergiram como únicos e legítimos salvadores das grandes crises nacionais e mundiais. Unidade transcendente (divino), sentimento primordial comum (pátria), unidade nacional (raça, etnia ou religião), projeto unificado (povo) e liderança eleita (mito ou herói salvador) compõem a sequência simples instauradora das teocracias modernas. Se o monarca ocupara um lugar tradicional legítimo no passado, o líder carismático ocupa agora a mesma função nas novas construções. Em ambos os casos são revestidos de aura sagrada, escolhidos por Deus, portadores de uma salvação, possuidores de uma palavra verdadeira e infalível e, em certo sentido, imortais. Por essa razão, assumem a função como vitalícia. Os reis exerciam o poder em nome de Deus até a morte. A ideia dos dois corpos do rei, um corpo físico e um corpo místico, sintetizou teologicamente a eternidade do líder. O rei não morre. Também por isso o mito encarnado no poder do eleito exige transcender o tempo e relativizar a distinção entre passado e presente e instaurar uma espécie de presente contínuo na sua pessoa e ações (FINCHELSTEIN, 2015, p. 25). Os reis de direito divino se ligam a mitos fundantes supra-históricos que os alimentam como fonte sempre atual, para além das circunstâncias presentes. As dinastias perpetuam no tempo as origens divinas de sua linhagem. Os ditadores modernos projetam seus mandatos para toda a vida e para além de suas vidas carnais, como o projeto de mil anos do Terceiro Reich. Foi certamente nessa mesma chave que Trump e Bolsonaro buscaram as formas de negar previamente os processos eleitorais como estratégia de perpetuação no poder. A temporalidade dos mandatos demarcada pelas regras democráticas não poderia submetê-los, por serem portadores de uma verdade atemporal anterior e superior às conjunturas. Na consciência teocrática, o líder escolhido por Deus não morre. O mito existe para não morrer.

Capítulo III
Pátria amada, idolatrada

Ó pátria amada, idolatrada, salve! Salve! Refrão repetido de cor pelos brasileiros desde a infância, ao entoar o Hino Nacional. O refrão não mente sobre o significado profundo da noção de pátria: realidade mística que agrega o conjunto dos filhos iguais, amantes e servidores da mãe comum. Essa mãe espiritual deve ser "idolatrada". A idolatria indica adoração de uma entidade como deus, embora não o seja. A interjeição "salve" é da família do termo *salus* (salvação e saúde) e já era usada como saudação no mundo latino antigo. O segundo refrão vem precisar a possível ambiguidade da idolatria. Não deixa dúvidas de que a pátria é "terra adorada". A pátria deve ser não somente amada, mas também adorada pelos seus filhos. As analogias divinas sempre acompanharam a construção da ideia de pátria, desde o mundo antigo e, sobretudo, a partir da Idade Média. A noção foi sendo elaborada no decorrer do tempo como realidade transcendente agregadora de indivíduos, territórios e governantes.

O refrão "pátria amada, Brasil" foi assumido como logotipo do governo atual. Em princípio nada mais que uma boa intuição de marketing de seu gabinete. A expressão está calcada no inconsciente político nacional, e resgatá-la poderia, de fato, ser estratégico, uma vez que o marketing utiliza sempre desse expediente psicossocial na criação de marcas. Porém, a expressão resgatada parece ser mais que isso e indicar uma imagem e uma ideia programática carregada de significado político-religioso. A história do Brasil testemunha o uso religioso dessa imagem política ou o uso político dessa imagem religiosa. De fato, pátria nunca foi uma noção meramente política. Ao contrário, seu potencial místico sempre serviu como suporte ideológico para os regimes de perfil autoritário que exigem símbolos fortes capazes de justificar suas posturas perante o conjunto da sociedade. A pátria unifica os dispersos e se impõe como imagem e valor para todos os filhos. Desconsiderar a pátria é desconsiderar a origem sagrada comum, romper com a comunidade de pertença e se atirar no território estranho ou desgarrar-se como filho traidor.

O conceito de pátria expressa a pertença comum que inclui a terra natal, as origens comuns, a unidade nacional, as estruturas políticas cimentadas no sentimento comum e projetadas em imagens ideais da grande família. É nesse nível integrador, sentimental e projetivo que se pode localizar a pátria como entidade imaginada e como fonte de comunhão das demais dimensões e instituições nacionais. Nesse sentido, a pátria transcende e fundamenta o que constitui a vida comum de um povo, animada e organizada no tempo e no espaço. A pátria subsiste como ligação do passado e do presente, dos sentimentos com os ordenamentos racionais, de cada indivíduo com uma coletividade, dos conflitos de classe e das diferenças culturais. Esse grau de abrangência e integração confere à pátria uma natureza própria como condição comum transcendental a tudo o mais que constitui a vida coletiva organizada de um determinado povo. Nessa condição, eleva-se como mito fundante, como mãe simbólica, como família fontal e como ideal de vida comum desejada e perfeita. A imagem viabiliza a operação das utopias retrospectivas (TOURAINE, 1999, p. 47) que visam projetar o futuro a partir do passado no desenho da solução das crises. As visões neoteocráticas têm contado regularmente com essa entidade para construir suas narrativas de poder absoluto, regrado por sentimentos anteriores e superiores ao Estado e suas instituições.

Por essa razão, a história das políticas teocráticas revela uma ligação entre as divindades e as pátrias. Entre a nação e Deus, a pátria posiciona-se como entidade de comunhão transcendente que expressa as origens e as finalidades do povo e agrega por meio de sentimentos comuns que constroem fidelidade. Com efeito, a identificação líder-pátria, realizada pelos regimes autoritários, não somente recorre à teologia política medieval que identificava o reino com o corpo do rei em afinidade imediata com a eclesiologia do corpo místico (Cristo como cabeça da Igreja), mas reduz a pátria às dimensões do projeto político salvador ali desenhado e disposto a romper com todos os empecilhos que impeçam sua concretização, mesmo aqueles instituídos na objetividade do Estado.

As aproximações entre pátria e religião não são, portanto, coincidências ou parte integrante das estratégias legitimadoras dos poderes autocompreendidos como enviados por Deus. Elas revelam a relação de constituição mútua entre os poderes de Deus e os poderes dos líderes. Essa equação simples compõe, ao que parece, a própria formulação da imagem da pátria, fonte que sustenta a pertença comum da mesma nação, do mesmo povo e do mesmo aparelho governamental. Mas é na forma explícita que essa fonte é retomada e reconstruída pelos regimes autoritários no decorrer da história. Na gramática teológica dos poderes fortes e absolutos, Deus e líder se relacionam como causa primeira e causa segunda de um projeto salvador e, por conseguinte, a pátria é privatizada no projeto do líder; resgatar e domesticar a pátria significa, desde então, apresentar-se como portador de um projeto que historiciza o mito do sentimento comum no tempo e no espaço e exercer um controle sobre seu dom, bem como administrar seu conteúdo imagético agregador.

1. As imagens da pátria no mito fundador do Brasil

Os mitos fundadores narram as origens de alguma realidade histórica como forma de fundamentar no presente o que considera valor permanente. Quase sempre é uma narrativa construída sobre o começo, ou seja, sobre o fato inicial que desencadeou a existência de um personagem, de uma localidade, de um objeto, de uma instituição ou de um povo. Trata-se da estratégia idealizadora que eleva um fato a uma condição extraordinária e até sobrenatural como forma de garantir sua permanência no presente sem grandes mudanças. O mito fundador não é, portanto, descrição histórica do começo, mas narração normativa que visa fundamentar o presente e dar a ele alguma direção. A lógica do mito é distinta da lógica racional que funciona pela lei da verificabilidade conceitual ou empírica. Ela se estabelece como narrativa que se impõe por força da linguagem extraordinária, dos símbolos e personagens utilizados. São narrativas caracterizadas pela perfeição que supera toda imperfeição: sagas e heróis são apresentados como modelos a serem seguidos. As sociedades arcaicas se estruturavam a partir dessas descrições em todas as suas práticas; viviam e pensavam com uma consciência mítica onde tudo se encaixava: a natureza, as sociedades tribais, as práticas produtivas, as regras morais e os ritos religiosos.

As sociedades atuais, embora diversificadas e plurais, adotam expediente semelhante para muitos fatos históricos e para suas próprias instituições. A consciência mítica persiste misturada com a consciência histórica, reproduzindo aquela lógica antiga; persiste na atitude mitificadora que confere às realidades históricas um fundamento transcendente, carregado de encantamento e de efeito mágico. As origens dos povos e nações costumam ser descritas nesse registro mítico do maravilhoso e do extraordinário, fazendo com que os fatos reais fiquem soterrados ou deformados.

As narrativas da descoberta e da formação do Brasil são carregadas dessa linguagem tomada de encantamentos, como explica Chaui (1996). A diferença do mito de origem narrada pelos mitos vivos e dos mitos fundadores reside no fato de o primeiro ser construído coletivamente por uma cultura e reproduzido em suas tradições e rituais como verdade/bondade de um *in illo tempore* que sustenta o presente (ELIADE, 1999, p. 89) e o segundo ser resultado de construções políticas com intencionalidade de criar sentimentos comuns e de exercer controles políticos. O mito de origem expressa a identidade dos povos em uma fase cultural pré-racional e constitui o fundamento da própria cultura e sociedade. O mito fundador tem o mesmo papel criador, porém, pode ser construído por sujeitos políticos que idealizam e mistificam os fatos com objetivos de construir consensos. Pode também, com o mesmo objetivo, distorcer ou negar os fatos. Ele quer sempre ser um fato verdadeiro que encerra conteúdos capazes de orientar o presente de um determinado povo.

Os mitos fundadores utilizam-se das estratégias regulares do discurso ideológico: unificam o que é diverso e escondem os conflitos, idealizam o que é real e limitado, fragmentam e expurgam os outros como inimigos, cosmificam o que é histórico e, por conseguinte, legitimam a realidade presente (THOMPSON, 1995. p. 81). Surgem, assim, as narrativas e os símbolos que dão fundamento para a realidade social, cultural, religiosa ou política de um determinado grupo humano. A descrição dos fundadores de uma nação, de uma religião e até mesmo de uma instituição moderna, sofre esse processo de construção idealizadora. O passado construído no presente adquire um status de perenidade (eternidade), como algo que por sua força própria e original orienta o presente como norma agregadora.

Os mitos fundadores são construídos/repetidos permanentemente a cada momento em que, por razões políticas, novos líderes se apresentam como legítimos e salvadores das crises. Nesses momentos o passado é relido com a intenção de redirecionar o presente. As estratégias podem ser: negação, seleção e criação de fatos do passado. A negação visa substituir um mito fundador já construído ou um dado inoportuno por outro adequado à ideologia vigente. A seleção foca em um aspecto e o adota como universal com a mesma finalidade. E a construção busca os meios de justificar as posturas, criando o novo por meio de linguagens legitimadoras.

a) A politização do mito

Nos regimes mítico-políticos modernos as ciências foram utilizadas como linguagem legítima e persuasiva que visa impor as ideias para o conjunto da sociedade. As ciências se tornam paradoxalmente construtoras de novos mitos. O nazismo adotou essa estratégia de forma ostensiva e organizada. Adolfo Hitler mobilizou uma frente de cientistas dedicados a demonstrar cientificamente a superioridade da raça ariana e a racionalidade do projeto do Terceiro Reich (INGRAO, 2015). A ciência nazista agregou os defensores da ideologia da raça pura em torno de um fundamento seguro e inquestionável que destruía conclusões científicas consensuais na comunidade científica e edificava novas conclusões como verdadeiras. O mito usurpou o lugar da ciência.

Os mitos fundadores da política são construções ideológicas que visam justificar posições e projetos de determinados governos. As identidades nacionais e culturais contam em variadas medidas com esses expedientes da mente humana que opera com a força das imagens e com o encantamento com as narrativas fantásticas, que obtêm adesão aos símbolos e aos enredos dos heróis. A construção dos fundamentos seguros e permanentes para sustentar e orientar a vida presente.

As reconstruções míticas acontecem, portanto, como linguagem da persuasão e da moralização. Os regimes todos o fazem em alguma medida ao idealizarem os atos de seus líderes. Contudo, a autêntica ciência tem um papel fundamental ao estabelecer os fatos e as interpretações por ela elaboradas como parâmetro que regula as mistificações. As ciências suportam os heróis, mas não suportam a negação e as deformações da história. Elas colocam os mitos no seu lugar cultural e hermenêutico e buscam decodificá-los em seus significados, mas negam que sejam assumidos como históricos ou factuais e que se apresentem em personagens e promessas messiânicas de cunho religioso ou político. Nesse sentido, as ciências serão sempre uma antítese das mistificações.

b) *O mito da pátria*

A pátria é antes de tudo um mito, para o bem ou para o mal das verdades históricas e políticas. Trata-se de uma entidade construída para agregar e fundamentar as nações e povos em torno de uma condição comum e dogmática de uma igualdade transcendente. Da pátria emanam os valores comuns de um povo e nela os seus membros se agregam no mesmo sentimento de pertença. É uma mãe que acolhe e alimenta os seus filhos com sua fortaleza e benevolência. A pátria é ambígua como todo mito; pode agregar na direção de um projeto humanitário e pode manipular como uma ideia-força que aliena e massifica os cidadãos. Por ser mito, a pátria conta sempre com imagens belas (de natureza, de lugares e de pessoas), com enredos magníficos (grandes descobertas, coincidências e milagres) e com heróis (personagens fora do comum, gênios, guerreiros, desbravadores etc.). Também por ser mito, a pátria é feita de reforços religiosos, por discursos que enfatizam sua grandeza e importância por se tratar de uma entidade desejada por Deus para um determinado povo. Nessa perspectiva, pertencer a uma pátria é pertencer a um projeto de Deus. Os integralistas e integristas se pautavam por essa teologia patriótica que conclamava o retorno da velha aliança entre Estado e Igreja.

Na construção histórica do Brasil a noção de pátria ocupou um lugar central, mais do que a noção de povo, por exemplo. A simbólica familiar mãe-filhos, sacralizada pela imagem Deus-natureza, foi dominante de forma coerente com os rumos históricos de formação da nação, onde o povo não exerceu efetivamente o protagonismo como sujeito político. A pátria é, de fato, a mãe providente que dispensa os protagonistas políticos e, *a fortiori*, os filhos rebeldes que queiram assumir o poder. A pátria de alguns é entendida como a pátria de Deus, a mão sagrada provedora que agrega todos os filhos, os pobres e os ricos.

c) *A origem providencial do Brasil*

A imagem de pátria brasileira foi construída com elementos disponíveis nas narrativas de formação da nação e do povo que foram sendo elaboradas no decorrer da história. Nasce de imagens e de conceitos acumulados como fatos e verdades que ensinam o que é o Brasil. A pátria é uma síntese dos elementos que enaltecem as origens e a formação do povo, da nação e dos governos; ela está em formação permanente, na medida em que novos elementos são acrescentados a essas matrizes mais arcaicas e estáveis no imaginário social do povo. A descoberta da nova terra pelos portugueses fornece os primeiros elementos que vão compondo esse imaginário. A sacralização fez parte desse processo: nascemos como terra abençoada por Deus e jamais poderemos fugir dessa graça original.

A "descoberta" do Brasil se insere em uma saga quase miraculosa bem sintonizada com a mística política das origens de Portugal. O Reino foi concebido como resultado da providência divina. Dom Afonso Henriques foi conduzido por Deus na batalha de Ourique, na qual venceu os reis mouros e estabeleceu a nova nação. Portugal nasceu como vitória de Deus sobre os inimigos islâmicos. Sob esse mito fundador, os portugueses constituíram-se como monarquia teocrática e como nação destinada a expandir em nome de Deus (AZZI, 2001, p. 182-194). A tomada de posse das terras do novo mundo se insere nesse imaginário da dominação de novos territórios para Deus e sob sua providência. Portugal é um projeto de expansão católica desde o ato miraculoso da gloriosa batalha até as terras longínquas do novo mundo. Além dos mares, novos territórios eram uma espécie de presente de Deus para seu povo lusitano, povo eleito desde as origens, conduzido pelo poder do rei consagrado e protetor da fé católica. Portanto, a chegada ao Brasil não poderia ser por acaso, explica Pero Vaz de Caminha em sua famosa Carta (http://objdigital.bn.br). A Providência divina prepara a nova terra que confirmava a imagem do paraíso perdido em sua exuberância natural e por seus habitantes pacíficos. Sérgio Buarque de Holanda expôs em sua obra clássica essas raízes míticas do Brasil; raízes que se perpetuaram ao longo da história escondendo, evidentemente, as razões econômicas da conquista (1994).

O Brasil nasceu como uma terra providenciada por Deus, antes mesmo que se constituísse como nação e como Estado. A terra de Santa Cruz jamais saiu da imagem do imaginário nacional. No marco da grande cruz plantada na primeira missa de Victor Meirelles, a nova terra nascia bela, pura e harmoniosa, congregando índios e portugueses, destinada a ser cristã e sempre protegida por Deus: "país tropical, abençoado por Deus e bonito por natureza", cantava Jorge Ben em plena ditadura.

d) As imagens sagradas da pátria

Como toda entidade transcendente, a pátria se expressa sobretudo por meio de linguagens simbólicas. As imagens, os símbolos e os personagens que compõem a ideia de uma mãe comum, posicionada como fonte alimentadora da nação, do povo e do Estado, ocupam o lugar da narrativa racional, marcada pelas regras do jogo político-administrativo impessoal, pela condução autônoma dos sujeitos e pela institucionalização na forma de norma. A ideia de pátria captura e elabora o que está na região do sentimento coletivo, o que sustenta com sua força todo os arranjos ideológicos e institucionais do povo que se compreende como nação e se edifica no Estado monárquico e republicano. Embora na ordem histórica se deva pensar em uma circularidade que cria e integra de forma concomitante as noções de pátria, nação e Estado, na ordem da lógica do poder, a noção de pátria vem em primeiro lugar: fonte de onde advém o vigor, a unidade e a finalidade da vida do povo, unificado como nação e organizado como Estado. Por essa razão, nos momentos de crise das regras e do funcionamento dos regimes capitaneados pelo aparelho do Estado, o retorno à pátria se mostra como movimento necessário para reconstruir a unidade perdida e redirecionar os governos e, até mesmo, refazer o regime e o próprio Estado. Se o Estado é racional e objetivo, a nação é a definição da pertença comum, a pátria é o sentimento sagrado fontal e unificador das demais entidades sociopolíticas.

A linguagem que narra a pátria e a transmite a cada geração bebe de fontes primordiais sagradas e, por essa razão, tem sua gramática estruturada em simbologias, por meio das narrativas das origens, dos ícones e das imagens, das músicas e dos rituais.

1º) As narrativas das origens: a) as origens sagradas da terra: as belezas naturais, os lugares demarcados por atos religiosos, os produtos oferecidos pela terra, tudo é dádiva divina para os filhos que ali habitam; b) as sagas heroicas: os descobridores destemidos, os desbravadores pioneiros, as guerras e conquistas, as vitórias sobre os inimigos, tudo conta o tempo dos heróis, exalta as virtudes a serem imitadas, e interpretam os atos heroicos a partir da proteção divina; c) a identidade estabelecida: por meio das conquistas, os heróis fundadores delimitam os territórios da terra e do povo, plantam os marcos sagrados como memória que zomba do inimigo e exalta os povos locais, edificam monumentos a serem referenciados, separam os de dentro dos de fora dos domínios de Deus.

2º) Os ícones e as imagens. A pátria fala por meios das imagens idealizadas quando o artista deixa seus sentimentos e desejos fluírem sem controles realistas, profissão de fé que busca expressar-se por meio da beleza. As imagens encenam as origens e os heróis, criam o que se pretende levar como exemplo a ser contemplado para ser seguido. Essa função catequética das imagens patrióticas se encontra regularmente nas pinturas, nos monumentos, nos edifícios e ilustrações dos livros didáticos. No caso do Brasil, os famosos quadros da primeira missa, de Moema, das batalhas, do grito do Ipiranga, da forca de Tiradentes, ensinam sobre a terra, a construção da nação e a identidade nacional. São idealizações de lugares, fatos, cenas e personagens que visam ensinar os valores nacionais a serem conhecidos e preservados. E realizam esse papel com tamanha força, que instauram a própria realidade, de forma a identificar a imagem idealizada com os fatos e personagens reais. As cenas pintadas e esculpidas carregam a força de instaurar o imaginário nacional coletivo que concretiza em cada mente a própria pátria. As imagens são, de fato, a linguagem que ensina o mito, os mistérios e as tradições religiosas e, em muitos casos, presentifica e concretiza a própria entidade que representa. As imagens de natureza patriótica tornam a pátria presente em cada tempo e lugar como força que arrebata o sentimento da pertença comum e concretiza na mente o tempo das origens.

A bandeira e suas cores ocupam um lugar central na alimentação da pátria. O verde e amarelo no Brasil foi sempre objeto de apropriação por parte dos governos, de modo intenso pelos governos autoritários. A luta pela apropriação e negação do verde-amarelismo como símbolo da pátria Brasil, por parte dos dirigentes e dos movimentos sociais organizados, tem uma longa história que coincide com a própria história da República (CHAUI, 1996, p. 31-45). O fato é que se trata de uma imagem geral que vem sustentando a ideia de uma unidade nacional capitaneada pelas elites nacionais. As cores foram identificadas com os governos ditatoriais e com os governos de projeto salvacionistas, desde o desenvolvimentismo de Juscelino Kubitschek até o governo atual.

O uso do verde-amarelo tem sido um recurso ideológico utilizado pelos estados fortes e pelos governos autoritários que projetam resgatar uma suposta unidade nacional perdida, embora o uso por parte de movimentações populares também ocorra, como na retomada democrática após a ditadura e nas manifestações pelo *impeachment* de Fernando Collor. As duas cores residem na alma nacional como sinônimo mais preciso da pátria e da nação e, por conseguinte, como força aglutinadora. O jogo político do resgaste-desgaste tem sido uma constante em nossa história e se mostra de forma emblemática nos dias atuais. A cor vermelha, associada às esquerdas e, de forma direta, ao Partido dos Trabalhadores, antagonista do governo, ofereceu a imagem-contraste que não somente destacou a consolidada imagem da nação verde-amarela, mas coloriu o confronto entre os patriotas e os traidores da pátria, entre os bons e os maus.

3º) As músicas. Não é apenas o Hino Nacional que canta a pátria brasileira em termos de sacralidade, mas outras canções populares seguem essa mesma pauta. De fato, todos os hinos oficiais existem para cantar a unidade nacional por meio de imagens e ideias que celebram as origens da nação. O "gigante pela própria natureza" nasceu como nação nas "margens plácidas" pelo "brado retumbante" de Dom Pedro. A liberdade brilhou no céu da pátria e fez nascer o país de um grito de guerra. As metáforas continuam desenhando as imagens da mãe gentil que está sendo esboçada, quando Portugal perdera a maternidade nacional nos movimentos separatistas que pipocavam pelo território afora. O Hino Nacional encena a busca urgente da unidade territorial ameaçada, a construção do sentimento nacional e a conclamação ao futuro de uma grande nação no novo mundo.

Além dos demais hinos oficiais da Independência e da Bandeira e o desconhecido Hino da República, o das Forças Expedicionárias, composto por Guilherme de Almeida, representa a pátria na forma mais perfeita. Sintetiza nos versos a natureza exuberante, as produções culturais popular e erudita, os fatos históricos e as devoções religiosas. Não resta dúvidas de que, cantado em um país distante e no limite da vida, a ideia de pátria desenhada com riqueza de detalhes, exerça a função de unir os soldados na mesma luta, dar alento e alimentar a esperança do retorno. A ideia de uma pátria sagrada não se mostra somente nas referências explícitas a Nossa Senhora Aparecida e ao Senhor do Bonfim, mas na própria relação entre Deus-natureza, por meios dos símbolos das cores nacionais desenhadas na Bandeira Nacional:

> Venho do verde mais belo
> Do mais dourado amarelo
> Do azul mais cheio de luz
> Cheio de estrelas prateadas
> Que se ajoelham deslumbradas
> Fazendo o sinal da cruz.

Várias canções populares exaltaram a pátria por variados vieses ideológicos e contribuíram com a reprodução da ideia de uma pátria abençoada que agrega os filhos de distintas raças. O clássico "Aquarela do Brasil" de Ary Barroso posiciona-se, por certo, no topo dessa perspectiva, em pleno Estado Novo que lança mão de estratégias unificadoras da nação com o apoio do catolicismo. "Ó Brasil do meu amor, terra de Nosso Senhor", repete o refrão, após descrever a natureza dadivosa e as diferenças culturais que compõem a nação. A pátria cantada em prosa e verso marcou presença em canções folclóricas, em canções explicitamente políticas, em músicas sacras e em músicas de protesto de compositores da MPB. Nos anos mais duros da ditadura, explodia o sucesso musical nacionalista: "Eu te amo, meu Brasil, meu coração é verde, amarelo, branco, azul-anil". E Chico Buarque cantava em tom contrário: "Num tempo, página infeliz da nossa história, passagem desbotada na memória das nossas novas gerações, dormia a nossa pátria mãe tão distraída sem perceber que era subtraída em tenebrosas transações".

4º) Os rituais. Os mitos operam de modo direto e eficaz através dos ritos. Na ação ritual atualiza sua força criadora e permite ao participante usufruir de seu dom. A pátria amada celebrada nos rituais é mais que uma ideia; é o próprio sentimento de comunhão nacional vivenciado como verdade mais original e oferecido aos filhos da mesma mãe no presente. A celebração atualiza o passado fundante, os enredos, os personagens e, sobretudo, os ensinamentos que deles emanam para a vida política presente. Não basta conhecer as origens comuns da nação; é necessário vivenciá-las no hoje, agradecendo os pais fundadores, enaltecendo como modelo de vida os atos patrióticos, imitando os atos heroicos. A pátria é feita para ser amada, celebrada e idolatrada, e não tanto compreendida. Os rituais ensinam a compreender amando, ou na formulação agostiniana, ensinam a amar para compreender. As datas comemorativas fazem memória à pátria por meio das paradas e dos desfiles, das salvas de canhões e das quadrilhas da fumaça; colocam em público os símbolos e os governantes e envolvem a multidão por meio de cantos e aplausos. O dia da pátria realiza de modo concreto essa dinâmica refundadora das origens comuns.

Essas linguagens próprias das expressões sagradas ensinam, atualizam e realizam o sentimento da nação comum que um dia foi conquistada pela força exemplar de grandes heróis. Tratar-se-ia de uma religião implícita, de ritos secularizados etc. Contudo, a natureza sagrada e a dinâmica sacralizadora dessa ação permanente recebem, por essa razão, o reforço dos discursos religiosos, de modo regular das religiões hegemônicas ou que buscam esse patamar. A pátria é quase sempre revestida de um manto teológico que a liga naturalmente a Deus. No caso do Ocidente, as grandes excitações patrióticas contaram com o apoio das religiões de matriz cristã, aquelas oficiais, quando existiam, as hegemônicas ou, ainda, a de uma espécie de espírito cristão ou de uma religião culturalizada, como no caso dos Estados Unidos. A ligação *Deus-pátria-nação-estado-governo* tem uma história longa no Ocidente e se mostra mais ou menos visível, a depender das conjunturas, mas, sobretudo, como espírito e prática dos governos autoritários que renascem periodicamente.

2. DEUS E PÁTRIA BRASILEIRA

Deus e pátria compõem o mito fundante do governo atual. Ainda que os ânimos dispensem essa categoria analítica explicativa dos regimes políticos, certamente pelo frescor do cadáver, não restam dúvidas de que o mito foi construído e permanece vivo em suas redes de apoio. A denominação "mito" atribuída ao capitão precocemente reformado não é apenas um atributo construído por fanáticos de suas redes sociais; designa, de fato, a natureza de sua liderança, marcada por traços religiosos, desde que se apresentou como salvador infalível de uma grande crise, lançando mão de discursos explicitamente religiosos e aliando-se a lideranças religiosas de matrizes confessionais distintas, porém convergidas na ideia do poder de Deus. O mito opera com a pátria (Brasil acima de tudo) e com Deus (acima de todos). A lógica do poder instaurada por seu governo é fundada no poder "acima de...", como bem expressa seu lema de campanha. A conexão Deus-pátria se mostra explícita nos discursos e nos atos. O Brasil é uma pátria religiosa; teríamos uma "religião brasileira" que está sendo destruída pela mídia. O território da pátria liga Deus, o fundamento maior, com o conjunto do povo que constitui a nação; é o território destinado a agregar o que está disperso e, no caso do Brasil atual, possui uma religião.

Essa operação deve ser da idade da pedra: o poder se justifica com um fundamento, poder autoritário necessita de um fundamento superior que lhe confira legitimidade. O mesmo espírito unificador, a pátria, representa a mesma fé do povo que reconhece a ligação direta do seu governante com Deus. Conexões teocráticas que se configuraram em diferentes modelos no decorrer da história. Uma entidade mítica só pode brotar de um mito maior. Em termos ocidentais, sem Deus a pátria sucumbe em sua autossuficiência mítica e pode dissolver-se nas contradições dos regimes que a ostentam e se rotinizar nos símbolos do poder e mesmo do Estado. Um Deus conhecido de todos nomina de forma segura e indelével o sentimento da mão transcendente comum. O lema de raízes fascistas, formulado pelo movimento integralista e retomado pelo governo bolsonarista, faz a síntese da realidade sociopolítica anterior à nação e ao Estado: *Deus, Pátria, Família*.

A pátria é anterior e superior à nação, ao povo e ao Estado; dela brota a comunhão fundante dos demais elementos que compõem uma identidade nacional. As urgências de afirmação ou retomada do espírito patriótico pedem sempre um cimento capaz de assegurar sua unidade, de forma eficaz e normativa, sem os riscos da rotinização e da dispersão promovida pelos dissidentes, filhos rebeldes, inimigos do povo etc.

A conexão teocrática Deus-pátria tem sua história nacional. Há que ressaltar os mais de três séculos do regime do padroado, em que o governo monárquico exerga uma missão indissociável do político com o religioso, concretamente como responsável direto não somente de dilatação e preservação da fé católica, mas também como administrador do aparelho eclesiástico local. A ideia de uma nação católica acompanhou a maior parte de nossa história como teocracia explícita. O regime do padroado sintetizou no mesmo sistema as regras teocráticas da fase pré e pós-reforma gregoriana: embora tendo o poder papal como sua fonte primeira, os monarcas detinham autonomia como ungidos para governar em nome de Deus e, por conseguinte, governar a Igreja. O pequeno intervalo da República laica não apagou, certamente, essa memória teocrática que retorna com novas estratégias já na década de 20 e se estende durante o regime autoritário de Getúlio Vargas nos anos 1930.

Entretanto, na dieta laica da velha República a Igreja jamais esteve, de fato, fora dos interesses políticos do Estado. Ao contrário, manteve uma presença pública quase unânime na educação, na saúde e em obras assistenciais. Os resquícios do aparelho do padroado resistiam na prática e mentalidade de muitas lideranças e, até mesmo, de governantes declaradamente laicos. Um fato emblemático que vale ser mencionado foi a escolha do bispo de Cuiabá, Dom Francisco Aquino Correia, para governador do Mato Grosso (1918-1922), como solução de conflitos entre os partidos locais que levaram à queda do governo eleito daquele Estado em 1917.

O bispo-político escreve uma carta sobre o *Patriotismo cristão* (1922), na qual transparece uma visão original de teocracia adaptada à República laica: "Tal é o patriotismo cristão, que não separa o amor à pátria do amor a Deus" afirma o bispo. Esse patriotismo afirmado pelo prelado político tem as seguintes características: a) cultiva a fraternidade universal, mas privilegia a pátria nacional onde o Senhor nos fez nascer, ao qual devemos o tributo filial; b) dele nasce o civismo e os deveres para com o Estado; c) faz de cada cidadão um responsável pelo patrimônio nacional; d) leva a respeitar as autoridades instituídas como representantes de Deus; e) ensina a observar as leis públicas como emanadas da própria soberania divina; f) e nos obriga a trabalhar e a orar pela pátria (cf. AZZI, 1994, p. 44).

A convicção de que a pátria brasileira era católica por desígnio divino desde as suas origens e o governo, mesmo republicano, não poderia dispensar essa verdade, orientou as ações do episcopado nos anos seguintes. A afirmação da catolicidade da nação era uma tarefa a que deveriam dedicar-se o governo e a Igreja. Referia-se a um projeto de salvação do Brasil dos perigos iminentes do ateísmo, com a emergência de movimentos socialistas e anarquistas que se expandiam no meio operário. Para ambos os poderes, não se tratava de retomar o modelo do padroado, mas de estabelecer um *modus operandi* que, mantendo as autonomias, produzisse as condições para um projeto de restauração nacional por meio da fé católica.

A Igreja Católica já avançava havia décadas em um projeto de restauração que visava dar maior vigor interno ao clero, aos religiosos e ao laicato, no sentido de uma Igreja mais ativa e estruturada e com presenças social e política capazes de influenciar os rumos da política, segundo os parâmetros da doutrina católica. Nesse sentido, a restauração católica contava com alguns rumos claros: a) autonomia da Igreja perante a República como poder legítimo que se autorregulava com suas normas próprias; b) missão espiritual e moral da Igreja na educação do povo e na formação de um caráter nacional católico, sobretudo por meio da educação e da imprensa; c) presença social e política junto ao operariado, às instituições de ensino e nos processos eleitorais; d) celebração de acordos com o governo federal e com os poderes locais, na busca dos mecanismos capazes de contribuir com a implantação de uma moralidade católica. Para tanto, contava com prelados politicamente estratégicos, capazes de se relacionar propositivamente com os governos, com a força do laicato organizado por meio da chamada Ação Católica e com a força de intelectuais, clérigos e leigos, que atuavam como formuladores dessa visão (AZZI, 1994).

A convergência entre os poderes era de interesse comum para os objetivos de ambos. O Estado oferecia as condições de concretização dos objetivos catolicizadores da Igreja e esta reforçava o intuito de unidade nacional pretendido pelo Estado. Riolando Azzi resgata dois discursos de lideranças das duas instituições, os quais merecem ser reproduzidos pelo caráter emblemático que configuram (1994, p. 33). Em 1924, no governo de Artur Bernardes, durante um banquete oferecido aos bispos brasileiros para selar a aliança entre a Igreja Católica e o Estado, pronunciaram-se o Ministro das Relações Exteriores Félix Pacheco e o Cardeal Arcoverde, do Rio de Janeiro.

Na conclusão de seu discurso, disse o Ministro:

> O Brasil precisa do concurso de todas as forças vivas da nacionalidade para se refazer na disciplina, no respeito da autoridade, na prática das virtudes, na obediência às leis, na lealdade aos deveres públicos, no trabalho útil e na independência responsável e sem ódios. Entre essas forças vivas a que aludo, e indispensáveis ao trabalho urgente de reconstrução geral do país, nenhum maior do que a Igreja.

Em resposta, afirmou o Cardeal:

> A comunhão de vistas entre os chefes temporais e os chefes espirituais, a nossa colaboração sempre bem-aceita, tantas vezes reclamada, para o engrandecimento da pátria comum; a união de sentimentos, passando da superfície de cortesias para uma camada mais íntima e mais profunda, são indícios alvissareiros do dia de amanhã.

Esses discursos poderiam ser definidos como fundadores da neocristandade que se configurou desde então no Brasil, em um arranjo, ao que parecia, bastante natural, ao menos sob três aspectos: 1º) A pátria católica subsistia como espírito fundante que abrigava em seu seio o Estado laico. Este se colocava como serviço daquela e buscava os meios legais e políticos de concretizá-la cada vez mais em suas políticas públicas; 2º) A pátria católica resgatada e afirmada contribuía com a construção da unidade moral e política da nação fragmentada social e politicamente; 3º) A aliança entre os poderes autônomos da Igreja e do Estado era a estratégia necessária para a realização dessa missão comum.

Nesse projeto, tornam-se naturais os símbolos católicos assumidos publicamente, como a estátua do Cristo Redentor no alto do Corcovado (1931) e, meses antes, em ato religioso com a presença do Presidente da República Getúlio Vargas e do Núncio Apostólico, a proclamação de Nossa Senhora Aparecida como padroeira do Brasil, homologando politicamente o decreto de Pio XI de 16 de julho de 1929. A ideia de uma nação católica é retomada com força pelas autoridades políticas e eclesiásticas, bem como pelos intelectuais de viés moderado e conservador. Nesse período, os congressos eucarísticos são celebrados como momentos de manifestação pública da fé católica e de defesa da pureza católica da pátria. Procissões, sermões e cantos exaltavam Cristo e a pátria como realidades naturalmente implicadas e como identidade capaz de enfrentar os inimigos da fé, da família e da moralidade. Os ecos dessa perspectiva teológico-política ecoaram por décadas nas celebrações católicas, em cantos eucarísticos como este:

> Glória a Jesus na hóstia santa
> Que se consagra sobre o altar
> E aos nossos olhos se levanta
> Para o Brasil abençoar
>
> Que o Santo Sacramento
> Que é o próprio Cristo Jesus
> Seja adorado e seja amado
> Nesta terra de Santa Cruz
> Seja adorado e seja amado
> Nesta terra de Santa Cruz

A pátria religiosa estava marcada não por uma teologia política genérica capaz de lhe assegurar um fundamento religioso explícito em nome de Deus, mas, agora, católica com suas marcas distintivas, a devoção mariana e a adoração eucarística. A construção de uma nação católica reconectava o Brasil às suas origens, assegurava a unidade social e política no presente e projetava a nação do futuro. Os grandes inimigos a serem vencidos eram o liberalismo, nefasto defensor da laicidade e do ateísmo, e o comunismo que rondava nos meios operários e colocava em risco a fé, a família e a liberdade. Nesse movimento, além das catequeses e liturgias patrióticas, desenvolvia-se uma teologia política que vinculava *Deus-Pátria-Igreja-Autoritarismo* pela reflexão de pensadores conservadores e pela ação militante de grupos integralistas.

Contudo, a catolicização da pátria possibilitada pela histórica hegemônica da Igreja Católica não era o único discurso religioso patriótico. Os espíritas marcaram também presença com uma leitura religiosa do momento nacional. A obra psicografada de Chico Xavier, *Brasil, coração do mundo, pátria do Evangelho*,[1] de 1938, narra magnificamente a visão de uma pátria predestinada por Deus a ser a pátria do Evangelho:

> Para esta terra maravilhosa e bendita será transplantada a árvore do meu Evangelho de piedade e de amor. No seu solo dadivoso e fertilíssimo, todos os povos da Terra aprenderão a lei da fraternidade universal. Sob estes céus serão entoados os hosanas mais ternos à misericórdia do Pai Celestial. Tu, Helil, te corporificarás na Terra, no seio do povo mais pobre e mais trabalhador do Ocidente; instituirás um roteiro de coragem, para que sejam transpostas as imensidades desses oceanos perigosos e solitários, que separam o velho do novo mundo. Instalaremos aqui uma tenda de trabalho para a nação mais humilde da Europa, glorificando os seus esforços na oficina de Deus. Aproveitaremos o elemento simples de bondade, o coração fraternal dos habitantes destas terras novas, e, mais tarde, ordenarei a reencarnação de muitos espíritos já purificados no sentimento da humildade e da mansidão, entre as raças oprimidas e sofredoras das regiões africanas, para formarmos o pedestal de solidariedade do povo fraterno que aqui florescerá, no futuro, a fim de exaltar o meu Evangelho, nos séculos gloriosos do porvir. Aqui, Helil, sob a luz misericordiosa das estrelas da cruz, ficará localizado o coração do mundo!
>
> Consoante a vontade piedosa do Senhor, todas as suas ordens foram cumpridas integralmente (p. 15-16).

O livro que transmite uma verdade destilada vinda diretamente do além continua demonstrando nos fatos históricos que fazem a história do Brasil a realização dessa predestinação divina. Dois pontos a

---

[1] Edição publicada com o título *Pátria do Evangelho* pelo Departamento Editorial e Gráfico da Federação Espírita Brasileira, sem data de edição.

destacar. Primeiro que as construções religiosas da pátria foram assumidas pelos espíritas, mesmo que no contexto se apresentassem, em termos numéricos, como pequeno grupo religioso. O segundo ponto diz respeito à função política de um abrasileiramento do espiritismo em tempos de repressão política patrocinada pelo Estado Novo sobre seus Centros e, até mesmo, sobre a Federação Espírita. A obra narra a formação do Brasil como concretização de um projeto divino, contando com a ação dos espíritos benéficos. Os espíritas buscavam um lugar na neocristandade que se configurava no regime autoritário aliado à Igreja Católica, então hegemônica. Os espíritas se apresentaram, assim, como defensores da pátria e detentores de uma narrativa própria que confirma, porém, a perspectiva do fundamento religioso da pátria brasileira.

3, Pátria, Igreja e regime autoritário

Uma tríade renitente na história política ocidental. A afinidade entre poder de Deus e poder autoritário é natural e estratégica. Poder forte necessita de poder absoluto como sua fonte e imagem de governo. Poder autoritário encontra no consenso religioso, que regularmente antecede o consenso político, o meio de sua execução e perpetuação (HOBSBAWM, 2016, p. 92-100). A teologia política da pátria católica costurava ideias sociais extraídas da Doutrina Social da Igreja e do pensamento de Tomás de Aquino, desde onde se desenhava um projeto político conservador e, em muitos casos, antidemocrático. O universo católico tradicionalista fornecia matéria-prima para a construção dessa identidade teológico-política de traços pré-modernos. Os integralistas, antiliberais e anticomunistas, afirmavam essas duas fontes como referências de suas posições, embora tenham padecido do inevitável drama hermenêutico que caracteriza toda leitura. O princípio essencialista escolástico que ensina a estabilidade da realidade e as verdades eternas, não subsistiu como perspectiva unânime de leitura de ambas as fontes do ponto de vista de seu ensinamento político. As experiências nazifascistas levaram católicos munidos dos ensinamentos sociais da Igreja a tomarem posições críticas em relação ao autoritarismo, e a ditadura franquista provocou revisões de posturas no grande neotomista Jacque Maritain, inspirador do pensamento católico, em favor do estado democrático. Por essa razão, as tendências integralista/integrista e liberal vão demarcar o pensamento político católico como correntes que se tornam cada vez mais distintas e, até mesmo, antagônicas a partir da década de 40.

O centro Dom Vital, fundado pelo convertido Jakson de Figueredo, havia sido o centro irradiador do tradicionalismo católico desde sua fundação em 1922. E não se tratava de um tradicionalismo meramente religioso, mas, ao contrário, de um pensamento integrista que vinculava catolicismo e regime autoritário. Em nome de princípios religiosos católicos, visava resgatar a ordem e a autoridade na sociedade brasileira, o que implicava ruptura com a democracia, sinônimo de demagogia, e enfrentamento dos liberais e dos comunistas (AZZI, 1994, 115-124). A sintonia com o momento histórico de emergência de movimentos autoritários na Europa e de retomada do tomismo dentro da Igreja Católica é nítida na gestão do centro por parte de Jakson, que morre em 1928. De fato, se na Europa o fascismo trilhava caminhos religiosos sincréticos, por aqui a marca católica era inseparável do projeto autoritário.

O movimento integralista foi o caudatário político dessa perspectiva e angariou uma grande frente de militantes destinados a salvar o Brasil da ruína final. No documento que marcou o nascimento do movimento integralista em 7 de outubro de 1932, conhecido como *Manifesto de outubro*, Plínio Salgado lançava as bases de um projeto político descendente direto do fascismo italiano, tendo como tripé Deus-pátria--família. Rezavam os princípios: Deus que dirige o destino dos povos, pátria nosso lar e família, início e fim de tudo (GONÇALVES; NETO, 2020, p. 14-15). Com essa bandeira, o movimento se inseriu na política nacional com diferentes estratégias, por meio da Ação Integralista Brasileira. O tripé Deus-pátria-família sintetizava o espírito e o propósito do movimento e sua autodesignação "integralista", como unidade maior capaz de instaurar o Estado integral unificador das divergências.

O projeto era parte do movimento mais geral que o Ocidente forjara como saída, perante a crise econômica que assolava o mundo e, por conseguinte, a crise dos governos democráticos e o avanço concomitante do regime socialista. Portanto, aquele tripé traduzia-se politicamente em outro: crise-salvação-autoritarismo. O integralismo lançou as bases de um projeto político-religioso autoritário que subsiste na consciência política das elites nacionais e retorna como solução nos momentos de crise por meio de líderes salvadores da pátria.

4. A PÁTRIA AMADA DE BOLSONARO

O tripé Deus-pátria-família reaparece no movimento de "eterno retorno" da ultradireita (KAHHAT, 2019) nos dias de hoje aparentemente sem retoques políticos. A pílula salvadora da crise é repetida na sua literalidade e com todos os componentes religioso-autoritários que trazem em sua química original, bem calibrada pelo integralismo e utilizada como mola propulsora do golpe militar de 1964. É bem verdade que, em nossa conjuntura, se trata de um retorno criativo, não só pelas estratégias tecnológicas de que dispõe nas redes virtuais, mas também pelo conteúdo que oferece: Deus, pátria e família se mostram, agora, como realidades descatolicizadas e inseridas em um novo contexto político-religioso marcadamente plural e no âmbito do regime democrático. É nessa nova moldura político-cultural que a nova trindade unificadora da nação tem sido resgatada, excitada e comunicada como graça redentora. Neofascismo, neointegralismo, neocristandade, neoteocracia? O fato é que o prefixo "neo" se tornou importante para compreender as novas dinâmicas em curso. A pátria amada posicionada acima de tudo reaparece inserida na velha gramática *crise-salvação-líder*, mas como resultado de uma conjunção de forças diferenciadas e, até recentemente, díspares e politicamente irreconciliáveis. Ao que parece, o protagonista central dessa conexão teocrática são os denominados evangélicos, com mais precisão, os pentecostais, tendência cristã que se expande desde o início do século passado pelo planeta, tornando-se hegemônica em muitos contextos socioeclesiais.

É, de fato, dessa matriz cristã que se podem inferir os pressupostos hermenêuticos e políticos para entender o que se passa com a pátria cristã do governo atual em termos de fundamentação dos discursos de viés teocrático, das alianças políticas das elites eclesiásticas com o governo e da acomodação dos diferentes grupos religiosos no mesmo governo: 1º) A fundamentação dos discursos se dá pela leitura fundamentalista exercitada como: a) uso da Bíblia em sua literalidade com a finalidade de identificar as profecias na realidade presente e aplicar de modo inalterado o que está escrito; b) consciência de um tempo contínuo que se distende do evento narrado na Bíblia aos eventos atuais; c) seleção de passagens isoladas dos livros bíblicos como unidades autônomas de significado que dispensam correlações e inserções contextuais mais amplas; d) convivência de sujeitos intérpretes distintos, relacionados e consensuados pela convicção de uma autoridade inquestionável do texto bíblico. 2º) A aliança com confissões evangélicas específicas que ocupam cargos no primeiro e nos demais escalões do governo concretizam uma barganha de interesses políticos entre as partes que exigem: a) afirmações e gestos regulares do mandatário maior que confirmem sua aliança, tais como pelo jargão do "terrivelmente evangélico" ou pela frequência ativa em cultos das diversas denominações; b) distribuição de cargos nas funções do governo e do próprio aparelho estatal; c) apoio incondicional das igrejas aliadas aos discursos, gestos e decisões do presidente. 3º) Convivência por uma espécie de "tolerância estratégica" de tradições religiosas distintas sob uma clara hegemonia dos pentecostais: a) tradição pentecostal representada por igrejas diversas e por tendências oriundas de igrejas cristãs históricas; b) tradicionalismo católico de matriz integrista com suas velhas visões teocráticas; c) cosmovisões conservadoras de cunho esotérico-cristão dos discípulos de Olavo de Carvalho; d) outros grupos de matriz espírita que insistem na ideia de uma pátria eleita por Deus.

Nesse contexto complexo, porém simplificado pelos interesses de sustentação do governo, o velho tripé encontra sua significação e sua operacionalidade. Uma inevitável generalidade religiosa parece ressignificar cada um dos elementos para possibilitar a composição efetiva do governo: a) um Deus transconfessional professado pelo líder que, conscientemente ou não, estrategicamente ou não, mantém uma ambiguidade confessional, ao se declarar católico e ser batizado por um pastor pentecostal no Rio Jordão. Com um pé em cada canoa e, ao mesmo tempo, declarando-se olavista fiel, Bolsonaro configura uma cosmovisão religiosa nitidamente eclética que carrega elementos distintos do pentecostalismo, do marianismo católico e do esoterismo negacionista olavista; b) uma pátria religiosa configurada por uma "religião brasileira", por um sentimento comum de salvação urgente dos inimigos da esquerda; c) a família tradicional é afirmada como modelo a ser retomado com urgência como enfrentamento dos novos modelos instituídos de união homoafetiva, embora o tradicional seja ressignificado, na medida em que a regra moral tradicional da indissolubilidade de origem evangélica não seja adotada. Vale lembrar que o próprio presidente se encontra na terceira união matrimonial.

O Deus todo-poderoso acima de todos fundamenta a pátria, o líder e seu governo. A pátria oferece o sentimento religioso comum, sem ser vinculada a uma confessionalidade específica. A marca "terrivelmente evangélica" compõe as estratégias de governo, mas não o conteúdo da pátria, antes de tudo verde-amarela, onde a ala militar se sente bem à vontade. Como se pode observar a olho nu, desde que foi instalado, trata-se de um sistema sem organicidade teórica, sem um projeto definido, mas de uma confluência de interesses que vai buscando os modos de se concretizar, na medida do jogo de forças e da troca de interesses dos grupos religiosos e políticos que o compõem. A estadia de Deus no governo está longe de um regime teocrático orgânico e articulado, mas constitui, ao que parece, a justificativa para uma aliança bancada pelas elites econômica e política ciosas de seus privilégios e sempre inseguras do que consideram ameaça para seus interesses.

A unidade cimentada pelos novos Deus, pátria e família, se dá como novo modo de fundamentar o projeto autoritário e pode ser entendida como sua imagem e semelhança (*Deus imago regis*). A força de coesão dos três fundamentos será certamente correlata e proporcional à força de coesão das alianças que formam o governo. Nesse equilíbrio frágil, a unidade dos fundamentos mostrará suas diversidades internas, quando as diversidades que compõem o governo vierem abaixo, seja pelos desgastes históricos inerentes a todo projeto e a todo líder salvador, seja pelos conflitos de interesse que precipitam as ruínas dos poderes pretensamente fortes. Há que acrescentar que o *ethos* evangélico da autonomia confessional sustenta, de fato, as dinâmicas internas de cada Igreja, assim como, no caso das Igrejas pentecostais, o *ethos* da intolerância para com outras confissões definem suas identidades isoladas e opostas ao restante do mundo decadente. Essas duas práticas marcantes se encontram hoje entre parêntese no governo, uma vez que as Igrejas convivem na mesma arena com objetivos imediatos a serem alcançados e que, do ponto de vista das normas de conduta da laicidade, devem, no mínimo, conter a intolerância.

5. Dinâmicas teológicas da pátria

A pátria é a alma da nação e a fonte do povo que permanece como reserva de sentido, latente e viva nos tempos de normalidade política, quando emerge como imagem a ser celebrada nas regras do controle ritual, com a finalidade de atualizar as origens comuns e agregar os sentimentos de unidade nacional. Mas a mesma reserva pode exceder a latência e transbordar como atualidade nos momentos de crise. Os regimes autoritários, com seus salvadores, são arrombadores da reserva patriótica. Apresentam-se como autoridades legítimas da oferta da pátria como dom a ser vivenciado por todos aqui e agora. A identificação pátria-governo compõe os regimes autoritários como pedra angular dos mitos políticos e dos projetos integristas. Da pátria retiram os elementos para a execução do propósito salvador que se impõe sobre a nação, o povo e os aparelhos das instituições estatais. Os mitos existem para serem fundamento transcendente e não fato histórico. A historicização de um mito cria o tempo e o espaço da autoridade absoluta que se impõe como regra inquestionável e intocável a todos os que estão sob seu domínio. A pátria cumpre sua função mítica permanecendo como tal, como entidade transcendente fornecedora de sentido para os mortais comuns que governam com suas regras comuns.

A historicização do mito gera as justificativas teológicas dos poderes nas diversas formas de teocracia estabelecidas no passado e no presente. A pátria é teologicamente ambígua; pode unificar e uniformizar, pode unir ou dividir, alimentar ou infantilizar o sentimento comum. As metáforas teológicas acompanham os regimes autoritários como legitimação mais fundamental e revelam as projeções mútuas e as dinâmicas circulares do poder do líder máximo com a autoridade divina. Nessa moldura, as metáforas teológicas da pátria podem ser deveras ricas e chegar, como no passado, a elaborações teóricas (sistemas teológicos) mais ou menos elaboradas. Mas podem desvelar o significado ético do sentimento nacional comum, dentro dos limites do humano que busca os meios de se concretizar como projeto histórico.

a) Pátria = dom da unidade

O que compõe a ideia de uma pertença comum originária e maior de uma determinada nação-povo-estado se mostra como realidade primeira, cuja função é ser um dom que jorra sem cessar e oferece a graça da unidade a seus membros. O dom da pátria cria a unidade nacional, sustenta a comunhão social e evita a desagregação. A formação das nações acontece necessariamente como construção de unidades identitárias, e essas, por sua vez, edificam-se sob universos simbólicos unificadores inseridos em cosmovisões transcendentes – religiosos, a-religiosos ou ateus – superiores, de onde retiram suas narrativas, imagens e personagens exemplares para o tempo presente. Já foi exposta a origem religiosa católica da pátria brasileira. A noção de pátria é situada em uma origem teológica remota por Kantorowicz em sua obra já citada. Aí o autor mostra o sentimento da pertença comum tomando forma dentro da ideia maior do corpo místico do rei. A analogia religiosa do rei e seu reino com Cristo e a Igreja adquiriu força na Idade Média tardia como fundamento para o exercício teocrático das monarquias. As cruzadas tiveram um papel importante nesse resgate, por afirmarem o princípio da defesa da cristandade perante a ameaça dos árabes. A pátria passou a compor o corpo místico do rei, como dimensão da comunhão entre os membros e a cabeça. A pertença ao mesmo corpo era de tal unidade, que a pátria consistia em uma realidade superior aos indivíduos, a qual deveria ser necessário oferecer a própria vida. Morrer pela pátria significava um gesto martirial semelhante ao morrer pela fé, defendendo a Igreja. A pátria consistia, assim, em uma unidade mística que agregava cada indivíduo como parte de uma totalidade a ser defendida por todos os meios, sendo essa defesa uma virtude entendida como gesto de caridade (KANTOROWICZ, 1998, p. 133-169). O dom da unidade que jorra do mito da pátria deve ser acolhido como graça e como tarefa assumida por cada patriota: dom recebido e dom de si mesmo no sacrifício supremo da própria vida. A constituição das pátrias seguiu esse roteiro místico nos tempos da secularização, pagando o preço de sua ambivalência como fonte e força transcendente normatizadora da vida coletiva irmanada na nação.

O dom da unidade é paradoxal e pode produzir caricaturas, quando identificado com territórios delimitados e com projetos concretos de governo. A identificação pátria-governo traduz e esgota a força do mito no tempo e no espaço, como realização do paraíso na terra. A unidade transcendente historicizada como unidade política atual transforma--se em uniformidade que massifica as liberdades individuais, sufoca as divergências, esconde os conflitos internos e nega as alteridades como ameaçadoras e inimigas. A vivência do patriotismo torna-se identidade isolada por muros de várias naturezas, território dos superiores e postura xenofóbica e racista.

A posse da unidade instaura a postura de superioridade no grupo que a detém e a transforma em parâmetro único autorizado por força de sua transcendência a julgar todas as posturas e organizações históricas e institucionais do poder. É nesse sentido que tanto os regimes autoritários quanto os movimentos atuais pela pátria se apresentam como superiores à moral pública, às instituições do Estado e aos próprios ordenamentos jurídico-legais. Em nome da pátria ou, mais precisamente, identificados com ela, julgam ter como missão suplantar todas as instituições que supostamente se tornaram inimigas da pátria-governo ali representado. A posse da unidade patriótica no governo-pátria instaura inevitavelmente o maniqueísmo entre os amigos e inimigos da nação e do bem coletivo e, por decorrência, delega a missão de eliminar todas as estruturas e sujeitos que significarem impeditivos para a realização do projeto. O absoluto político da pátria realizada torna-se imperativo ético que dispensa as mediações institucionais, se estas não forem colocadas a seu serviço.

b) Pátria = reino transcendente

A pátria nasce e representa de modo simbólico aquilo que a nação deve ser e encena igualmente a razão de ser das instituições e dos governos. O imaginário da pátria é motor que move as configurações políticas dele decorrentes e opera desse modo por permanecer como reserva de significados políticos para um determinado povo. Será sempre uma reserva escatológica inesgotável e sempre renovável, porém irredutível a projetos históricos. A pátria-governo esgota a utopia e mata seu potencial gerador de avaliações e recriações históricas permanentes. O impossível das projeções utópicas deve permanecer impossível: idealizadas, imaginadas, desejadas e amadas. A pátria amada não se concretiza como desejo realizado. A identificação do impossível com o possível ameaça a realidade, afirma Hinkelammert (2013, p. 398). Os líderes salvadores da pátria roubam para si as utopias; privatizam-nas em seus projetos, sucumbindo tão logo ao potencial transcendente de unificar a nação. Os movimentos milenaristas foram emblemáticos nessa aventura e revelaram sua demagogia política, quando a história se encarregou de mostrar os limites da salvação ali oferecida. Quando uma realidade absoluta é apropriada, produz-se o absoluto com normas e lideranças absolutas. As seitas funcionam nessa gramática e se esvaziam em suas rotinas. Assim foram construídos os regimes autoritários do século XX. Todos utilizaram "as construções utópicas para legitimar os respectivos impérios e eliminar as alternativas" (HINKELAMMERT, 2013, p. 399).

O regime pátria-governo no tempo histórico torna-se tempo contínuo, realização incessante do bem original ali disponível. "Cada construção utópica entende a si mesma como *societas perfecta*, que, em seu núcleo, já inclui todo futuro humano possível e, por conseguinte, pode reivindicar ser o fim da história" (HINKELAMMERT, 2013, p. 399). A teocracias medievais se entendiam como eternas. Não por acaso, as ditaduras são quase sempre longas e se entendem como necessariamente duradouras e sem uma finalização prevista. Donald Trump se declarou reeleito contra todas as evidências dos votos para se perpetuar no poder. De maneira mimética o fez Bolsonaro ao colocar antecipadamente sob suspeita os mecanismos eleitorais brasileiros e anunciar a fraude que lhe roubaria a perpetuação no poder.

c) *Pátria = igualdade dos filhos*

A noção de pátria faz parte do processo de construção social da ordem política imaginada como defesa de uma identidade nacional. A pertença comum cimentada por algum ponto de união, podendo ser o território, a língua, a etnia, a religião ou um projeto histórico (HOBSBAWN, 2016, p. 69-105), traz consigo a imagem e os valores de uma unidade primeira e superior, a pátria. Essa imagem sentimental unificadora se adapta aos regimes políticos desde a Roma antiga. O cristianismo lidou com essa imagem de forma dialética, afirmando, por um lado, a pátria celeste a que todos estão destinados e, por conseguinte, a relativização de toda ordem histórico-política e, por outro, afirmando um certo dever de patriotismo inerente ao reconhecimento da origem divina de toda autoridade, conforme a Carta aos Romanos (13,1-7). Na Idade Média, a teologia política centrada na ideia dos dois corpos do rei insere a pátria no corpo místico-político que tem a cabeça no monarca e o corpo em seus súditos. A imagem retirada da teologia paulina vai perpetuar-se não somente nas eclesiologias, mas também na visão de sociedade e de política da Igreja Católica até tempos relativamente recentes. Leão XIII utiliza-se dessa imagem orgânica para defender a harmonia das classes sociais no conjunto da sociedade (*Rerum Novarum*, 9).

A ideia de pátria participa, evidentemente, das concepções políticas que foram construídas tanto na teologia quanto na filosofia social e política. O sentimento da pertença comum, recorrentemente desenhado como imagem de família, evoluiu com as ideias e com a práxis de poder, superando cada vez mais a consciência de grupo separado para valores e imagens universais. A imagem moderna de pátria é marcada pelo princípio de igualdade universal de todos os membros; institui a imagem de um valor universal que se configura localmente e de um local que pretende universalizar-se.

Com toda ambiguidade que possa carregar, o sentimento da comunhão emanado da imagem da pátria instaura a utopia da igualdade que critica e julga as estruturações históricas dela decorrentes. Em nome da pátria, os governos teocráticos exigiam do rei a defesa de seu reino, como defesa de seu próprio corpo. Nos regimes democráticos, os ideais comuns reconstruíram a imagem da pátria sob os valores da liberdade, da igualdade e da fraternidade. O que era entendido como local comum e que adquiriu um significado universal comum foi expresso como direitos universais. Pode-se dizer que sem o ideal da igualdade não há pátria, nação, povo e Estado tanto no passado quanto no presente. Os direitos universais institucionalizaram esse ideal, ainda que situado em um contexto contraditório e executado de forma igualmente ambígua. A pátria ensina que os filhos são iguais por natureza; instaura o reino ideal que atrai e estimula os povos a desfazerem e recriarem os seus regimes e governos por meio de lutas pacíficas ou violentas, desde as primeiras revoluções políticas modernas. Desde então, o sentimento comum entendido como direito universal e direitos iguais costuma cobrar dos governos suas traduções, sobretudo nos momentos em que as crises revelam as desigualdades. A pátria moderna ensina com suas narrativas fundantes e com seus símbolos a igualdade sonhada para todos os filhos. Nela cada qual nasce investido da autonomia para adquirir esse direito, em nome da condição comum. Nesse sentido, a pátria é reserva simbólica da justiça a ser realizada para todos os filhos, reserva esta que pode despertar os filhos do colo materno e lançá-los para a luta pelo bem comum. As imagens da pátria da liberdade e da igualdade foram edificadas nos mitos fundantes das repúblicas modernas e codificadas em seus símbolos. Trouxe, evidentemente, consigo o desafio de articular as relações entre as nações, de forma a garantir os direitos universais de todos os seres humanos para além dos patriotismos isolados.

A ideia da pátria como igualdade alimentou os movimentos libertários no decorrer da história moderna e na liberação das colônias europeias no novo mundo. Simón Bolívar lutou pela pátria grande na América do Sul. Líderes libertários alimentaram as lutas políticas em nome do sentimento nacional comum que se tornou hegemônico e se estruturou como governo possível. Nesse sentido, por mais domesticada que seja uma pátria, ela carrega um potencial de transformação política que decorre de suas promessas utópicas.

As ambiguidades históricas desse ideal são evidentes. A posse da igualdade patriótica por um líder esvazia seu potencial igualitário, reduzindo-a a um sentimento filial infantilizado muito adequado às interpretações psicanalíticas. Alimentados por esse sentido materno filial, os poderes autoritários constroem sentimentos nacionais como apoio de seus projetos, opondo os filhos obedientes aos rebeldes. O vínculo com a mãe nacional torna-se o critério para julgar os bons e os maus. "Brasil, ame-o ou deixe-o", repetia a ditadura militar. O mandatário atual fazia ecoar a mesma máxima: "A faxina será muito mais ampla. Essa turma, se quiser ficar aqui, vai ter que se colocar sob a lei de todos nós. Ou vão para fora ou vão para a cadeia. Esses marginais vermelhos serão banidos de nossa pátria". Autoritarismo e infantilismo compõem os dois polos estruturantes das posturas salvacionistas e soberanistas que isolam a família dos escolhidos como distinta dos estranhos que se tornam ameaça.

A *pátria mãe-gentil* alimenta seus filhos também gentis com seus devaneios imagéticos da origem comum e com seus afetos inesgotáveis. A mãe natural, pródiga como a natureza, acolhedora como as mães biológicas e providente como Deus, exige de seus filhos amor e obediência. Patriotismo torna-se sinônimo de harmonia familiar, vínculo afetivo e devoção filial a uma imagem superior unificadora. Essa imagem da pátria-mãe que agrega e alimenta os necessitados e consola os aflitos é reforçada pelas matronas padroeiras, protetoras dos povos, desenhadas à imagem e semelhança dos mesmos. As Marias padroeiras personificam quase sempre as pátrias com suas ambiguidades.

A união do líder, pai protetor dos filhos, com a mãe pátria cria a condição comum dos filhos que necessitam de proteção e providência e buscam no pai e na mãe o socorro. Os governos autoritários se instauram exatamente sobre essa união simbólica. Pai e mãe, líder e pátria; configuram, assim, o par genitor que ama igualmente a todos, protege e castiga (LENHARO, 1986, p. 46). Não se pode esquecer de que no enredo edipiano, o casamento do líder autoritário com a mãe termina em tragédia. Os filhos terminam matando o pai em nome da própria mãe que impera como fonte de prazer e felicidade.

A pátria é uma entidade política ambígua que pode unificar ou desagregar os membros de uma nação, de um Estado ou de um governo. Como entidade transcendente que funda uma unidade política, mostra-se susceptível de mitificações, de narrativas teológicas e de construção de normatividades exclusivistas e totalitárias. E precisamente por se tratar de uma entidade transcendente, simbólica e normativa, torna-se uma realidade susceptível de teologização em pleno Estado laico. O Estado permanece laico, enquanto a pátria pode exibir-se como religiosa, cristã, católica etc. Os propósitos do integralismo que forneceram munição para o projeto da neocristandade faziam a ligação inseparável entre Deus, pátria e família. Nesse sentido, torna-se o território livre e legítimo que encarna e expressa a mentalidade teocrática, território de onde o Deus todo-poderoso da tradição semita, ou qualquer outra divindade adotada, pode emergir como imagem sustentadora de governos.

Capítulo IV
O Deus *pantocrator* no comando da pátria amada

"Brasil acima de tudo, Deus acima de todos." O lema da campanha que conduziu o atual mandatário ao poder escondia um propósito real de governo de viés teocrático, embora naquele momento soara mais como uma frase de efeito do marketing político conservador. Era um propósito autêntico do líder construído pelas forças conservadoras em uma aliança um tanto inédita que conciliou elite financeira, lideranças militares, igrejas pentecostais e católicos tradicionais. Deus e pátria não eram, de fato, um conteúdo político inédito; na verdade, um par bem-casado que atuou em momentos históricos da política nacional. Seu celeiro fecundo foram os movimentos integralistas e integristas. O primeiro político-religioso. O segundo religioso-político. Na conjuntura política atual o lema fazia ecos diretos com outros governos pautados em valores religiosos no Hemisfério Norte e no Oriente. A naturalidade do uso já tem sido rotinizada nas afirmações diárias que vão explicitando a cosmovisão política do governo: Estado laico, mas governo religioso, repete o presidente. Não é necessário recuperar as justificativas religiosas do governo e do poder, de um modo geral, que são bradadas pelo mandatário maior e seus seguidores de dentro e de fora do governo. Uma República terrivelmente evangélica foi colocada em marcha sem medo dos vigilantes do Estado laico.

Se, por um lado, trata-se de uma República marcadamente evangélica e, por essa razão, assim assumida e estruturada, por outro, ela se sustenta também com o apoio de sujeitos não evangélicos, como os militares e os olavistas (ROCHA, 2021). Contudo, para todos esses, parece muito natural a ideia de um fundamento religioso do poder. Como já foi delineado, o nome antigo e novo dessa justificativa é teocracia: poder exercido em nome de Deus. É verdade que as percepções de Deus não são fixas; ao contrário, adaptam-se a cada grupo religioso, mesmo para os que se denominam cristãos ou, talvez, sobretudo para esses. Nesse sentido, a história do Ocidente narra a construção de modelos teocráticos distintos no decorrer do tempo. As formas originais e até mesmo exóticas desses modelos se fizeram presentes em diferentes governos que justificavam seus mandatos no poder divino por eles representados. O governo em nome de Deus está de volta pelo mundo afora e na "pátria amada Brasil" vai mostrando seu jeito de ser, por dentro da legitimidade de governo eleito e das estruturas do Estado laico.

Os poderes fundamentados e fundados em Deus retiram dele não uma inspiração sobrenatural, uma mera mística política, mas as imagens de poder onipotente. Trata-se de uma teologia do poder: Deus todo-poderoso que quer implantar seu Reino por meio de um eleito investido de poder para tal missão.

1. Configurações possíveis do poder de Deus

Estamos diante de um governo teocrático, ainda que se deva ponderar o conteúdo dessa constatação a partir da configuração política concreta que se instalou dentro da moldura do Estado laico. No centro de toda teocracia, no caso dessa nova expressão (neoteocracia) descansa a convicção de um Deus todo-poderoso. É verdade que se trata de uma expressão teocrática que exibe uma composição curiosa: com elites supostamente liberais, com fundamentalistas pentecostais, com católicos tradicionalistas e com conservadores esotéricos. Essa nova configuração plural ou sincrética parece ter como base comum a convicção de que o poder político se funda no poder de Deus, uma vez que Deus é todo-poderoso e não pode ter limites na atuação de sua ação. Um acordo teológico que esconde, evidentemente, outros acordos mais pragmáticos que, de fato, ocultam as divergências religiosas da aliança política que tem vigorado e sustentado o governo com relativa estabilidade.

O Deus todo-poderoso habita o Ocidente no curso de sua formação como epicentro de todos os seus partos políticos. Embora tenha sido relativamente abandonado pela doutrina e pelas regras das coisas públicas regidas pelo Estado laico, nunca saiu efetivamente de cena e renasceu nos momentos de crise histórica que desafiavam os regimes políticos com suas urgências. A observação de Lilla é verdadeira, quando diz que o hábito político ocidental não abandonou a ideia mais ou menos comum de que Deus é o fundamento do poder (2007, p. 12-16). Os teocratas oficiais foram decapitados, mas o Deus todo-poderoso permaneceu vivo. E os Estados laicos que ocuparam o lugar vago construíram como puderam e por meio de modelos diversos os modos de fundamentar o poder, em princípio sobre a pura autonomia humana.

A República "terrivelmente evangélica" não é tão inédita como possa parecer por seu simplismo e linguagem sem qualquer escrúpulo laico; expressa a seu modo e nas circunstâncias históricas atuais a retomada recorrente do poder de Deus para fundamentar e justificar o governo com suas propostas de redenção da crise histórica. As concepções teocráticas de diversas matrizes religiosas e com composições originais têm aglutinado sujeitos político-religiosos em projetos de solução histórica, desde que a laicidade foi sendo assumida como regra fundamental de organização da coisa pública. Para além das explicações possíveis desse dado histórico, é preciso afirmar sua capacidade de resistir ao que a modernidade construiu como superação dos fundamentos religiosos do poder, mas, antes, dos fundamentos religiosos da realidade. A regra da democracia não exigiu o "ateísmo político" de seus protagonistas diretos ou indiretos, porém, pressupôs a constituição do poder sobre estruturas e funções comuns a todos os cidadãos, portanto, estruturas objetivas e laicas. Contudo, se é verdade que hoje essas regras agonizam pelo mundo afora, sufocadas por crises econômicas sucessivas, deixam, por consequência, o vácuo que solicita a volta aos fundamentos mais seguros. E torna-se regular retornar a fundamentos antigos do poder. Sem grandes obstáculos, esses ideais oferecem seus projetos de governo. A filosofia política centrada na autonomia das realidades e, por definição, na autonomia do poder exercido unicamente pelo povo, recebe de volta as teologias políticas no mesmo palco em que supostamente atuam como narrativa de fundamentação do poder. As teocracias jamais deixaram de fundamentar a realidade como um todo. Deus permaneceu vivo e ativo como fonte e fim de toda a realidade, como poder necessário que tudo explica e tudo fundamenta, ao menos para uma maioria da população crente, mas também para muitos cidadãos pouco afeitos a práticas religiosas. Ademais, o critério religioso nunca deixou de julgar o poder, ainda que em fragmentos acomodados dentro dos regimes democráticos. O Deus todo-poderoso tem retornado ao poder político, na medida que solicitado por sujeitos religiosos que chegam ao poder. Assim foi com as teocracias calvinistas do século XVI e XVII, com as neocristandades da Espanha e Portugal, Argentina e Brasil nas décadas de 30 e 40, bem como com os regimes nazifascista. A Teologia do Todo-poderoso está sempre disponível a quem dela necessitar como solução imediata para os limites humanos e como fundamento do poder. A questão a ser examinada não é propriamente a da existência de um fundamento transcendente e absoluto de um poder histórico que o encarna, de algum modo, mas a de constatar a força legitimadora desse poder (a circularidade entre poder absoluto divino e poder absoluto terreno), as consequências concretas em termos de configuração política (as antigas e novas teocracias) e as imagens do divino (mais ou menos definida por matrizes confessionais). O poder divino mais ou menos definido por um personagem (quase sempre o Deus de cada cultura ou das religiões hegemônicas) é sempre uma fonte para a qual os poderes com pretensões de salvação da história recorrem, pedem apoio e se apresentam como legítimos representantes.

2. O Deus todo-poderoso

Na história das religiões, a identificação entre Deus e poder parece ser um dado universal, ainda que no seio da tradição judaica e cristã seja possível encontrar teologias que operam com outra imagem de Deus, como no caso mais emblemático do Deus crucificado do cristianismo (MOLTMANN, 2011). Como força natural primordial, criador do mundo que vence o caos, criador do nada e causa primeira ou como força atuante no tempo e no espaço presentes, o divino herdado e repassado pelas tradições religiosas é sinônimo de poder. Deus sem poder sequer seria um ser divino e tornar-se-ia desnecessário. Assim concebem as almas devotas, as ortodoxias religiosas e os investidos de poder político extraordinário. As imagens e as narrativas desse poder variam conforme a cultura e a época, bem como em função das teologias que vão confrontando o natural com o sobrenatural, como forças nem sempre coincidentes e como esferas que se atraem. A história das teologias racionais e reveladas narram em boa medida a tensão entre as imagens do todo-poderoso e do todo amoroso ou entre uma natureza cada vez mais autônoma em suas leis e a onipotência divina que permanece intacta.

a) A fé na onipotência divina

A profissão de fé no Deus todo-poderoso (*pantocrator*, todo-dominador, em grego; *onipotens*, onipotente, em latim) está presente no primeiro item das versões dos credos niceno (325) e nicenoconstantinopolitano (381). Deus é afirmado como todo-poderoso e criador de todas as coisas. Poder e criação estão relacionados na confissão de fé cristã. Em outros termos, o mundo visível (assim como o invisível) tem sua origem no poder de Deus. A ligação entre natureza e poder de Deus coloca-se em termos de origem e de causa: tudo se origina do poder de Deus, o criador que tudo governa. Para além do uso efetivo dessas fórmulas de fé por parte de tradições cristãs, o que elas indicam é o mais importante: a imagem de um Deus expressa em termos de poder. Nada mais ecumênico nos tempos dos dois Concílios que as formularam no âmbito do cristianismo já inserido e inculturado (diríamos hoje) no mundo greco-romano, portador de tradições religiosas que amalgamaram conteúdos e imagens divinas sempre centradas nesse núcleo: o poder de Deus sobre a natureza e a história. Afinal, a que serviria um Deus sem poderes? A história de Deus no Ocidente não pode evitar assimilações pantocráticas, mesmo que a imagem cristã do crucificado tenha sido um grande problema para judeus e gregos, como recorda Paulo de Tarso (1Cor 1). Deus era necessariamente sinônimo de poder e assim deveria ser crido.

Uma das afinidades tecidas entre helenismo e judaísmo desde o encontro das duas teologias foi precisamente essa: uma divindade entendida em termos de poder sobre a realidade, ainda que com compreensões distintas dessa relação. O poder divino foi, por certo, o núcleo que restou de um confronto de visões distintas, sobretudo na ideia de criação do mundo e de lei da natureza. Para ambas as visões, o divino se apresentava como poder sobre a natureza e como causa de seus movimentos regulares e irregulares. Os judeus que pedem sinais e os gregos que pedem conhecimento, nos termos paulinos, se referem a um ser que se apresente como origem das coisas, seja em termos de criação, seja em termos de causa imanente da ordem da natureza e de seus movimentos. Ademais, no entorno religioso cristão os vários cultos pagãos gravitavam no epicentro dessa crença útil e necessária de poderes sobrenaturais capazes de reger a ordem natural e histórica. Não parece ter sido outra a imagem regente das divindades das culturas arcaicas de um modo geral. Os sistemas míticos representam suas divindades como forças originárias: a origem permanente do tempo e do espaço narrada nas tradições e atualizada no rito (ELIADE, 1972; 1999). O cristianismo, agora inserido plenamente na civilização antiga greco-romana, formulava seu credo mais a partir de um consenso teológico ecumênico do que propriamente de uma teologia cristã que fosse capaz de recolocar o poder de Deus nos trilhos do amor que se encarna nos fracos, que morre na cruz e que habita a imanência da natureza e da história com seu Espírito.

b) *Poder de Deus e poder político*

Portanto, a fé no Deus todo-poderoso significava uma afirmação convincente e conhecida não somente dos padres do Concílio de Niceia e Constantinopla, mas dos fiéis de um modo geral. A chave do poder regia as imagens consolidadas do divino na cultura de um modo geral; pode-se dizer que fazia justiça ao mito e ao logos (ARMSTRONG, 2001, p. 13-17) em uma conjuntura em que expressar a fé em categorias lógicas era uma empreitada natural e necessária. Mas, antes disso, Deus não era um ser distante da história política concreta como o *Theós* da filosofia grega, ao contrário, relacionava-se com os poderes como sua fonte e imagem legitimadoras. O imperador romano personificava a divindade todo-poderosa, independentemente da matriz teológica sobre a qual se assentasse em um determinado contexto. Como líder máximo, governava seu território e tinha autoridade igualmente máxima sobre os cultos (*Pontifex maximus*) do império. Poder político e poder de Deus se confundiam na pessoa e nos atos do imperador (VEYNE, 2011, p. 111-118). O governo contava permanentemente com o auxílio de Deus, em tempos de normalidade, mas, sobretudo, em tempos de crise. Portanto, no contexto do império cristão, a afirmação do Deus todo-poderoso que unificava a fé cristã abalada por divisões internas era a imagem transcendente de uma imanência política baseada na unidade; imagem primeira de uma teocracia inseparavelmente celestial e terrestre que compunha o imaginário político imperial desde priscas eras.

A formulação do Deus *pantocrator* era o ponto de partida de onde descendia uma hierarquia do poder teocrático, cujo centro era o imperador. Tratou-se do resultado de um sincretismo de longa temporalidade, embora ocultado em uma ideia supostamente pura e original cristã, ou judeo-cristã, por suas raízes textuais hebraicas. Constantino, que convocara Niceia, tinha suas razões políticas inseparáveis de sua concepção teocrática. A busca de unidade religiosa no império era um movimento mais que estratégico, era a afirmação de um poder divinamente fundado. Niceia foi, certamente, um ponto de chegada que formulou o que já estava desenhado no imaginário religioso; fundiu o que era diverso e procedente de sistemas distintos e consolidou agora no status de doutrina a imagem politicamente necessária e culturalmente vital do Deus *pantocrator*.

Constantino abriu o tempo das teocracias cristãs, visão e práxis que se tornam o epicentro do processo de construção do que foi denominado como Europa e como Ocidente; traduziu com criatividade e força administrativa as práticas teocráticas antigas do império para referências cristãs, reconhecendo as distintas competências dos poderes eclesiástico e civil, porém deixando para a posteridade a resolução dos conflitos decorrentes dessa duplicidade de poder.

O Deus *pantocrator* sobreviveu como doutrina e como prática cristã nos tempos posteriores e trilhou uma história marcada por revisões e acomodações de Deus no poder e do próprio poder de Deus. E, na medida e proporção da estruturação do poder religioso, dentro e fora da Igreja, torna-se cada vez mais o centro sobre o qual gravita a cosmologia e a história cristã. A síntese entre os relatos teocráticos bíblicos, a tradição política romana do imperador imagem de Deus e as devoções populares edificam um sistema religioso de longuíssima duração e constroem uma teologia política que sobrevive com sete fôlegos no decorrer dos séculos e ainda mostra sua força em nossos dias, como será visto a seguir.

3. Marcos do imaginário dominante do poder de Deus

A imagem do Deus todo-poderoso mantém-se não somente no credo, mas no centro das tradições religiosas abraâmicas. Sem essa função, para os crentes de um modo geral, não passaria de uma ideia abstrata e até mesmo inútil. Afinal, a que serviria um Deus que não fosse poder; que não estivesse disponível a intervir na vida do fiel com suas forças capazes de desviá-lo dos cursos trágicos da existência. Aliás, nada se mostra mais consensual na vida religiosa. O universo está sob o comando permanente de Deus e as práticas religiosas consistem na oferta dos acessos a esse poder, único capaz de salvar o ser humano de seus limites imponderáveis. A crença no milagre de todas as espécies, a afirmação do poder da oração como solução das crises e as relações de aliança e contrato estabelecidas com Deus, por meio de determinados rituais, expressam desde sempre essa imagem do divino. A religiosidade popular sobrevive dessa convicção e a reproduz em suas práticas de uma maneira intensa e sem qualquer ponderação de ordem racional (OLIVEIRA,

1985, p. 113-122). As afirmações recorrentes de que "para Deus nada é impossível", de que "tudo o que acontece é por vontade de Deus" ou ainda "se Deus quiser" isso vai dar certo e "Deus tá no comando", expressam nos hábitos de linguagem a percepção da natureza poderosa e salvadora de Deus. As dificuldades de todas as ordens com que o fiel se depara encontra sua causa e sua solução em Deus. A vida próspera é fruto de sua benevolência, assim como as intempéries são resultadas de suas condenações e castigos.

E mesmo nas narrativas oficiais das tradições religiosas essa convicção sobrevive como consciência intocável, resistente a qualquer releitura racionalizadora que possa relativizá-la ou desbancá-la. O poder ainda persiste como conteúdo central da doutrina, das catequeses dos clérigos e dos rituais que são oferecidos. Deus é poder e oferece os benefícios de sua onipotência àqueles que a ele buscam. A relação inerente ao poder, estabelecida na assimetria entre agente e paciente, potência e impotência, doador e receptor, é reproduzida no imaginário e nas práticas religiosas, sem possibilidades de revisão, mesmo que, no caso do cristianismo, a imagem de um Deus Amor faça parte do centro mais íntimo de sua doutrina. Nesse sentido, o cristianismo inaugura uma inevitável ambiguidade no poder de Deus, como já havia constatado Paulo em sua Primeira Carta aos Coríntios: o poder de Deus se mostra na fraqueza (1Cor 1,25). Nessa ambivalência teológica inevitável, o *Catecismo da Igreja Católica* se esforça por interpretar a onipotência divina associando-a à paternidade amorosa e à fraqueza, mas a sustenta como um atributo essencial da fé: sustenta que "nós cremos que ela é universal" e afirma que "Deus criou tudo, governa tudo e pode tudo" (268).

O cristianismo chegou ao mundo virtual por meio das mídias clássicas e das redes digitais atuais e, nesses territórios novos, tem reproduzido suas percepções e doutrinas clássicas, cada vez mais afinadas às regras do jogo comunicacional e comercial. As lógicas da sensação e do espetáculo que presidem a cultura midiática exigem exibição de poder e ofertas de produtos eficazes para os telespectadores, fiéis ouvintes e fiéis consumidores das imagens e das cenas diárias vivenciadas em tempo real, sem limites de tempo e de espaço. Os cultos são cada vez executados como ritualizações de ofertas de salvação para a vida e para a morte. Até duas décadas tratava-se de um espaço quase exclusivo do televangelismo divulgado a partir de grupos pentecostais estadunidenses (ASSMANN, 1986), mas hoje se torna o espaço almejado pelas diversas Igrejas e adquire força persuasiva como linguagem que realiza o que oferece, segundo a lógica publicitária.

Na linguagem midiática a eficácia das ofertas recupera a ideia do poder imediato da palavra e dos símbolos milenarmente oferecidos pelas religiões. Nesse território cada vez mais comum, o *pantocrator* torna-se narrativa usual que exibe sua força e exige adesão dos fiéis anônimos e necessitados de bem-estar e, por conseguinte, de garantias para as suas fragilidades individuais. O Deus que é capaz de salvar de todos os males e de ajudar a preservar a vida e prosperá-la sob todos os aspectos, habita o centro do imaginário pentecostal que se expande dentro do cristianismo e vai tornando-se hegemônico nos grupos confessionais e em tendências internas às Igrejas históricas. O mito fundante do pentecostalismo, narrativa que sustenta e alimenta suas ações atuais, narra precisamente o poder de Deus por meio dos eventos extraordinários (FRESTON, 1994, p. 73-75). Os desdobramentos do primeiro fenômeno (dom das línguas) vão anexando cada vez mais os sinais inequívocos do poder de Deus por meio dos dons do Espírito Santo oferecidos aos fiéis que se deixam batizar por ele. A fé pentecostal edifica-se sobre o empoderamento do fiel pela força do Espírito Santo; ela é posse do poder de Deus capaz de transformar a vida do fiel, na medida de sua entrega e adesão. Entregar-se a Jesus que tem poder é a atitude primeira. Receber os dons é a confirmação da oferta divina.

O Deus todo-poderoso adquire, nos pentecostalismos que se expandem e se diversificam em grupos e tendências, desde suas origens no início do século passado, uma dinâmica de amplificação que vai do indivíduo à comunidade, da comunidade à vida social, da vida social à vida política. Nesse último território o poder divino adquire sua expressão mais contundente por traduzir-se em projeto de governo. Trata-se, desde então, da construção de uma teocracia na acepção mais ou menos precisa do termo, na medida que busca as formas de ascender, ocupar e organizar o poder segundo as regras da fé cristã.

Nada de novo. Os católicos tradicionalistas primam-se pela profissão de fé no Deus todo-poderoso que comanda a história contra tudo e todos que se oponham a seus planos. A luta contra a modernidade foi o contexto em que tomou forma e construiu suas expressões teóricas e práticas (PASSOS, 2020, p. 51-70). Poder de Deus *versus* poderes modernos compõem o campo onde o velho regime é afirmado com todos os seus símbolos e mediações políticas. A Igreja e o regime da cristandade constituem o poder legítimo usurpado pelos modernos, único capaz de conduzir a humanidade à salvação e ao bem-estar. Deus é o senhor da história, Cristo é o rei do universo. O poder de Deus "tarda, mas não falha", julga a história e se relaciona de modo providente com os que o seguem. Sua onipotência é expressa nas artes sacras, nas músicas e nos discursos políticos. Os rituais triunfalistas tradicionalistas exibem esteticamente o poder divino que busca supremacia política e unanimidade social. O sonho de um regime centrado na católica permanece no horizonte tradicionalista como horizonte de valor que busca os meios de concretização, sobretudo nos momentos de crise. Deus é um poder social, político e cultural a ser retomado com a força da fé dos militantes católicos (AZZI, 1994).

Os denominados fundamentalistas de ontem e de hoje têm como base o mesmo imaginário do poder divino, revelado na literalidade bíblica e operado na vida do fiel que crê e acolhe a revelação (TORREY, 2005). Deus é poder inequívoco: criador e redentor que conduz a vida do fiel que nele crê. As imagens do poder divino disponíveis nos textos bíblicos são normativas para a fé; podem referenciar os fatos históricos, como profecias que preveem e como palavra que orienta. A pré-noção fundamentalista (GADAMER, 2002, p. 400-425) permite a leitura dos fatos históricos como confirmação da verdade divinamente revelada e cumprimento de seus planos. O texto bíblico é uma caixa de verdades ditas por Deus e que são concretizadas inequivocamente no tempo e no espaço. A narrativa bíblica é não somente uma fonte escrita de verdade – por ser revelada –, mas uma fonte da própria realidade. Ao ser acionada a palavra, torna-se realidade no presente. A cada situação a hermenêutica fundamentalista aplica-se, pelo método da analogia, uma passagem bíblica supostamente reveladora e fundadora do significado em questão.

A relação causal inequívoca entre *Deus-texto-fatos* institui o imaginário cosmológico e político do crente. Desse modo, o fundamentalismo carrega uma potencialidade hermenêutica capaz de relacionar, sem ponderações racionais, texto e realidade, sendo aquele a origem normativa dessa. O texto bíblico explica e justifica a realidade presente; explica desvendando suas ambiguidades, justifica os projetos dos eleitos por Deus. As analogias disponíveis e sem limites podem ser acionadas, à medida que os fatos e as conjunturas o permitirem ou solicitarem. Quando os grupos pentecostais chegaram ao poder – pelas razões e caminhos políticos regulares –, instaurou-se a conjuntura que acionou sem maiores ponderações as referências bíblicas teocráticas. O governo teocrático era a expressão autorizada e necessária do poder de Deus na pátria em crise. A teologia política ali presente está longe de qualquer sistematização à maneira feita nos regimes teocráticos tradicionais que recorriam às cenas bíblicas da monarquia davídica, rei ungido por Deus para governar, e buscavam os fundamentos cristológicos do poder (KANTOROWICZ, 1998). Se a esfera pública se apresenta como inédita para essa leitura até então pouco utilizada para esse objeto, a postura fundamentalista opera de modo natural: Deus é a origem de todo poder e os líderes políticos por ele escolhidos têm a missão de governar em seu nome.

A hermenêutica fundamentalista dos grupos religiosos pentecostais, como de outros grupos religiosos populares, é imagética e concreta. Dispensa sistematizações por utilizar-se de verdades reveladas disponíveis em fragmentos (quase sempre passagens e versículos bíblicos) e também o uso de mediações científicas por adotar a postura de que a Bíblia contém todas as verdades. A negação da ciência, hoje mais do que nunca lançada ao debate público, tem sua ancoragem nesse solo seguro que afirma ser o sobrenatural a fonte de tudo o que ocorre na esfera natural. Os grupos e sujeitos fundamentalistas/pentecostais atuantes direta e indiretamente no governo brasileiro operam com essa lógica que naturaliza a velha (e pretensamente superada) visão teocrática. O poder de Deus finalmente chegou ao poder político.

4. A ESTRUTURAÇÃO DO PODER DE DEUS

Os sujeitos religiosos presentes e ativos no governo atual chegaram primeiro no Legislativo e ali exercitaram suas hermenêuticas fundamentalistas que dispensam as construções modernas, embora se alojem dentro de uma delas e nela busquem a hegemonia de seus projetos. Chegaram em um segundo momento no Executivo e aí ensaiam interpretações teocráticas em uma moldura ampla que agrega distintos grupos religiosos e ideológicos. A reflexão persegue a hipótese de um ponto comum dessa diversidade: a fundamentação no Deus todo-poderoso. Vale, portanto, buscar algumas pontuações dessa perspectiva ao mesmo tempo cósmica e política que parte do princípio de uma decorrência imediata do natural ao sobrenatural, ou de Deus à realidade, como relação de causa e efeitos imediatos. Deus atua com seu poder sobre o mundo e sobre a história, agora descoberta como construção política possível e necessária pelos evangélicos/pentecostais, embora já presente no imaginário e no ideário dos grupos católicos tradicionalistas desde suas origens. A circularidade entre os poderes de Deus e do soberano institui as teocracias de ontem e de hoje. O *rex imago dei* é inseparável do *Deus imago regis*. Deus e soberano eleito formam os dois lados de um mesmo regime que pensa céu e terra de modo conectado e professa sempre a origem celestial de todas as empreitadas terrestres. Deus crido como personagem distinto do mundo e com ele relacionado à maneira humana é a origem de todos os poderes e age por meio de escolhidos para essa missão.

A cosmovisão pré-moderna se mostra flagrante, bem como as projeções do poder terrestre no poder celeste. A realidade tem sua fonte, sua explicação e sua legitimação epistemológica e política imediata e exclusiva no sobrenatural. Deus é uma entidade personificada como indivíduo que comanda as coisas; alteridade governante que decide e age sobre o mundo e a história (QUEIRUGA, 2003, p. 72-82). O projeto teocrático consiste na retomada dessa perspectiva como retorno a um ideal abandonado pela modernidade. Não tem a ver propriamente com uma remitologização do poder por se tratar de uma preservação de visões míticas do divino que jamais foram abandonadas. A imagem antropomórfica de uma divindade semelhante (e nivelada) às dinâmicas da natureza e da história humana esteve no centro das visões cristãs, de modo particular em suas expressões mais populares. O velho barbudo comandante do céu e da terra jamais abandonou o imaginário religioso dos crentes.

Na narrativa teocrática atual, a ciência teria abandonado a explicação religiosa do mundo. A democracia teria superado a ideia de que Deus é a fonte de todo poder. Deus fora retirado do comando da realidade por uma cultura cada vez mais secularizada e ateia. Há que retornar a essa fonte para recuperar a identidade perdida do Ocidente e das nações que dele fazem parte (BLAY, 2019).

Nessa perspectiva, o poder de Deus opera no mundo como: a) causa primeira criadora de todas as coisas; b) causa da ordem natural em funcionamento regular; c) causa das exceções às regularidades naturais como autor de milagres; d) causa de sofrimentos e catástrofes devido aos pecados da humanidade. Da mesma maneira atua na política como: a) causa primeira de todo poder, uma vez que todo poder só pode vir de seu poder supremo e absoluto; b) causa ou fonte legitimadora da autoridade governamental que em seu nome exerce o mandato; c) causa dos êxitos dos governos, das batalhas vencidas e dos projetos implantados; d) causa das derrotas políticas, como juiz vingador que cobra fidelidade do governado.

Nessa paisagem religiosa natural as religiões cristãs descansam há séculos e buscam os meios de operação no decorrer da história. A primeira esfera de atuação, a cósmica, foi preservada de modo intacto pelos grupos fundamentalistas e tradicionalistas e, de modo ponderado, pelas oficialidades religiosas, sobretudo das chamadas Igrejas cristãs históricas. A segunda tornou-se superada, na medida em que o Ocidente foi gestando e gerando em dores de parto o tempo secularizado com suas instituições. O poder secular, com seu baluarte seguro, o Estado democrático, sobreviveu com relativa estabilidade como ilha em meio ao mar cósmico-teocrático afirmado e reproduzido pelas tradições religiosas e em boa medida pela cultura dos povos cristãos. Nos últimos tempos, tsunamis teocráticos a tem submergido com sucessivas ondas.

O poder de Deus que busca os meios de encarnação histórica conta com líderes e com o sentimento religioso popular. O líder é o eleito escolhido. A "pedra rejeitada pelos construtores tornou-se a pedra angular", teologiza Ernesto Araújo sobre Messias Bolsonaro. A ideia de eleição tem acompanhado outros líderes de ultradireita pelo mundo afora. Donald Trump se apresenta como o salvador dos Estados Unidos e do Ocidente em nome de Deus. A mesma postura foi afirmada por Salvini na Itália e pelos militares que tomaram o poder na Bolívia. O líder eleito confronta-se com o poder democrático instituído e se exibe como salvador das contradições do próprio regime que o elegeu. Há que restaurar a democracia em crise por meio de governos orientados por referências religiosas. As instituições democráticas vão sendo confrontadas, desbancadas e tomadas por sujeitos e perspectivas religiosas.

Nenhum líder é líder sozinho, mas emerge dentro de condições políticas que o elegem de alguma forma. O líder político-religioso nasce da comoção religiosa. A indigência e o entusiasmo de que fala Weber (1997, p. 194) para designar o contexto da autoridade carismática explicam a lógica das teocracias atuais. O apoio popular centrado na comoção perante o mal que ronda por meio de grandes inimigos e o anseio da salvação urgente permitem agregar o grupo em torno de um sentimento comum e de uma fé comum. O sentimento agregador de uma solução salvadora dos perigos resgata e reconstrói a pátria. Todos os líderes autoritários contaram com esse sentimento comum reproduzido pelas massas em seus projetos (ARENDT, 2000, p. 361-375).

A logomarca "pátria amada" não é um lado político e marqueteiro do governo que possa ser entendido e desvinculado do lema "Deus acima de tudo". Ao contrário, é a própria decorrência da totalidade divina. Sem o sentimento místico de uma igualdade radical e comum, o líder não executa seus poderes. O poder de Deus, por ele representado e executado, necessita de uma espécie de corpo místico que existe antes e acima do corpo político estruturado nas instituições democráticas.

A pátria é identidade nacional, sentimento comum e convicção de uma igualdade transcendente que se impõe sobre todas as diferenças e desigualdades sociais como entidade superior e norma de vida coletiva. Quem não comunga desse sentimento deve ir embora ou até mesmo ser eliminado pelos patriotas como "inimigos da pátria". Não por acaso, a origem dessa imagem política associa-se à teologia política medieval como corpo místico governado por uma cabeça escolhida por Deus (KANTOROWICZ, p. 1998, 161-169). A cabeça e a pátria são partes de um mesmo poder de governo religioso, ou teocrático. O poder de Deus agrega seus eleitos perante os inimigos que os ameaçam. Ernst Kantorowicz destaca a fixação dessa ideia precisamente no contexto das cruzadas, quando o valor político do sentimento identitário comum exerce uma função de unificação e de resistência na proporção da rejeição dos inimigos igualmente comuns (1998, p. 147-160).

5. A IMAGEM PRÉ-MODERNA DO TODO-PODEROSO

A imagem de um Deus todo-poderoso que tudo comanda, a natureza e a história, tem raízes judaicas, greco-romanas e germânicas. Trata-se, evidentemente, do Deus ocidental, ser absoluto, ontologicamente distinto da natureza, ser pessoal que comanda o mundo com todos os seus habitantes, por meio de um ordenamento que pode ser crido como destino, providência ou milagre. As teocracias do passado e as neoteocracias operam com essa lógica de fundo que: a) dualiza a realidade entre as esferas do sobrenatural (Deus e seu mundo particular transcendente) e natural (as criaturas e suas peripécias); b) localiza as causas imediatas ou remotas de todos os fatos e episódios naturais/históricos na esfera do sobrenatural e, portanto, em Deus; c) aguarda a história com o desfecho final que separará os bons dos maus; d) tem um plano de solução final para a história a ser implantado por meio de representantes autorizados.

Essas duas realidades distintas, paralelas e interagidas, foram representadas por imagens do divino e do céu, assim como por imagens da interação. Ainda que, tanto na doutrina judaica quanto na filosofia grega, a representação do divino fosse desautorizada como idolatria ou como impossibilidade de concretizar o Ser abstrato, a construção de imagens, possibilitada, sobretudo, por costumes pagãos, tornou-se um fato na produção artística no âmbito do cristianismo. No entanto, imagens do divino compuseram o próprio imaginário judaico, mesmo que não tenham sido traduzidas em representações artísticas. De fato, no transcurso da história hebraica/judaica, elas são variadas e foram registradas nas tradições que compuseram os livros da Bíblia hebraica. As imagens bíblicas de Deus variam conforme os qualificativos divinos de juiz, rei ou guerreiro dos exércitos, todos projetados das experiências de poder vivenciadas na história do povo. Ainda que o antigo Israel tenha afirmado uma visão transcendente do divino desvestida de representações visuais, em franco contraste com as representações artísticas das religiões do entorno, Javé jamais foi uma ideia abstrata, como o Motor Imóvel aristotélico, ou um espírito dissolvido na natureza, como nas religiões animistas. Ao contrário, foi uma divindade pessoal portadora de traços psicológicos antropomórficos e, além do mais, com uma habitação que integrava a visão geográfica e cosmológica da época. Deus habita acima das nuvens e desde lá acompanha os comportamentos dos homens e, em particular, de seus eleitos. Essa imagem geral e personificada de Deus não era muito distante daquela de Zeus que desde seu trono comandava o mundo.

Como já foi dito, a imagem (imagens) de Deus que habita a alma crente ou mesmo ateia na cultura ocidental resulta de um sincretismo de longa duração dessas imagens antigas do divino e que tem a bacia mediterrânea como hábitat cultural comum (FERRÍN, 2018, p. 83-90). No fundo, o Ocidente reproduz e cultiva imagens de Deus que têm suas raízes fincadas em temporalidades e espacialidades distantes e distintas das que hoje vivenciamos na cultura moderna. A imagem viva e atuante do Deus *pantocrator* não pode ser deslocada dessas condições histórico-culturais, sob pena de exigir uma postura crente fundamentalista que não resiste ao primeiro exame da própria diversidade dos textos bíblicos ou uma postura tradicionalista que tem seus vínculos explícitos com determinados contextos e doutrinas sempre datados.

a) Imagens da onipotência

As imagens de Deus uno e pessoal foram construídas nas encruzilhadas históricas das culturas antigas pelos caminhos que ligaram o Oriente e o Ocidente, em uma "simbiose criativa", define Ferrín (2018, p. 21). Segundo o autor, o Deus que veio a ser definido como mui distinto nas três religiões semitas já se encontrava latente no caldo comum da cultura antiga. Deus uno, pessoal e poderoso. Assim nasceram as divindades do mundo antigo e foram sendo delimitadas em territórios construídos pelas ortodoxias, evidentemente como aquele que sempre foi assim. Com efeito, antes de constatar essa projeção do presente no passado, "continuidade retroativa", nos termos do mesmo Ferrín, é evidente e necessário lembrar que as imagens divinas são projeções humanas e, por conseguinte, projeções das culturas em permanente construção. Os antropomorfismos constitutivos das imagens de Deus foram expostos exaustivamente por L. Feuerbach (1808-1872). Para o filósofo, Deus é uma personalização da própria essência humana. "O ser absoluto, o Deus do homem é a sua própria essência" (2018, p. 47). A perspectiva filosófica de Feuerbach não construiu analogias entre as divindades e as culturas, como mais tarde fez a antropologia. É essa analogia que permite revelar a relação direta entre as imagens divinas e as condições históricas dos povos. Nesse sentido, é preciso lembrar que as imagens do Todo-poderoso têm seu lugar genético nas percepções e práticas de poder do mundo antigo: o Deus poderoso é, ao mesmo tempo, imagem dos poderes humanos organizados em uma autoridade central e amplificação ilimitada desse mesmo poder, como poder absoluto. Trata-se da projeção infinita do poder finito – Deus onipotente – desde onde o poder humano encontra a sua realização plena e, por conseguinte, sua legitimação como onipotência que governa na terra. O Deus todo-poderoso é a realização dos desejos de domínio das teocracias de ontem e das neoteocracias de hoje. Sem uma potência divina infinita que os fundamente, os poderes têm que submeter-se às regras da finitude humana, marcada pelas contingências de espaço e de tempo que limitam os exercícios de governo e pelas regras objetivadas que estipulam os limites das ações do governante. Por essa razão, os poderes que se julgam imagem encarnada da onipotência buscam meios de transcender todas as normas precisamente por alimentar-se diretamente da fonte anterior e superior a todas as normas históricas. É nessa dinâmica que os governos de ultradireita transgridem permanentemente as regras do jogo democrático. Quem possui acesso à fonte de todo poder está acima de todas as normas historicamente construídas.

b) Onipotência e violência

As imagens de Deus como poder ilimitado são descritas na tradição da Bíblia hebraica e, mais tarde, na tradição cristã, em termos de luta contra os inimigos. Afinal, todo poder significa posição superior que busca impor-se sobre tempos e espaços ocupados pela natureza e por pessoas. Poder é sempre *poder sobre* e não uma mera definição de quem ocupa um lugar de governante. A pergunta moderna que demarca as diferenças é a de poder imposto e de poder delegado. O poder delegado pelo povo está submetido às regras dos controles legais, sociais e políticos que limitam qualquer desejo infinito de domínio de um sobre todos.

As imagens bíblicas de Deus não são plurais e podem ser relacionadas aos períodos históricos dos hebreus/judeus. O Deus das tribos dos primórdios do Estado hebreu é antimonárquico (Jz 8,22), mais próximo à imagem do patriarca e defensor guerreiro das tribos. O Deus dos monarcas só poderia ser um monarca poderoso que apoia a expansão do Reino. O Deus dos profetas se aproxima de um juiz histórico, transcendente à monarquia, crítico do comportamento do povo e condutor do povo nos processos históricos. As tradições diversas que compuseram os livros bíblicos, javista, eloísta, sacerdotal profética ou sapiencial, oferecem igualmente imagens diferenciadas de Deus (ESTRADA, 2007, p. 53). Contudo, o poder de Deus é exercido segundo a imagem de um líder poderoso e aniquilador daquele que ousa atravessar seu caminho e o caminho de seu povo.

A ação violenta de Deus é fartamente descrita nos textos bíblicos da Bíblia hebraica. O imaginário mítico do divino que provoca medo e fascínio acompanha por um bom tempo a consciência religiosa hebraica e vai cedendo lugar para uma imagem do Deus bondoso. O Deus que mata os inimigos e vence o caos com sua força faz parte das representações hebraicas e é mantido até na tradição profética (Nm 24,8; Is 63,1-6) que se encarregou de apresentar uma imagem de Deus como bondade e santidade (Is 6,1-7; Am 3,6). É no seio dessa tradição que Jesus de Nazaré oferece uma imagem de Deus como *Abbá* (Papai): misericórdia e não poder (QUEIRUGA, 2001).

As imagens do Deus guerreiro que extermina os invasores da terra prometida (Dt 20,10-18), que vinga os inimigos (Nm 21,3; Dt 32,35) e que castiga violentamente o próprio povo quando viola a lei (Dt 13,5; Ez 16,38-43), sobreviveu no imaginário do povo, embora conviva com uma imagem de Deus que proíbe matar, proíbe a violência e perdoa as ofensas do povo eleito. Certamente, o cristianismo e mesmo o judaísmo tardio deparam-se com a necessidade de um discernimento crítico das imagens de Deus, sob pena de tornarem-se reféns de um Deus poderoso e violento.

De fato, essas imagens ambíguas e, até mesmo, antagônicas estão disponíveis nos textos sagrados para judeus e cristãos e a qualquer momento podem ser utilizadas como normas que justificam ações de indivíduos e governos. As chamadas "teologias da batalha" hoje amplamente utilizadas por grupos cristãos como referência hermenêutica de governos autoritários fazem uso intenso das imagens violentas do Deus guerreiro que autoriza aniquilar os seus inimigos.

c) *As rupturas modernas*

O Deus todo-poderoso já havia sido dispensado pelas ciências modernas, desde o primeiro passo dado por Nicolau Copérnico. A física moderna, seguida das demais ciências, se encarregaram de dispensar as causas sobrenaturais e de se dedicarem, cada qual segundo seus objetos e métodos, à exposição das relações causa-efeito dentro da ordem imanente. A história das ciências é a história da superação da função divina no mundo, embora não se possa falar à maneira comtiana em uma superação linear e homogênea do estado religioso para o estado da ciência. As explicações das dinâmicas da natureza e dos processos históricos como resultados de leis imanentes (na relação causa-efeito, desvendada e explicada racionalmente) e como percurso regular que dispensa finalismos previamente traçados (na forma de determinismos cósmicos ou escatológicos) recolocaram a imagem do poder divino em uma outra esfera que ainda não foi bem localizada nem pelas ciências e muito menos pelas tradições religiosas. Os cientistas modernos pioneiros da nova cosmologia acomodaram o poder de Deus na origem primeira do universo como o relojoeiro que fabricou o relógio da natureza que trabalha sozinho segundo leis que podem ser conhecidas pela inteligência humana (deísmo). Nos séculos seguintes, as ciências dispensaram essa hipótese em suas metodologias e teorias, optando pelo agnosticismo metodológico e, com frequência sempre crescente, adotando o ateísmo como princípio. Embora as novas metafísicas construídas por cientistas contemporâneos devolvam a Deus um lugar de princípio primordialíssimo do cosmos como um todo (GRUNING, 2007), o fato é que a imagem de um Deus onipotente foi definitivamente retirada do exercício regular das ciências naturais, das tecnologias e, por conseguinte, das ciências humanas e das organizações da vida humana. A cultura científica moderna instituída como visão e como práxis no conjunto da vida social não necessita do poder de Deus para explicar os fatos regulares ou mesmo extraordinários que compõem a vida como um todo.

Além de sustentar essa cultura racional e racionalizadora, as ciências modernas ensinaram a decodificar as imagens divinas transmitidas milenarmente como dogmas a serem cridos. Ensinaram que as imagens de Deus são produzidas historicamente e devem ser assim entendidas, sob pena de reproduzir posturas ingênuas e, até mesmo, perigosas para a sociedade atual. As teologias contemporâneas (ESTRADA, 2007) se encarregaram de acolher as ciências e recolocar as imagens de Deus dentro desses pressupostos, dando continuidade à sua própria vocação de dar razão à fé.

Contudo, há que relembrar que a resistência da imagem do Deus todo-poderoso é ainda conveniente até mesmo para muitas mentalidades assumidamente científicas. Ela, de fato, é recorrida como solução razoável perante os limites das explicações científicas: os de natureza metafísica (para além do Big Bang), científica (para além das ineficácias dos resultados científicos) e históricos (para além das crises imponderáveis). Nos casos, o poder de Deus jaz como último recurso para explicar e solucionar os limites explicativos e técnicos da razão científica.

d) A visão pré-moderna

O Deus todo-poderoso é um legado das sociedades antigas que pensavam o mundo em termos pré-modernos. A ligação direta entre os efeitos naturais e as causas sobrenaturais, entre mundo e Deus, constitui o eixo dessa compreensão. Os dois mundos paralelos se relacionam por meio do agente divino que tudo comanda. São dois mundos distintos, porém componentes de uma mesma cosmologia global, que os agrega em esferas distintas e subalternas. Deus habita os céus localizados nas esferas mais superiores do cosmos, enquanto a terra se localiza na parte mais inferior. A evidente percepção geocêntrica descreve uma cosmologia constituída de esferas concêntricas que começam no mais restrito, a terra, e se estendem até as mais elevadas, amplas e distantes, onde habita o próprio Deus e os seres celestiais, assim como os santos, no caso do cristianismo. A Bíblia carrega inevitavelmente essa visão cosmoteológica. O sonho da escada descrito por Jacó menciona um acesso que liga a terra ao céu por onde os anjos transitam (Gn 28,11-19). Por outro lado, querer chegar ao céu por meio de uma torre foi visto como uma ofensa castigada por Deus (11,1-9). No Novo Testamento Jesus ressuscitado se eleva aos céus até sumir nas nuvens (At 1,9) e vai sentar-se à direita de Deus (Mc 16,19). Essa percepção cosmológica atravessou os séculos na longa Idade Média como imaginário comum sobre o qual se encaixou a ideia de um Deus supremo e todo-poderoso, regente do universo como causa de seus fenômenos regulares, como autor de uma providência ou de um destino pre-traçado para cada fiel, assim como autor das exceções às regras naturais por meio dos milagres.

Na primeira metade do século passado, o teólogo Rudolf K. Bultmann constatou esse dado como uma problemática que incidia diretamente na interpretação dos textos bíblicos e propôs o seu método de "desmitologização". Era necessário achar o logos (o significado, a verdade) escondido dentro do pensamento mítico antigo (2021). O poder de Deus parece ter sido o centro mais sensível das desmitologizações feitas pelos estudos bíblicos modernos, onde o método exegético chocou-se diretamente com o dogma *pantocrator*. As religiões de um modo geral mantiveram esse dogma como básico de suas doutrinas, imaginários e ritos. O monarca sentado em seu trono no céu governando sua corte celeste e, desde lá, comandando a terra, sobreviveu sem sofrer revisões que fossem capazes de possibilitar uma reformulação da doutrina e um redesenho do imaginário religioso. As religiões populares preservaram e preservam essa imagem do *pantocrator*, assim como as ortodoxias religiosas de um modo geral. As utopias políticas retrospectivas com suas promessas paradisíacas de restauração plena das crises retomam o poder Deus como fonte dos poderes atuais e retiram do pacote divino contido na Bíblia (fundamentalismo e pentecostalismo), em doutrinas do passado (tradicionalismo católico) ou, até mesmo, em cosmovisões esotéricas, os elementos para sustentar e direcionar políticas governamentais.

Enquanto Deus permanecer sentado em seu trono governando o universo com seu poder onipotente e onipresente, decidindo sobre o funcionamento da natureza, intervindo na ordem natural e nos rumos da história, separando os bons dos maus, salvando os primeiros e condenando os demais e revelando-se a alguns eleitos seus planos, cá embaixo haverá líderes sentados em seus tronos dispostos a representar e encenar a onipotência divina, a salvar os amigos e matar os inimigos e a implantar um reino que dispensa as regras do jogo político histórico sempre provisório e conflitivo.

Capítulo V
Panorama e modelos de teocracia

Os regimes e as filosofias teocráticas acompanham a história do poder, por certo desde os ordenamentos sociopolíticos mais primitivos. Os líderes sempre exerceram seus poderes como sujeitos superiores dotados de qualidades distintas e, também, superiores às dos demais. As invenções dos poderes e de suas legitimidades contaram com a ligação natural entre chefia do grupo e divindade. As formas dessa representação e suas respectivas explicações variam em função do tempo e dos contextos sociais em que se estabeleceram. De todas elas pode-se retirar um saldo comum: as lideranças políticas necessitam de um fundamento maior para exercer legitimamente suas funções de mando e obter a adesão do grupo que comanda. Poder sem fundamento não goza de legitimidade e sequer pode ser exercido. Nas sociedades arcaicas e tradicionais regidas por cosmovisões sobrenaturais, o exercício do poder não poderia contar com outro fundamento. Assim se configuraram as estruturações do poder do mundo antigo e medieval e, com variações, muitos regimes já nos tempos modernos. A suposta separação das ordens natural e sobrenatural e, por conseguinte, a autonomia das ordens natural e histórica, exigiram adaptações das velhas teocracias, sem, contudo, eliminá-las mesmo nas regiões mais ocidentalizadas.

Como já foi exposto, a separação simples entre teocracias antigas e democracias modernas tem revelado seus limites, assim como os limites mais amplos da distinção entre o pré-moderno e o moderno tem se mostrado do ponto de vista histórico e analítico. A emergência recente de regimes de ultradireita retoma valores e práticas que haviam sido renegados como ultrapassados e, até mesmo, condenados do ponto de vista ético e jurídico. O retorno à fundamentação religiosa do poder tem se tornado surpreendentemente regular e até natural em governos do Norte e do Sul, curiosamente como forma antitética de enfrentar um suposto avanço do islamismo no Ocidente. Por certo, há que distinguir nesse conceito as possíveis conotações, o que pode ser feito com diversos critérios: por fases históricas, pelo sistema de crenças em que se inserem, pela visão sistêmica do regime, pelas representações do divino, pelas distinções Oriente e Ocidente, pelas alianças eclesiásticas celebradas ou, ainda, pela distinção entre as teocracias clássicas e as neoteocracias.

A compreensão das sobrevivências teocráticas em novos formatos pode ser mais acurada mediante uma retomada das construções teocráticas do passado, sobretudo dos modelos clássicos do mundo antigo e medieval, onde essa visão e práxis políticas assumiram modelos bastante regulares, mesmo conhecendo variações no tempo e no espaço.

1. A LONGA INVENÇÃO DAS TEOCRACIAS

A busca da origem mais remota da consciência teocrática padece dos mesmos limites de todas as investigações sobre as eras arcaicas. Não pode contar com nada além do que com indícios fornecidos pelos restos arqueológicos. As tribos mais antigas legitimavam suas chefias como sagradas. O líder detinha dons que lhe permitiam atuar na liderança do grupo com a ajuda do sobrenatural inerente ao natural. Evidentemente é preciso evitar retrojeções de modelos históricos posteriores, quando o poder se estrutura na relação mando-obediência e, no caso da teocracia, conta com o fundamento religioso para ser exercido. Nesse sentido, seria impróprio falar de teocracias tribais. O que se pode constatar é a existência de um poder sagrado efetivamente exercido pela liderança que narra a tradição e executa os ritos. Se nos regimes teocráticos Deus manda de alguma forma por meio de um escolhido, nas sociedades tribais o poder sagrado emana e flui na totalidade do real e o líder do grupo é o mediador direto que vincula o presente às origens. A pantocracia primitiva não liga uma divindade com um escolhido, mas acontece como disseminação de forças benéficas ou maléficas que podem ser controladas por alguns líderes. O poder é exercido por meio de uma participação coletiva direta naquilo que o líder oferece e que permite a continuidade da vida em todas as suas dimensões. A força que obtém adesão do grupo é difusa e generalizada e se manifesta na totalidade da vida: na natureza, no líder e no próprio grupo. Essa "teocracia cósmica" terá que aguardar formas de divisão social que separem as funções e instituam classes que busquem meios legítimos de exercer sua dominação sobre o grupo. Em uma sociedade mais estruturada sobre o domínio técnico sobre a natureza e a partir de diferenciações sociais, um poder religioso disseminado e sem dono recua-se e vai cedendo seu lugar a um poder concentrado em individualidades investidas de poder que se posicionam como legítimos mediadores entre o sobrenatural e o natural. Essa divisão mais radical entre natural e sobrenatural supera a indistinção entre as ordens e cria o mundo das divindades individualizadas, segmentadas, hierarquizadas. Imagem do mundo humano idêntico e socialmente diferenciado; referência e fonte dos poderes de alguns sobre outros. O poder religioso nasce na sua forma individualizada e passa a ser exercido por personagens investidos de poder (GAUCHET, s/d, p. 51-88). Dispõe-se no tempo do poder a saga humana de um sagrado domesticado por castas que se impõem por forças materiais, bélicas ou culturais, como poder capaz de extrair do sobrenatural sua força e sua legitimidade.

Os regimes teocráticos antigos pressupõem estruturações sociais que possibilitam distinguir o sobrenatural do natural que separa a divindade do mundo natural, divisão do trabalho social que institui classes ou castas, distinção entre mandatários e mandados que visam impor seus valores ao conjunto da sociedade. Para o historiador Priestland, as formas de dominação política podem ser tipificadas nos guerreiros, nos sábios/sacerdotes e nos comerciantes, sendo cada qual detentor de bem capaz de possibilitar a dominação: o poder imposto pela força, pelos valores ou pelo bem material (2014). As teocracias foram edificadas para cada uma das castas, de modo direto pelos sábios/sacerdotes ou como combinação das três. Parece ter sido o caso da maioria delas. O líder governava em nome de Deus por deter poderes econômico, bélico e encarnar em si mesmo narrativas religiosas que o legitimavam como descendente ou escolhido por Deus. Na Bíblia hebraica esses tipos estão presentes e se misturam na história do antigo Israel em figuras como a do rei-sacerdote Melquisedec (Gn 14,18), dos juízos que defendem as tribos com a força de Deus (Livro dos Juízes) e, nos tempos monárquicos, do rei ungido para governar em nome de Deus (Sm 16).

As monarquias antigas mostram a relação entre o governante e Deus em graus diversos de proximidade, sendo a lei da proximidade sinônima de maior ou menor legitimidade: quanto mais próximo de Deus mais poder se detém. O faraó egípcio e os reis helênicos representam essa proximidade máxima, quando o governante chegava a ser identificado com a divindade. Logo na sequência vêm os reis que encarnam divindades ou reencarnam um herói antigo, como no caso de Alexandre e Aquiles. Segundo Runciman, a Pérsia seria o berço do regime democrático, onde o rei possuía *hvarena*, "uma glória inspiradora de temor reverente que lhe fora concedida pelo Deus da Luz" (1978, p. 34). Essa visão era traduzida nas indumentárias reais: a auréola, o diadema brilhante e as vestes cintilantes. Não serão essas traduções estéticas da teocracia uma exclusividade persa, mas, ao contrário, uma regra que acompanha as performances reais no decorrer da história, de forma a incorporar os símbolos das divindades reinantes em cada contexto. Os trajes reais encenam o poder sagrado do rei concretizando para todos os olhos a relação circular entre imagem do rei e imagem de Deus (*rex imago Dei = Deus imago regis*). As teocracias representam a proximidade com a divindade segundo as teologias usuais da época e vão sendo modificadas em função das mudanças histórico-culturais. A inflexão mais significativa para o que aqui se busca deve ser destacada na virada copernicana do cristianismo a partir da conversão de

Constantino. O sincretismo teológico, ritual, legal e estético das percepções romanas com as cristãs e, por conseguinte, com os elementos teocráticos judaicos antigos que foram retomados é de tal ordem que, se por um lado facilita a separação da Igreja nas fases anteriores e posteriores ao evento, por outro exibe uma mistura que funde os elementos em uma síntese quase impenetrável. A teocracia cristã nasceu desse encontro e demarcou para sempre a história do poder no processo de formação do Ocidente.

2. AS FASES DOS GOVERNOS TEOCRÁTICOS

A tentativa de estabelecer fases históricas deve antes de tudo evitar a ideia de progresso linear que entende que a fase anterior é superada pela posterior, em uma lógica de ruptura. Mas não é somente essa ilusão classificatória que pode deformar o processo histórico real. A percepção mais sutil de que cada fase constitui por si uma construção nova *sui generis* em uma espécie de identidade isolada fabrica também ilusões históricas e analíticas. Vale aqui a sugestão metodológica já mencionada pelo islamólogo Emílio Ferrín, que explica as formações identitárias a partir de duas dinâmicas constitutivas e complementares: uma vertical, em que o passado é reconstruído a partir do presente (continuidade retroativa), e outra horizontal, que mostra as relações de troca em todas as identidades (simbiose criativa) (2018). As fases da teocracia podem detectar índices fixos de representações e práticas distintas, porém cada qual relacionada criativa e construtivamente com o passado e com o presente. Nada é fixo e estável, mas tudo se encontra em construção contínua, ainda que, como a terra, prevaleça a ilusão da estabilidade. Nesse sentido, as teocracias cristãs brotam no seio de um longo processo histórico que recupera, mistura e constrói o novo com a marca dogmática de uma verdade que sempre foi assim: Deus sempre quis ter seus ungidos para governar o seu povo. Isso posto, seguem algumas tipificações de fases históricas da teocracia que podem contribuir com a organização mental de uma visão geral e distante dos processos concretos.

1ª) *Fase antiga*

Essa fase de incalculável extensão espacial e temporal deita suas raízes na aurora das civilizações e com elas se identificam. Cada grande civilização pensou e praticou o poder segundo suas percepções sobrenaturais e, evidentemente, com os meios de domínio material e simbólico disponíveis àqueles que exercer o domínio. As teocracias antigas concretizam modelos diversos de proximidade entre a divindade e o governante. Os grandes impérios emergiram com seus governantes sacralizados e em nome de sua divindade expandiram-se; fizeram guerras de deuses e, quando um imperador ganhava, um deus era vencido e poderia, por conseguinte, cair na descrença. Os imperadores romanos militares tinham esse modo próprio de se relacionar com as divindades protetoras, sobretudo, em tempos de guerra. Em cada batalha, não somente o imperador à frente das tropas oferecia sacrifícios aos deuses e buscava seus oráculos, como também todo o povo era convidado a cultuá-lo diretamente. Os grandes impérios, com suas batalhas, expansão e líderes, narram as façanhas teocráticas que junto com os costumes impunham com frequência suas divindades. Foi nessa dinâmica de ampliação de domínios territoriais e culturais que as grandes divindades foram tornando-se unânimes e ao mesmo tempo traduzidas, como no caso de Zeus com a expansão grega. Mas foi também o caso inverso da resistência religiosa dos hebreus que, no contato com as demais divindades desde o exílio da Babilônia, construiu a ideia de um Deus único e transcendente para além de todos os deuses, inclusive do deus vencedor dos babilônios.

Com efeito, a proximidade entre Deus e o governante relaciona-se em boa medida com a relação mais ampla e fundamental entre a divindade e a natureza. Nesse nível de maior ou menor desencantamento, os governos reproduziram a proximidade e a distância de Deus. A transcendência divina afirmada pela filosofia grega e pela teologia hebraica está diretamente relacionada à percepção da imanência da natureza. No caso grego, a ideia de *phisis* oferecia a imagem de uma natureza autônoma diretamente implicada na ideia de autonomia da *polis* (VERNANT,

2013, p. 87-107). No caso do Israel antigo, os desencantamentos da natureza que distinguem Deus e a criação, da lei que separa o ordenamento legal (Decálogo) da boca do líder e da história que afirma a subjetividade política do povo, colocaram o rei em um lugar imanente, nada mais que ungido para uma função submissa à lei e, evidentemente, a Deus (COX, 1971, p. 27-48).

2ª) Fase cristã cesaropapista

A fase cristã abre uma nova era na história do poder exercido em nome de Deus. Como já mencionado, pode ser compreendida como um ponto de confluência entre percepções pagãs anteriores, referências bíblicas sobre o rei ungido de Deus e, de modo indireto, a percepção cristã que não havia assumido nenhuma imagem ou modelo político, mas, ao contrário, assumido todos os poderes como decorrentes do poder único e universal que é Deus, porém, sem qualquer ligação biológica ou ontológica com qualquer governante. O cristianismo emergiu como identidade própria às margens do poder, na condição de religião ilícita no Império Romano. Os ecos dessa marginalidade encontraram na comunidade cristã um significado cristológico bem preciso. Os Evangelhos retiram da boca de Jesus de Nazaré a regra política para a comunidade de seguidores: "Vocês sabem: os governadores das nações têm poder sobre elas, e os grandes têm autoridade sobre elas. Entre vocês não deverá ser assim" (Mt 20,25-26). O serviço é a máxima cristã à qual está submetido o poder dos governantes. De fato, quando o cristianismo afirma que todo poder vem de Deus e, por essa razão, deve ser respeitado (Rm 13), está mais próximo do desencantamento político do que de uma teocracia; indica que Deus é supremo e todo governante é humano e só pode exercer sua função sendo submisso a Deus. O governante deve ser respeitado não por sua proximidade direta com Deus, mas por sua postura de serviço. Portanto, o conselho paulino de que todo cristão deve submeter-se ao governante significa, basicamente, submeter-se à soberania de Deus.

A partir desse pressuposto, a teocracia cesaropapista implantou-se como um paradoxo político para as raízes cristãs e como era de releituras das fontes bíblicas relacionadas ao poder. A nova conjuntura histórica desencadeou uma circularidade entre presente e passado que resultou em uma nova interpretação do próprio significado do cristianismo. Um novo cristianismo nasceu dessa empreitada política bem-sucedida para o império e para a Igreja. Na chave de leitura do poder, o cristianismo institucionalizou-se como organização geopolítica, como estrutura hierárquica, como ordenamento jurídico, como políticas de unidade e de ordem. Na chave cristã, o império adotou uma religião mais universal, mais demitizada e mais racionalizada. O mundo ocidental e a parte romana do mundo oriental nunca mais foram os mesmos.

Como tudo o mais que compôs o Ocidente, as teocracias beberam das raízes judaicas, cristãs e greco-romanas (NEMO, 2005). Da tradição romana assimilaram a organização territorial (arquidioceses, dioceses e paróquias), o Direito romano e a estrutura monárquica que vai sendo referência para a compreensão e a prática dos bispos. Do mundo grego absorveram a ideia da demonstração da verdade, agora aplicada para os conteúdos de fé que estavam testemunhados pelos textos bíblicos. A Igreja torna-se uma estrutura institucional organizada e forte. Para explicar e fundamentar a organização hierárquica, retira dos textos bíblicos modelos da hierarquia sacerdotal do judaísmo (sumo sacerdote, sacerdote e levitas). Da mesma forma recorre às imagens da escolha e consagração do rei, de modo emblemático do grande rei Davi, para fundamentar a postura de um rei escolhido e consagrado por Deus para governar o mundo.

O regime teocrático cristão tornou-se um mito fundador das teocracias subsequentes que serão instauradas no Ocidente após as invasões bárbaras e, de modo direto, na milenar teocracia bizantina. A figura ao mesmo tempo polêmica e fundamental de Constantino ocupa o centro dessa gigantesca virada histórica. Embora tenha sido batizado somente ao final de sua vida, Constantino tornou-se o pai fundador da teocracia cristã. Sua conversão está associada à vitória na batalha contra Maxêncio, concretizando o sonho que tivera de que venceria com o símbolo cristão cunhado nos escudos dos soldados. A vitória sobre os rebeldes que dividira Roma foi a confirmação da proteção de Deus e o ponto de partida de sua conversão ao cristianismo. O arranjo político de Constantino colocou os poderes do imperador dentro da Igreja e, ao mesmo tempo, concedeu poder político aos bispos e ao clero.

a) *O Reino de Deus na terra*

A teocracia constantiniana inaugurou um regime que foi sendo construído gradativamente, tendo sido concluído pelo Imperador Teodósio em 380, ao estabelecer o catolicismo como religião oficial do império e proibir os cultos pagãos. Foi um processo conduzido bem à maneira das políticas de expansão romana, de modo prático e estratégico, e buscando os meios de somar com aqueles que ocupavam postos dentro da Igreja. O imperador, agora cristão, governa em nome de Deus e a Igreja/império passam a ser identificados com o próprio Reino de Deus. Nasceram e consolidaram-se práticas e compreensões cristãs que formaram o que veio a ser denominado cristandade: uma totalidade cristã que integra em seu sistema todas as dimensões da vida coletiva e individual.

Nasce a Igreja Católica propriamente dita como entidade que tem o poder como centro de sua organização e o império cristão que tem o líder confirmado para servir o povo de Deus. A teocracia cesaropapista edifica-se, portanto, na união entre as entidades espiritual e temporal, união que se aprofunda sempre mais, até formar uma totalidade exclusiva que afirma sua identidade em oposição às outras identidades, encaradas como mais distintas e ameaçadoras. Da parte do imperador significava uma troca de religião ou de fundamentação religiosa de seu poder político: passagem de teocracia pagã para teocracia cristã. Da parte da Igreja significava uma guinada espetacular que não teria outra explicação senão o próprio desígnio de Deus. Deus havia reservado esse triunfo sem igual para a sua Igreja desde todos os tempos. As palavras de Eusébio de Cesareia testemunham de modo eloquente essa visão:

> [...] cantemos agora o cântico novo por meio deste livro, porque, efetivamente, depois daqueles espetáculos e relatos sombrios e espantosos, fomos agora considerados dignos de contemplar tais maravilhas e de celebrar grandes solenidades como muitos de nossos antepassados, realmente

justos e mártires de Deus, desejaram ver sobre a terra e não viram; ouvir, e não ouviram (Livro X, I, 4).

Mas daí em diante, um dia esplendoroso e radiante, sem que nuvem alguma lhe fizesse sombra, ia iluminando com seus raios de luz celestial as igrejas de Cristo por todo o universo, nem sequer aos de fora de nossa confraria nenhuma inveja impedia de participar, senão dos mesmos bens, pelo menos da irradiação e comunicação dos que nos foram outorgados por parte de Deus (Livro X, I, 8).

b) *O mito fundador da cristandade*

A era e o modelo inaugurados por Constantino consolidaram um paradigma político que será referência para os modos de pensar e organizar a política e, por conseguinte, a Igreja nos séculos seguintes. Edificou-se um autêntico mito fundador do qual descenderam os regimes posteriores e ao qual retornaram as novas construções teocráticas que foram surgindo como retomada da unidade perdida após as invasões bárbaras. A Igreja Católica preservara de forma fiel os ordenamentos do império e sobrevivera como a unidade que restara daquela unidade estável (PIRENNE, 2010, p. 10-119). O pontífice romano era, de fato, o centro dessa unidade e buscava como podia preservar a memória da era providenciada por Deus. Na verdade, a Igreja não podia mais compreender-se e compreender a história e o poder político sem aquele evento primordial. A história era, sem dúvidas, o lugar da realização do Reino de Deus por meio de seus eleitos.

Um mito fundador é uma fonte que gera e alimenta as práticas do presente como narrativa verdadeira, como oferta de graça e como norma a ser vivenciada. Constantino e seus feitos cumpriram esse papel nos tempos posteriores. O papado consolida-se como espelho religioso daquela unidade primordial e o protagonista de plantão delegado por Deus a implantar seu Reino na terra por meio de negociações e mesmo da guerra. A teocracia bizantina ostentou-se como a continuidade do império no Oriente, a herdeira direta do plano de Deus realizado por seu fundador Constantino. E muito à frente, a Rússia dos Czares se apresentará como a última herdeira, a terceira Roma. A revolução bolchevista pôs fim aos últimos herdeiros da bimilenar teocracia.

O mito fundador das teocracias cristãs gerou aquelas que foram sendo reconstruídas no Ocidente com seu dogma seguro do poder de Deus (*pantocrator*) e com narrativas justificadoras dos novos ordenamentos políticos que vão sendo construídos. Clóvis, o primeiro rei bárbaro convertido, será considerado o novo Constantino, obtendo igualmente o auxílio de Jesus Cristo na guerra contra os alamanos. Carlos Magno consolida seu poder retomando a ideia do pontífice romano, então como o novo imperador que governa em nome de Deus o norte da Europa em aliança direta com o papa. O rei Carlos é o *serenissimus Augustos, a Deo cornonatus, magnus, pacificus, imparatur.* Sua posição como chefe da cristandade foi cunhada na moeda com a inscrição *Christiana religio*, acompanhada de sua imagem com trajes típicos dos imperadores romanos cristãos (PIERENNE, 2010, p. 221). O Papa Gregório VII implanta sua reforma forjando um documento de doação que teria sido feito por Constantino à Igreja. O *Constitutum Constantini* garantia ao papa e seus sucessores o seu palácio imperial de Latrão, as insígnias imperiais, a cidade de Roma e todas as províncias da Itália e regiões ocidentais. O documento rezaria ainda que Constantino ter-se-ia transferido para Constantinopla por reconhecer que em Roma só haveria lugar para o sucessor de Pedro (VELASCO, 1996, p. 160). Nas origens do reino português, o sonho e a visão de Afonso Henriques revelam que ele venceria os mouros na batalha de Ourique. A narrativa reedita de forma quase literal o sonho de Constantino: com a cruz vencerás! Em sonho Deus aparece ao príncipe em forma de velho e lhe garante a vitória. Em seguida, a visão da cruz brilhante com Jesus crucificado visível no céu sela a garantia da vitória sobre os inimigos (AZZI, 2001, p. 184-185).

3ª) *A fase da cristandade medieval*

A Idade Média pode ser compreendida como uma longa temporalidade de vigência do poder teocrático que busca recompor-se depois da queda do Império Romano. A Igreja Católica preservara o modelo político teocrático em seu sistema de governo explicitamente religioso, centralizado na figura do Sumo Pontífice, herdeiro direto do título dos imperadores. É dessa incubadora do antigo regime inventado por Constantino que o poder teocrático irradiará como modelo legítimo, desejado e outorgado por Deus nos tempos gloriosos, e buscará os meios possíveis de se implantar por meios de acordos ou de guerras. Entre Constantino e a era dos reis bárbaros, a Igreja Católica posiciona-se como a detentora da antiga tradição, única capaz de unificar a fragmentação que se impusera, a que detinha a narrativa mais fundamental da salvação dos povos e exibia o representante direto de Cristo na terra, o papa. Em torno da Igreja e de seu poder simbólico, o mundo agora fragmentado pode encontrar um eixo articulador da cultura (ligando passado e presente), da vida social local (os bispados e as paróquias) e da vida política (com os feudos e principados). A alma católica sobrevivente do Império Romano reencarnou-se progressivamente em novas estruturas de poder, em uma clara intencionalidade de retomar as extensões reduzidas e reorganizar totalidades amplas em torno das hierarquias centralizadas, como no passado. O Reino de Deus, destinado a historicizar-se em estruturas políticas mais amplas, mais visíveis e poderosas, dominava o imaginário político-religioso como força e como meta que avança em movimentos centrífugos de defesa contra os inimigos e como força centrípeta de afirmação da identidade interna. Nesse sentido, é que se situa, de um lado, a figura fundamental do guerreiro e a importância da arte da guerra e, de outro, a figura do monge como guardião e reprodutor da tradição capaz de unificar as diversidades. A Idade Média foi uma longa temporalidade de reconstrução da identidade e da ordem teocráticas.

Essa ordem que, na fase antiga, compreendia um acordo entre os poderes temporal do imperador e espiritual dos bispos, vai desdobrar-se em duas fases/modelos distintos que, do ponto de vista do centro do poder sagrado, serão, de fato, opostos: a fase de domínio leigo sobre a Igreja, com a figura do imperador que detém toda a autoridade para governar em nome de Deus, inclusive a Igreja, e a fase de domínio da Igreja sobre os poderes imperiais por meio da figura do pontífice romano.

A imagem da unidade, da estabilidade e da hierarquia celeste viva e atuante na cultura erudita e popular representava a ordem desejada a ser implantada na terra, a norma primeira de todas as formas de relação social e de exercício do poder. Por essa razão, antes que a fé pedisse intelecção, como formulou Anselmo de Cantuária (*fides quaerens intellectum*), pedia poder, pedia impérios para concretizar o céu na terra (*fides quaerens imperium*). Assim movida e assim vocacionada, a Idade Média escreveu as lutas pela implantação dos poderes religiosos pelos territórios da Europa na tensão permanente com as fronteiras da parte oriental que vai desenhando-se como identidade cada vez mais distinta do Ocidente, bem como na luta interna pela permanência do antigo regime, quando as autonomias modernas dissolviam as teocracias.

As teocracias medievais foram estabelecidas a partir da conversão de Clóvis, o rei dos francos em 508. A França unificada e católica torna-se a referência do que a Igreja almejava para as demais regiões governadas por reis pagãos. Mas foi a partir de Carlos Magno e da constituição do sacro-império romano-germânico que o regime teocrático assumiu as dimensões mais expressivas do rei governante em nome de Deus. A figura do governante ungido por Deus e responsável pela implantação de seu Reino na terra e, por conseguinte, responsável pela Igreja Católica firma-se, como nos velhos tempos de Constantino, como ficou claro em sua denominação romano-germânico. E foi precisamente durante esse último que a prática teocrática cristã conheceu a virada mais revolucionária, invertendo os poderes do rei para as mãos do papa com a reforma gregoriana.

O Imperador Carlos Magno recupera e consolida o regime do imperador que governa em nome de Deus, incluindo sob seu poder a Igreja. Em 25 de dezembro de 800, é aclamado pelo povo como em Bizâncio. O papa coloca a coroa em sua cabeça, o consagra como governante do império cristão e, em seguida, se curva em gesto de veneração. O Ocidente recupera a teocracia que antes sobrevivera em poderes localizados (PIRENNE, 2010, p. 220).

O sacro-império romano-germânico foi o herdeiro direto da era carolíngia e levou ao cume o poder religioso do imperador que deve zelar pela pureza da fé, utilizando para tanto a força da espada e que tem, ao mesmo tempo, o dever de coordenar a vida da Igreja. O rei ungido por Deus por um rito considerado sacramento detém a supremacia do poder sagrado e, de fato, passa a comandar politicamente a Igreja. A teologia que fundamentava esse poder pode ser assim resumida: a) a origem da realeza descansa na ordem da criação, em Deus Pai, enquanto o sacerdócio tem sua origem na redenção, em Deus Filho; b) o rei é, portanto, o enviado de Deus, o seu representante na terra, e o papa (sacerdote) representa Cristo e ocuparia o segundo plano na terra; c) o governo de Deus na terra tem como fonte primeira o governo do rei e, ao pontífice, compete o papel de interceder e confirmar a missão do rei na garantia da unidade, da defesa e da expansão da cristandade (VELASCO, 1996, p. 156-157).

Essa supremacia do poder imperial leigo sobre o conjunto da vida da Igreja vai desembocar em um exercício de poder em que os bispos são inseridos na hierarquia imperial como príncipes submissos que juram obediência ao rei, obtêm sua proteção, quando não a sua própria nomeação. A hierarquia eclesiástica torna-se, assim, cada vez mais identificada e comandada pelo imperador, restando algum poder exclusivamente espiritual ao papa. A imposição de bispos por parte dos reis e príncipes – investidura – e a prática da compra do cargo (simonia) serão o estopim de uma virada que acontecerá com a eleição do monge Ildebrando, do mosteiro de Cluny da França, para o trono de Pedro em 22 de abril de 1073.

A insatisfação com essa politização e corrupção na Igreja tem um foco de resistência nos mosteiros e, de modo emblemático, em Cluny, que havia obtido um direito pontifício que lhe garantia autonomia em relação ao poder imperial e o ligava diretamente ao papa. A chegada de Gregório VII ao papado trazia consigo essa insatisfação e a convicção teológica de que o legítimo poder sagrado era exercido pelo papa: aquele que recebera de Jesus as chaves do Reino dos Céus, o poder de ligar e desligar, incluindo nessa autoridade o poder dos reis. Estava posta a tese e a política papal que desencadearão a grande virada histórica: o pontífice romano como aquele que confirma ou não o poder do imperador e dos reis. Essa reforma, conhecida como Reforma gregoriana, editada em 27 pontos (*Dictatus papae*), apresentava uma reforma interna da

Igreja segundo o espírito monacal, marcada pela sobriedade, pela espiritualidade e pela regra do celibato, bem como demarcava a posição suprema do papa em relação ao imperador. O choque imediato com o imperador do sacro-império Henrique VI levou à excomunhão do mesmo por negar-se a aderir às novas regras, porém retirou, de fato, os privilégios eclesiásticos do imperador. A teocracia medieval principiou a contar, desde então, com o superpoder do pontífice romano, que passou a gozar de uma posição de legitimador dos poderes sagrados dos monarcas.

A prática da coroação dos imperadores, reis e príncipes pelo papa ou pelos bispos no decorrer do tempo, a figura do papa como chefe político de um território, assim como o papel político moderador do mesmo nos momentos de contenda entre os reis, selaram essa centralidade do poder espiritual sobre o poder temporal. A famosa cena de Napoleão Bonaparte na Catedral de Notre-Dame em 1804, retirando das mãos de Papa Pio VII a sua coroa de imperador e autocoroando-se e, em seguida, coroando sua esposa, simboliza o fim desse modelo teocrático.

4ª) A fase das adaptações modernas

Os regimes teocráticos clássicos foram perdendo a legitimidade, na medida em que as autonomias políticas modernas se impunham como valor concomitante às revoluções que implantavam os Estados modernos fundamentados e estruturados a partir das regras democráticas. A nova ordem democrática vai ganhando força no epicentro das revoluções francesa e estadunidense e conquista movimentos libertários em pontos diversos do globo, de modo especial nas velhas colônias europeias das Américas. Os Estados democráticos significavam uma antítese aos Estados teocráticos, embora alguns desses fossem adaptando-se às regras da nova ordem que moderavam o poder dos reis com novos ordenamentos legais e com novos mecanismos de exercício dos poderes, sobretudo com os poderes legislativos e com a autonomia do poder judiciário. A monarquia inglesa representa de modo emblemático essa dinâmica de adaptação que mantém a figura do rei coroado pela Igreja e a serviço dela e do Estado confessional. O resultado final, como se verifica hoje, é um Estado teocrático "para inglês ver", operando com estruturas democráticas que conduzem efetivamente à vida política da nação. No imaginário da monarquia subjazem elementos teocráticos sem incidências diretas na sociedade laica que ali predomina. A monarquia inglesa traduz a crescente ineficácia do poder de Deus nos âmbitos da natureza e da história como um pressuposto crido e ritualizado, porém não praticado pela vida laica regida pela ciência e pela autonomia das decisões políticas.

Contudo, é necessário verificar que na aurora da nova era democrática, de modo particular no contexto da Reforma protestante, houve novos modelos teocráticos sendo implantados na Europa. Os casos mais emblemáticos foram os regimes construídos pelos calvinistas em Genebra (século XVI) e a participação no governo dos Países Baixos no século XVII. Se, no primeiro caso, ainda sob o domínio direto do líder João Calvino, pode-se constatar uma transposição dos velhos regimes teocráticos sem qualquer prejuízo teológico e políticos em termos de exercício do poder absoluto, no segundo, se instaurou uma disputa política que narra um longo e tenso arranjo político que visou conciliar as forças religiosas revolucionárias calvinistas com os ideais de uma república livre, antítese dos domínios político-religiosos da monarquia espanhola dali banida. O debate entre teocracia e tolerância demarcou o cenário intelectual – político e religioso – na busca da formulação mais coerente capaz de conciliar as duas forças, em princípio antagônicas: a de um Estado gerido com a participação dos sínodos calvinistas e os ensaios precoces de uma república tolerante com as pluralidades culturais e religiosas. A Reforma protestante rompia, evidentemente, com as teocracias católicas e buscava novas formas de se legitimar perante o poder político, agora livre da hegemonia papal. Os reformadores não contavam mais com a antiga estruturação e com a eclesiologia católica, mas permaneciam ancorados na mesma teologia do poder que relacionava de alguma maneira Reino de Deus com Igreja e com o poder temporal. Fugir dessas implicações era impossível do ponto de vista prático (uma vez que as Igrejas descendentes da Reforma só podiam subsistir no âmbito de unidades políticas, com as quais tinha que se relacionar positivamente) e teórico (tendo em vista a teologia da salvação implicada na Reforma, que afirmava uma nova postura cristã dentro da história). A eclesiologia de Calvino esquematizava a questão clássica da teocracia católica dos dois poderes nos seguintes termos: a) distinção entre o poder espiritual da Igreja e o poder civil do Estado; b) Deus como origem comum dos dois poderes, por meio dos quais atua com seu plano de salvação; c) a finalidade comum dos dois poderes é a salvação e construção de uma sociedade cristã; d) cooperação entre os dois poderes para alcançar essa finalidade (HAIGHT, 2012, p. 148-159). Com esses parâmetros, o calvinismo marcou presença na sociedade genebrina do século XVI como verdadeiro fundamento teológico do poder local, por meio de consistórios que atuavam diretamente como instância política de vigilância e controle da vida social. A organização política do calvinismo reeditava na micropolítica de Genebra as mesmas regras das macropolíticas teocráticas católicas, com uma nítida vantagem em termos de eficiência. Uma pequena cristandade se impôs como o selo reformado.

No século seguinte, na próspera república dos Países Baixos configura-se um curioso cenário político que revela em suas ambiguidades a fase de transição entre o Estado laico pautado na tolerância religiosa e os velhos desejos teocráticos da cristandade, agora sob as rédeas das igrejas protestantes. A geopolítica europeia constitui um capítulo original da prosperidade econômica proporcionada pela expansão marinha e a colonização, da busca de modelos políticos novos que rompiam com as hegemonias teocráticas medievais e, ao mesmo tempo, da força política das tradições reformadas. A nova República (1581) nascera da luta contra o domínio espanhol de dinastias católicas, contando com o protagonismo dos calvinistas. A ligação entre Igreja e Estado acompanhou a história da República. O estudo clássico do historiador inglês Douglas Nobbs analisou as relações entre a doutrina calvinista sobre as relações entre Igreja e Estado no momento em que se buscavam os meios organizacionais capazes de acomodar liberdade religiosa e presença dos calvinistas no poder. O estudo intitulado "Teocracia e tolerância" (2017) expõe o debate doutrinal que envolve calvinistas tradicionais e arminianos entre os anos de 1600 e 1650. A doutrina dos dois reinos governados por Deus, o espiritual (através da Igreja) e o temporal, governado pelo Estado, esbarrava na problemática concreta das relações entre as duas esferas autônomas, no momento de estruturação de cada qual, mas, sobretudo, na confluência dos dois poderes na esfera pública. A mesma origem no poder supremo de Deus e a finalidade comum da salvação das almas eram um princípio de difícil tradução política sem as armadilhas teocráticas. Quando confrontado com o princípio da liberdade/tolerância religiosa perseguido pela República, trazia à tona as lutas entre os dois poderes e atiçava o debate teórico de juristas e teólogos. A função da religião na esfera pública era o nó da questão, de onde emergiam as divergências sobre o papel do poder civil sobre os assuntos eclesiais e o papel da Igreja como controladora do governo mais adequado à moralidade cristã.

Nesse contexto, Baruch de Espinosa escreve o seu *Tratado teológico-político* (1988), no qual reflete sobre um sistema capaz de organizar de forma coerente o poder supremo de Deus, o soberano, a Igreja e a democracia. O Estado tem o dever de garantir todas as liberdades individuais e religiosas. Originado de um consenso entre os indivíduos que a ele transfere a gestão de seus direitos naturais e individuais, tem o dever, por meio do governante, de garantir essas liberdades. Por essa razão, detém o controle sobre todas as instituições, inclusive sobre a Igreja, e não o contrário, como praticavam muitos clérigos calvinistas na próspera República:

> Compreende-se, assim, claramente em que sentido as autoridades soberanas são os intérpretes da religião e como, além disso, ninguém pode obedecer corretamente a Deus se não ajustar ao interesse público a prática da piedade a que cada um está obrigado e se, por conseguinte, não obedecer a todos os decretos do poder soberano [...]. Ora, nenhum particular pode saber o que é do interesse da comunidade a não ser através dos decretos das autoridades soberanas, as únicas a quem compete tratar dos assuntos públicos; logo, ninguém pode praticar corretamente a piedade nem obedecer a Deus se não obedecer a todos os decretos do poder soberano (1988, p. 358).

Embora a síntese espinosista deva ser situada nos pressupostos metafísicos de seu sistema, em que Deus ocupa um lugar central, ela reflete o contexto de um novo regime que busca os modos de acomodar Igreja e Estado, dentro de princípios religiosos e valores de laicidade e democracia. A teocracia persiste como cosmovisão, enquanto as configurações políticas modernas buscam meios de organização coerentes e viáveis.

5ª) *A fase das retomadas contemporâneas*

Os regimes teocráticos saíram da cena política ocidental à medida que os regimes democráticos iam sendo implantados. A democracia, com suas regras, tornou-se, evidentemente, o padrão político e ético de organizar o poder e, cada vez mais, os regimes estruturados sobre o poder de Deus perderam a legitimidade pública. A imagem da superação e da extinção completa desses regimes e dessa perspectiva passou a compor os imaginários políticos, embora o Ocidente jamais tenha abandonado a ideia de que Deus deva estar no comando de todas as coisas, inclusive da coisa pública. Essa espécie de consciência teocrática sobreviveu nas consciências nacionais e, *a fortiori*, nas consciências eclesiais, como um dado ao mesmo tempo vivo e adormecido. Vivo, na medida em que fez parte das profissões de fé de todas as tradições religiosas. Adormecido por não gozar mais de legitimidade nas instituições democráticas modernas. Sobreviveu como espírito sem corpo, como princípio sem meios regulares de operacionalização.

Mas as democracias ocidentais estiveram longe de constituir uma unanimidade histórica, tendo convivido com regimes autoritários que emergiram de tempos em tempos como negação dos princípios da liberdade e do Estado de direito. E, precisamente no seio desses retornos autoritários, a perspectiva teocrática marcou presença como fundamento alternativo, seja nos formatos clássicos das alianças entre Igreja e Estado, seja em novos formatos em que o poder divino era reconfigurado por dinâmicas híbridas, capazes de agregar pluralidades de visões e, até mesmo, ambivalências doutrinais. O século XX foi pontuado por regimes autoritários de fundamento religioso. Ao que parece, nenhum dos regimes autoritários, os fascistas que se espalharam pelo planeta na metade do século passado e as ditaduras militares que vieram na sequência, sobretudo na América do Sul, pode dispensar esse fundamento. O fundamento religioso do poder se mostrou como alternativo – e como alternativa única – ao fundamento democrático rejeitado por esses regimes. De alguma forma e com alguma narrativa, esse fundamento esteve presente como razão e justificativa; operou de modo coerente como imagem e discurso do poder absoluto transcendente que fundamenta o poder autoritário. O mesmo princípio da circularidade entre hierarquia celeste e hierarquia terrestre que cimentou as velhas teocracias, cimentou as tiranias contemporâneas. Os regimes fascistas construíram suas teologias do poder por meio de revisões históricas de mitos do passado e de projeções milenaristas de seus projetos. A ditadura franquista retomou a velha aliança com a Igreja Católica e implantou um regime integrista que durou quarenta anos (GALLEGO, 2019). As tendências fascistas latino-americanas seguiram o mesmo *script* político. Ambas visavam afastar os inimigos do liberalismo e do comunismo e buscavam no catolicismo o apoio para operar com seus regimes de exceção. Como já foi visto, os movimentos integralistas centrados nos valores Deus, pátria e família, mostram a lógica e a organização mais ampla desse projeto de neoteocracia em pleno século XX (GONÇALVES; NETO, 2020).

Os movimentos e governos de ultradireita atuais trazem de volta a fundamentação religiosa do poder, no pacote de outros retornos a valores tradicionais, como o da família patriarcal, dos nacionalismos isolacionistas, do nativismo e de referências míticas negacionistas das ciências. Como já foi exposto, a fé no Deus todo-poderoso vazou para além das privacidades individuais e confessionais e fez alianças com diferentes expressões religiosas em nome de uma ordem urgente vocacionada a salvar o Ocidente de um caos iminente.

3. Tipos de teocracia

A descrição histórica anterior já foi feita de certa maneira a partir de uma classificação histórica de natureza tipológica. Cada uma das fases foi definida a partir de elementos aglutinadores que permitiam construir separações na longa temporalidade do poder exercido em nome da divindade. O olhar sincrônico sobre o conjunto provoca uma construção mais genérica, no sentido de estabelecer as grandes tendências dos regimes e das perspectivas teocráticas para além da disposição diacrônica. Como toda tipologia é inevitavelmente sumária e tem função de fornecer sínteses que simplificam as complexidades, tópicos fixos que não consideram os processos.

a) Monismo teocrático

Nesse modelo a dinâmica básica é a de uma identidade entre Deus e governante pela via da descendência ou da elevação. No primeiro caso, enquadram-se as teocracias egípcias que concebiam o faraó como um filho de Deus ou Alexandre Magno como reencarnação do mito Aquiles. O governante encarnava em sua pessoa a própria divindade e, evidentemente, de sua boca brotava a verdade absoluta. Essa divinização operava a cada caso de modo distinto. Podia expressar-se na simulação de transcendência, ficando o rei isolado em seu palácio, distante dos olhares comuns, ou na força sobrenatural que reforçava a missão bélica do governante. A elevação à condição divina podia acontecer nos momentos de guerra do imperador romano, quando, então, era cultuado como deus nos domínios do império. A divinização do governante nas antigas teocracias expressa naturalmente a consciência mítica que nessa fase da civilização distingue os líderes das forças cósmicas, como na era das culturas tribais, e concentra os poderes sagrados em indivíduos possuidores de alguma legitimidade, econômica, bélica ou sacerdotal, ou de uma combinação das três.

A consciência mítico-política expressa a percepção de tempo que liga de modo imediato as origens ao momento presente, como explica Mircea Eliade (1999). O líder é divinizado como aquele que presentifica, sem qualquer distinção dualista entre sobrenatural e natural e entre passado e presente, os tempos primordiais com seus heróis e narrativas; são hierocracias que encarnam em suas personalidades e em seus atos os atos primordiais dos deuses. As divindades são modelos de perfeição primordial das quais decorrem os personagens, as tramas e as ações dos homens investidos de poder. O ato de governar é imitação dos deuses – *imitativo dei* – e os governantes, seus descendentes diretos, que oferecem a força e a salvação a seus súditos e a proteção contra todas as ameaças por meio da guerra (ELIADE, 1999, p. 63-98). Essa percepção encantada, que identifica o tempo atual com o tempo das origens, não permite reconhecer no governante um ser humano igual aos demais, ainda que inscreva sua existência no ciclo regular da vida que nasce e morre. O governante está ligado ao mundo sobrenatural; dele descende por dinastias que ligam o agora ao eterno, fonte permanente de onde jorra o bem e a estabilidade do mundo.

A identidade entre divindade, governante, estado e lei garantia a unidade do regime e obtinha a obediência irrestrita dos governados. Romper com essa unidade é instaurar o caos, desobedecer à ordem eterna dos deuses que dirigem o tempo e o espaço. O governante divino é a garantia de estabilidade de um mundo imagem do cosmos perfeito das origens. Na monarquia egípcia o faraó era a presença da justiça divina na terra e o Estado constituía a mediação permanente entre o céu e a terra (ASSMANN, 2015, p. 33-50). Essa unidade garantida pelo consenso religioso e pela força dos exércitos consolidava a coesão interna e expandia dilatando as fronteiras por meio das guerras permanentes. A expansão e a conquista eram entendidas como uma luta de deuses, sendo que o perdedor colocava em crise o seu poder divino, dando, ao deus vencedor, o direito de se impor sobre os novos dominados.

O monismo teocrático será superado quando os povos por alguma via vão conquistando uma percepção de mundo que separa sobrenatural de natural, passado de presente e de futuro e, por conseguinte, deuses e homens.

b) *A representação teocrática*

A identificação entre divindade e governante expressava uma consciência religiosa que unificava o tempo em uma fonte eterna onde é possível descender dos deuses e repetir suas ações. O governante pode ser um deus ou dele descender. A emergência da consciência histórica vai reconfigurar as teocracias, superando as identificações diretas entre os governantes e deuses. As teocracias hebraicas encarnaram essa separação na medida em que tinham como percepção de fundo as distinções radicais entre Criador e criatura e, por conseguinte, todas as distinções daí decorrentes, entre a eternidade e a história, entre Deus e o governante e entre o governante e a lei. Nessa percepção, os patriarcas, os juízes e os reis exercem seus poderes como representantes escolhidos por Deus, porém sem qualquer distinção ontológica em relação aos demais mortais. O rei não é Deus e não é a lei. Ele governa em nome de Deus e obedece a uma lei que está acima de suas convicções ou vontades.

Deus é transcendente e poderoso, mas a história é o resultado da ação humana livre e responsável. O mito da criação narrado pelo livro do Gênesis expressa e oferece essa visão antropológica na trama da desobediência do casal e das consequências de suas decisões. Mais tarde, o deuteronomista deixa registrada essa filosofia da liberdade/responsabilidade que supera os determinismos cósmicos e históricos na matriz do eterno retorno ou do tempo reversível: "[...] eu lhe propus a vida e a morte, a bênção e a maldição. Escolha, portanto, a vida para que vocês e seus descendentes possam viver" (Dt 30,19). É dentro de uma história desencantada e construída por cada um, pelo povo eleito e pelos líderes que o governam, que a teocracia hebraica se situa como governo realizado em nome de Deus. Há uma transcendência normativa presente na lei, cujo coração é o Decálogo, e identificada em última instância com o próprio Deus, e um governante escolhido por Deus para exercer essa missão junto ao povo. E o rei pode, portanto, ser fiel ou infiel, justo ou injusto, e atrair a bênção e a maldição de Deus.

A monarquia hebraica criou um modelo novo de poder em nome de Deus, modelo demitizado e, ao mesmo tempo, orientado por um projeto nacional querido por Deus, cujo centro não é o rei divinizado, mas o povo eleito. Essa criação original não foi feita sem tensões, como narra o Primeiro Livro de Samuel. A passagem de um regime tribal pré--estatal para um regime monárquico exigiu adaptações políticas arriscadas e novas elaborações na teologia política em contraste com aquelas do Oriente médio antigo. Na época tribal a visão teocrática era de uma espécie de governo direto de Deus: "Os israelitas disseram a Gedeão: 'seja nosso rei, você e depois seu filho e seu neto'. [...] Gedeão respondeu: 'Nem eu nem meu filho seremos reis de vocês. O rei de vocês será Javé'" (Jz 8,22). O Primeiro Livro de Samuel deixa consignado os riscos da teocracia monárquica. Assim diz Javé: "Atenda à voz do povo em tudo o que eles pedirem, pois não é a você que eles estão rejeitando, mas a mim: não querem mais que eu reine sobre eles" (1Sm 8,7). Essa percepção do reinado direto de Deus não desaparecerá, mesmo com os grandes monarcas Davi e Salomão. Não há roteiros divinos primordiais a serem imitados pelo governante, mas um roteiro ético a ser construído, cujo eixo é a liberdade e a igualdade do povo. A unção do jovem Davi, o último dos filhos de Jessé (1Sm 16), o consagra para a missão que exercerá em nome de Deus. O simbolismo indica a escolha e a força de Deus. O rei é um mediador do único e verdadeiro Rei, que é Deus (ASSMANN, 2015, p. 51-59).

A imagem do rei ungido para governar em nome de Deus, tendo o rei Davi como personagem emblemático, tornou-se referência para as teocracias cristãs, a partir da era constantiniana. O governo do Reino de Deus na terra, sinônimo de sociedade cristã, será feito pelos reis escolhidos, ungidos e coroados para essa função. As monarquias e impérios cristãos mantiveram essa cosmovisão fundamental do rei representante de Deus na terra, mesmo quando adquiriu formas mitificadas de um todo-poderoso *imago Dei*. De sua parte o cristianismo não possuía uma imagem ou uma teologia clara do poder em nome de Deus, uma vez separado da geopolítica judaica e inserido no Império Romano. Como já foi dito, a fé no poder único e supremo de Deus que governa o universo e está acima de qualquer governante foi a convicção básica que amparou como relativo os governos históricos. A esses governos o cristão deve submissão não por ser um representante direto de Deus, mas por ser uma mera expressão da potência divina que tudo comanda. Portanto, nesse vácuo de poder o cristão deveria acolher como legítimos todos os governantes. A entrada do Imperador Constantino em cena era inédita e exigia novas elaborações para justificar a presença de um poder cristão. Para tanto, contava-se com referências distintas: a) com a ideia assimilada na práxis política e na cultura do império de um poder imperial exercido com o auxílio direto de uma divindade e muitas vezes de um imperador divinizado; b) com as imagens teocráticas do Antigo Testamento, quando Deus ungiu reis para governar em seu nome; c) com a convicção de um Cristo vencedor e senhor de todo o universo. O imperador cristão fez resgatar e confluir essas imagens e essas convicções, agora aplicadas em um personagem governante concreto. O Sumo Pontífice, revestido de sacralidade, troca de divindade e torna-se o representante do Deus todo-poderoso na terra, o ungido para governar em nome de Cristo e implantar seu reino na extensão dos domínios geopolíticos.

A lógica do representante de Deus na terra revela algumas caraterísticas:

– *O mito fundacional do poder teocrático*

A teocracia cristã sustenta-se pelo vínculo com uma verdade revelada por Deus, na forma de uma gesta fundacional. O poder do rei cristão na linhagem constantiniana reproduz um poder primordial atribuído ao imperador no sonho com Jesus Cristo e na confirmação do poder divino na vitória sobre os inimigos. Esse episódio ecoará durante o tempo a cada configuração teocrática que emerge na história posterior. A sucessão dos monarcas cristãos não significa somente uma linhagem biologicamente legítima, mas uma expressão de um mistério fundamental que representa a vontade, a autorização e o mandato divino para o rei governar em seu nome.

– *O reino político é Reino de Deus*

A teocracia é um governo territorial que identifica a implantação do Reino de Deus na terra. A missão para a qual o reino é investido significa garantir a unidade da fé no interior de seu espaço governado, defesa dos mesmos contra os inimigos internos e externos (sinônimos de inimigos da fé) e expansão do reino por meio da guerra na conquista de almas para integrar o número do pertencentes ao Reino. Nesse sentido, o epicentro do Reino significa já uma espécie de fim da história, síntese das promessas de Cristo, de onde resta unicamente aguardar a vinda final do Cristo triunfante.

– A teocracia e a Igreja

Ao menos desde Constantino o Ocidente contou com duas instituições distintas investidas de poder recebido de Deus. As teocracias, embora centradas no *Rex imago Dei,* ungido para governar em seu nome e implantar o seu Reino, contavam com um poder vinculado advindo da Igreja. As fases pré-gregoriana e gregoriana separaram a história em dois modelos de certo modo inversos: a fase do poder supremo do rei, que por ordem divina a tudo comanda, inclusive a Igreja, e a fase em que o papa, vigário de Cristo na terra, detentor das chaves que ligam e desligam as relações entre o céu e a terra, assume uma supremacia simbólica e política sobre o governante. De toda forma, as teocracias aconteceram em um arranjo sempre tenso, mas indispensável entre os poderes temporais do rei e os poderes espirituais da Igreja, embora, na verdade, ambos fossem temporais e espirituais.

– O poder absoluto

O poder supremo e absoluto do rei é inerente a todo regime monárquico. Porém, nas teocracias cristãs, encontra um enquadramento novo. Primeiro por constituir-se no âmbito maior de um sistema cristão que já ganhava fôlego e extensão no Império Romano e, na sequência histórica, como parte de uma sociedade cristianizada. Mesmo no tempo das invasões bárbaras o cristianismo, sob o governo da Igreja Católica, era, de fato, o que havia restado de uma unidade cultural (e de certa forma política) na velha geopolítica do império. O rei cristão se insere com seus poderes e simbolismos teológicos como topo de uma sociedade cristã que dele necessita. Por outro lado, o poder absoluto do rei contará sempre com o poder moderador da Igreja, independentemente dos arranjos concretos que essa dualidade teocrática venha a adquirir.

– As teologias teocráticas

No âmbito da luta pelo controle do poder divino concretizado na terra e no próprio processo de evolução histórica, os governos teocráticos contaram com diferentes modelos interpretativos que, por um lado, diversificavam as imagens, os rituais e as justificativas divinas para o seu exercício e, por outro, aprofundavam sempre mais os aspectos dessa fundamentação. Os rituais de consagração e coroação, o rei sacerdote na tradição bizantina, os reis dotados de poderes miraculosos, os reis santos etc. são algumas dessas variações teológicas que vão ampliando a consciência de um ser superior e sagrado à frente do povo. A compreensão tardia do corpo místico do rei, em analogia direta com o corpo místico da Igreja, expressa esse aprofundamento teológico sobre a natureza do governante teocrático. A evolução da teologia do papado insere-se nessa mesma dinâmica de investigação sobre os significados do poder exercido em nome de Deus.

– A teocracia como hierarcologia

Na base teológica mais fundamental da teocracia encontra-se a imagem do Deus todo-poderoso com sua hierarquia celeste (Santíssima Trindade, arcanjos, anjos e santos), imagem representada pelas hierarquias terrestres (imperador e papa, reis, príncipes e bispos, nobres e clero). A teocracia concretiza um regime de poder que tem no vértice o Todo-poderoso, imagem de Deus na terra que garante a estabilidade de todo o edifício da sociedade hierarquizada. Os regimes teocráticos constituem-se como construção de poderes hierarquizados que concentram força e legitimidade, na medida em que o poder ascende para o seu vértice, de onde provém a decisão suprema a ser cumprida e a garantia da ordem de alto a baixo. Nessa organização social e política se inscrevem os rituais de juramento de fidelidade à autoridade superior da parte dos nobres, as ordenações dos cavaleiros e sacerdotes e os juramentos de vassalagem. A sociedade se entende como hierarquia, da posição hierárquica procedem os direitos distintos de cada classe e de cada cidadão e o exercício do poder desce do topo para a base.

– As imagens sagradas do rei

Os modos de simbolizar a teocracia criaram rituais e estéticas diferenciados que se esforçavam por travestir o rei de "divindade", como uma entidade separada e superior aos demais seres humanos. O *rei imagem de Deus* exigia vestuários cintilantes e rituais triunfantes que remetiam para fora do normal dos mortais, provocando deslumbramento e reverência. A corte, com suas regras de respeito às hierarquias, era uma imagem da hierarquia celeste. A beleza e o luxo buscavam a perfeição em consonância com a grandeza do rei. A posição de nobreza significava não somente superioridade econômica, mas também espiritual. Ostentar uma imagem superior era um direito e dever daqueles que se posicionavam em grau superior de perfeição. O trono era o lugar de onde a verdade emanava na forma das sentenças condenatórias e das decisões clementes. Os trajes exuberantes e, de modo particular, a coroa com a cruz no topo plastificavam a superioridade a ser reverenciada. As vestimentas nobres do mundo antigo prestavam-se a essa função e foram adquirindo simbologias cristãs. Essas características foram preservadas nas vestimentas dos reis, dos príncipes e, ainda hoje, em muitas indumentárias episcopais.

c) *As teocracias carismáticas*

As teocracias cristãs antigas eram transmitidas pela lei da sucessão legítima, segundo regras que variaram no decorrer do tempo e dos modelos. A primogenitura foi sempre posição imediata da sucessão. Em todos os casos, tratava-se de uma legitimidade tradicional, segundo a tipológica weberiana. O poder tradicional descansa sobre a ideia de uma era fundacional, de onde advém o direito concedido por Deus para a transmissão do poder. O rei atual ligava-se, por meio de uma conexão de elos, a esse momento mítico fundacional. Contudo, outros acessos ao poder eram também considerados de fundamento sagrado, a começar o dos imperadores generais do Império Romano. Eles assumiam suas funções como representantes de uma casta de guerreiros que se impunham pela habilidade de defender o império e dilatar suas fronteiras. Outros governos teocráticos foram constituídos segundo essa regra que Weber chamaria dominação carismática. O líder carismático pode ser militar, civil ou religioso. Em ambos os casos, ele ascende ao poder não pela lei da sucessão legítima, mas pela força persuasiva e atrativa de seus dons. Nesse caso podem encaixar-se as teocracias islâmicas com seus clérigos, mas também, no caso do Ocidente, os generais e líderes políticos que chegaram ao poder por vias democráticas ou por meio de guerras civis ou golpes.

Esses regimes autoritários, como já foi exposto, contaram com fundamentos religiosos, de forma que o líder e seus séquitos se apresentam como portadores de uma proposta ou de um projeto salvador da pátria ou da nação em vias de dissolução. A figura do líder entendida como portadora de dons especiais irradia sua força e sua legitimidade e, em torno de si mesmo e de seu projeto, agrega seguidores fiéis.

A autorreferencialidade do líder confere a essa expressão teocrática um caráter particular, na medida em que não conta mais com um regime instituído com regras de transmissão e exercício do poder nem com um sistema social geral que o abriga, como ocorria com as teocracias clássicas, mas tão somente com um propósito emergente e vinculado aos seus ideais redentores. A centralidade do líder instaura também outra dinâmica temporal para o governo em nome de Deus, na medida em que o projeto se vincula a uma personalidade. A duração do governo fica por via de regra condicionada e delimitada à vida ou ao fôlego carismático do líder. A morte do governante coloca em crise a legitimidade do governo, assim como os desgastes históricos sofridos pelo mesmo. Essa rotinização (WEBER 1997, p. 197-201) pode colocar fim ao ciclo do governo, caso não tenha estabelecido alguma regra sucessória. O regime franquista elucida de modo emblemático esse vínculo: nasceu, consolidou, desgastou-se e teve fim, seguindo *pari passu* o ciclo vital do general Franco. O mesmo ocorreu com os regimes fascistas e, evidentemente, com o regime nazista. Esses retornos teocráticos regulares na história ocidental são cíclicos, mas de duração demarcada, quase sempre de curta temporalidade.

A história mostra que as expressões teocrático-carismáticas não podem contar com o imaginário da duração "eterna" dos reis. Com a morte do rei, era proclamada solenemente que "o rei está morto. Viva o rei". O rei continuava vivo no sucessor. O rei físico morre, mas o seu corpo místico perpetua-se na história. O governo carismático tende quase sempre a buscar meios de se manter no poder, julgando estar acima das regras institucionalizadas dos rodízios que mudam os governantes com datas predeterminadas. As expressões atuais do trumpismo e do bolsonarismo são emblemáticas dessa postura. Ambos buscaram formas de relativizar as regras e avançar para além dos seus mandatos indefinidamente. No entanto, são poderes personalizados que carregam o limite de sua superação na proporção dos limites vitais e políticos do líder.

Os modelos diversos de poder teocrático revelam os modos de fundamentar e organizar o poder a partir de Deus ou de um fundamento transcendente. A longa temporalidade histórica do regime mostra sua força como modelo político viável e hegemônico até os tempos modernos, onde oscila entre modos de adaptação e sobrevivência, assim como de reincidência por meio de novos arranjos políticos. O fundamento religioso do poder jamais abandou os governos ocidentais, embora todos os modernos mais ou menos conscientes do Estado laico acreditassem na sua superação definitiva. A retrospectiva histórica arriscadamente sucinta sobre a questão visou colocar no jogo do espelho o que hoje se mostra de forma explícita como governo em nome de Deus.

Capítulo VI
De volta ao mito

Jair Messias Bolsonaro foi apelidado de *mito* por seus seguidores. Durante a campanha e após a eleição, era frequente em suas aparições públicas e nas redes sociais ouvir o grito ou o uso termo do *mito* para aclamá-lo como o candidato. Esse termo tornou-se comum entre os seus seguidores e, ao que parece, cada vez mais adequado àquela personalidade que em alguns meses emergiu do completo anonimato político e assumiu a postura de salvador da pátria em crise. De desconhecido a conhecido, de insignificante a salvador, de fraco a poderoso, de ignorante a sábio, de esfaqueado a vitorioso... Assim nasceu o personagem político nacional que chegou ao poder investido de uma missão restauradora que significava total ruptura com os modelos de governo anteriores. Era *mito* porque resumia em sua personalidade a autenticidade, a coragem, a força e a agressividade necessárias para colocar fim na corrupção e instaurar uma nova era no Brasil. E nessa condição de super-homem dispensava qualquer demonstração de viabilidade de seu projeto. Como em todo mito, o personagem representa a garantia da execução das promessas; fala por si mesmo, executa por si mesmo, para além de todos os testes de veracidade e de viabilidade que as sociedades modernas costumam praticar no momento de fazer suas escolhas. O mito oferece saídas míticas e não projetos racionais.

Nesse sentido, a designação *mito* se mostra, de fato, a mais adequada para designá-lo, entendida como noção que dispensa os roteiros históricos, políticos e científicos de construção das personalidades públicas, assim como de exercício racional do poder dentro de regras estabelecidas. Nesse caso, o mito se opõe ao próprio político, no sentido clássico: como sujeito que representa sujeitos, como portador de um projeto que exige adesão consciente e crítica e como ator do jogo democrático instituído.

Contudo, não dá para inferir dessa designação advinda das massas uma origem consciente, como termo adequado àquela personalidade, termo esse pensado e formulado para designá-la como figura portadora de improvisos redentores para a nação ameaçada por inimigos. Os apoiadores do capitão reformado são seguidores fiéis e não analistas políticos. Por outro lado, não parece ser mera coincidência ou um apelido construído pelos apoiadores eufóricos que foi tornando-se um jargão inocente e sem significados mais profundos. Nem maquinação planejada. Nem coincidência ingênua. Com certeza, um fenômeno da psicologia de massa que explica a emergência de figuras míticas em determinados contextos sócio-históricos. O termo nasce de um anseio popular, de um desejo de salvação e proteção e de uma projeção das esperanças mais urgentes em determinados personagens. Nasce e consolida-se coletivamente por meio de uma potente rede virtual que agrega indivíduos em grupos de afinidades (homofilia) que se reproduzem em escala indefinida. Como explica Mircea Eliade, os mitos são sempre criadores, têm a função de renovar o mundo e de vencer o caos (1972, p. 32-35) e, para tanto, desenham saídas escatológicas para as crises históricas. As figuras que encarnam poderes sobrenaturais no exercício do poder, tanto as do passado quanto as do presente, exercem funções de natureza mítica e assumem em si mesmas esse estado que as torna todo-poderosa, acima dos mortais e das crises que se propõem enfrentar. Essas dinâmicas míticas encenadas politicamente serão expostas no decorrer desse item. Vale observar que o mito é entendido aqui não como uma mera narrativa fantasiosa, sinônimo de falsidade, mas como um modo de pensar a realidade a partir de uma transcendência que se apresenta como fundamento imediato, fonte de valores e portadora de normas a serem seguidas. A teocracias antigas, como já foi exposto, constituíam-se nesse tipo de percepção do poder político. Os líderes teocráticos atuais podem ser entendidos como aqueles que encarnam em suas personalidades os arquétipos do herói, do superpai, do messias ou do salvador das nacionalidades ameaçadas por forças antagônicas do bem.

O nazismo já contou com mitos explícitos que desenharam seu imaginário centrado na luta caos-cosmos, concretizada na crise e na redenção, nos inimigos e no salvador. O projeto nazista foi teorizado por Alfred Rosenberg no famoso livro *Mito do século XX*. A ideia mítica consistia na exposição de uma era trans-histórica anunciada, explicada e pautada em uma verdade agora revelada cientificamente, verdade que expõe a luta entre a raça ariana, destinada a ser superior desde todos os tempos, e a raça judaica, protagonistas de todas as desgraças históricas. Sobre esse mito emergiu o mito Adolf Hitler, com seu projeto do Terceiro Reich que restauraria a Alemanha humilhada e a projetaria no tempo e no espaço como um grande império.

No decorrer do século XX outros mitos políticos pontuaram o planeta com suas ofertas populistas. Alguns tiveram longa duração, como o ditador espanhol Francisco Franco e o próprio Getúlio Vargas. Outros reproduziram a saga dos heróis sacrificados, como Evita Peron e, em um lapso de tempo curtíssimo de efervescência popular, Tancredo Neves. Os mitos políticos são de algum modo expressões teocráticas. Como já foi exposto, essas teocracias podem ser a encarnação de deuses, como nas teocracias do mundo antigo, representantes de uma revelação divina que institui uma linhagem monárquica ou presença de um personagem que engendra uma missão em um determinado momento histórico marcado por crises agudas. Nesse caso, o personagem representa e sintetiza em sua pessoa a própria promessa; encarna um ideal restaurador que se apresenta como promessa de imediata solução histórica.

O mito realiza o que promete e oferece as energias e o sentimento seguro de uma superação das crises históricas, obtendo a adesão dos seguidores para exercer seu poder e vencer o inimigo. Ele se impõe como portador de uma verdade que desvela a totalidade da realidade e relativiza tudo o mais como inferior ou como inimigo produtor do caos e que deve ser eliminado. Por se identificar com o próprio bem, o mito político está posicionado acima dos bens e dos males que regem a vida cotidiana, acima das normas e das leis que regulam a vida coletiva e, por essa razão, tem o direito de eliminar tudo e todos os que se opõem ao seu projeto salvador. A luta contra o mal é inerente aos mitos políticos. Por essa razão, os discursos de ódio e a violência o acompanham como necessários e legítimos. Na perspectiva psicanalítica, o mito encarnado é o retorno do pai primordial que rompe com os controles do ego civilizado e se estabelece violentamente. É a força do instinto que se impõe sobre a razão. Essa perspectiva desvelada por Freud permite relacionar *mito-inconsciente-violência*, como será visto a seguir (1996; 1996a), tendo como fonte as sistematizações oferecidas por Finchelstein sobre o mito do fascismo (2015).

A categoria mito entendida a partir de distintas chaves de leitura permite entender a dinâmica dos poderes fundamentados em fontes transcendentes ou sobrenaturais. A conjuntura política atual fornece um quadro emblemático dessas encenações, como será exposto nos itens que seguem.

1. Os mitos historicizados

Nas sociedades antigas regidas por cosmovisões míticas, o mito constitui a origem de onde tudo procede; compõe uma totalidade em que o sobrenatural e o natural estão em interação contínua, e a história se encontra inserida nessa interação como realização das forças cósmicas, palco onde as coisas já previstas acontecem, podem ser desveladas por oráculos ou modificadas por alguma mediação ritual. O tempo primordial jorra na história suas graças ou suas desgraças e os seres e enredos já conhecidos daquele tempo – *in illo tempore* – servem de referências diretas para se entender os acontecimentos, sobretudo, de referências normativas para a vida individual e coletiva. Os seres e enredos devem ser imitados – *imitatio dei* –, explica Eliade (1999, p. 89).

Mas a história pode também ser o palco de encarnações de determinados seres sobrenaturais, como o caso de Hércules. Grandes heróis são personalidades que, por meio de uma cópula divina com humanos, presentificam o sobrenatural com suas forças salvadoras, como vencedores do mal. Os seres humanos comuns podem também ser elevados à condição de heróis, na medida em que cumprem um percurso que os torna vencedores, imitadores fiéis dos deuses, como bem explica Joseph Campbell (1997). Os heróis são os vencedores que vêm em socorro dos vencidos e os protegem das precariedades. Eles encarnam pessoalmente a luta entre o caos e o cosmos, entre o bem o mal, entre o velho e o novo. O ciclo descrito por Joseph Campbell realiza-se na sequência *o chamado, a recusa, o auxílio sobrenatural, o afastamento e o retorno revestido de forças*. O herói é sempre submetido a alguma prova que o faz apto para a missão; ele tem acesso ao bem que advém desde sempre de uma região transcendente, do centro do mundo da verdade eterna que ele conhece e comunica como bem salvador aos seus seguidores (CAMPBELL, 1997, p. 43-46).

Nos *scripts* dos heróis se inscrevem os messias religiosos e políticos que emergem no decorrer da história ocidental como salvadores das grandes crises. Eles encenam o ciclo do herói, dentro de um esquema ocidental de percepção do tempo que tem suas raízes na perspectiva judeo-cristã (NEMO, 2005, p. 45-53). A história que caminha progressivamente para a frente, superando as precariedades na busca do tempo ideal e perfeito, necessita de meios de superação permanente e, de modo urgente, quando se encontra perante uma grande crise que ameaça interromper sua escalada. Os messianismos são promessas de saídas das crises pela força de uma liderança de tipo carismática (WEBER, 1997, p. 193-197) que encarna em suas personalidades as promessas de solução. O mito historicizado é a presentificação em carne e osso de uma promessa capaz de agregar e redimir, promessa que se mostra como verdadeira e certa desde todos os tempos e que uma vez crida será realizada. A promessa se mostra, nesse sentido, como mais verdadeira que a própria realidade dos fatos. Nesse sentido, o mito político pode ser visto como uma espécie de síntese entre a perspectiva histórica que anseia por uma solução de suas contradições e a perspectiva que oferece soluções mágicas mediante um líder todo-poderoso. Nele o histórico acolhe o mágico, o presente antecipa o futuro e o personagem mortal adquire qualidades excepcionais e, muitas vezes, sobrenaturais. O ideólogo do nazismo, Alfred Rosenberg, expressa essa visão de síntese entre transcendência e imanência em sua teoria do nazismo: "Hoje uma nova fé está mexendo: o mito de sangue, a fé de que, junto com sangue, estamos defendendo a natureza divina do homem como um todo". E explica essa síntese nos seguintes termos:

> Finalmente, a sensação mítica e a percepção consciente já não se confrontam como antagonistas, mas como aliadas. O nacionalismo apaixonado não é mais direcionado para lealdades tribais, dinásticas ou teológicas, mas para aquela substância primordial, a própria nação racialmente baseada. Aqui está a mensagem que um dia derreterá toda escória... (https://frasesinspiradoras.net/frases-de-autores/alfred-rosenberg-1655).

Tanto os messias religiosos quanto os políticos encarnam em suas personalidades uma síntese final entre o metafísico e o histórico, entre o desejo e a realização das promessas de solução histórica; são dotados de dons salvadores que atraem seguidores e podem chegar ao poder com suas promessas. E, assim como os heróis antigos, essas personalidades introduzem o mito na história e se comportam como força transcendente que ultrapassa todas as contingências históricas, incluindo as estruturas regulares de gestão política e os discursos usuais que explicam as causas e os processos. Eles são a solução definitiva de todas as crises no aqui e no agora. A observação de Mircea Eliade sobre a historicização do mito em nossa época é precisa e faz pensar nas novas formas de messianismos políticos que hoje reaparecem com discursos já nem tão secularizados:

> A mitologia escatológica e milenarista reapareceu nestes últimos tempos na Europa, em dois movimentos políticos totalitários. Embora radicalmente secularizados na aparência, o nazismo e o comunismo estão carregados de elementos escatológicos; eles anunciam o fim deste mundo e o início de uma era de abundância e beatitude (1972, p. 50-51).

Em sua correspondência com Albert Einstein de 1932, Freud observou que a guerra representa um retorno ao violento em duas direções inseparáveis: ao instinto destrutivo e à fase pré-civilizacional, zonas em que imperam a violência (1996, p. 220). A sobreposição do instinto de morte sobre o de vida (Eros) por meio dos poderes autoritários confirma, ao mesmo tempo, a postura infantil das massas que pedem um pai protetor absoluto, como se notará mais tarde em "Moisés e o monoteísmo", já às vésperas da Segunda Guerra:

> Sabemos que na massa humana existe uma poderosa necessidade de uma autoridade que possa ser admirada, perante quem nos curvemos, por quem sejamos dirigidos e, talvez, até maltratados [...]. Trata-se de um anseio pelo pai que é sentido por todos [...] E pode então começar a raiar em nós que todas as características com que aparelhamos os grandes homens são características paternas e que a essência dos grandes homens, pela qual em vão buscamos, reside nessa conformidade (1996a, p. 121).

Os poderes autoritários encenam a vida infantil e dispensam a autonomia como caminho de maturidade política. O comando das forças inconscientes demarca o retorno à fase anterior à civilização que dispensa o uso da razão com suas formas institucionalizadas de controle da violência e de garantias da convivência humana. Nessa chave de leitura, nos poderes mitificados se impõe uma dinâmica histórica feita na sequência: *mito-política => inconsciente-sociedade arcaica => violência-destruição*. O mito historicizado é necessariamente violento por liberar e operar com as forças negativas dos instintos humanos. Trata-se de uma volta ao arcaico selvagem que nega a vida civilizada e racionalmente controlada.

Não se trata aqui de entrar na discussão da teoria do pai da psicanálise, que, como todo referencial, está sujeito a críticas e divergências, mas de perceber o dinamismo real que, de fato, se desvela quando se olha para a história dos poderes autoritários. Os enredos míticos historicizados escreveram factualmente a história da intolerância e da morte. É nessa mesma perspectiva que René Girard construiu sua teoria do sacrifício expiatório. O sacrifício religioso seria precisamente a invenção que permite a superação da violência decorrente do desejo mimético, que teve seu lugar social nas culturas arcaicas (1990). Os mecanismos do bode expiatório que buscam inimigos concretos seriam, nessa leitura, um retorno a sentimentos violentos característicos de eras já superadas pelas religiões e pelas sociedades civilizadas (1990, p. 333-336; 2002, p. 205-209).

a) O fim da história

O mito soluciona a contingência histórica, de modo mais adequado quando a história é vivenciada como momento crítico e sem horizontes de saída. Quando as crises agudas envolvem as massas ou transformam em massas amedrontadas aquelas parcelas sociais economicamente estáveis, de modo emblemático as classes médias, um consenso de natureza transcendente, ou seja, portador de promessas salvadoras, costuma instalar-se na história, por meio de um líder poderoso e digno da plena confiança. Os mitos religiosos anunciados pelos messianismos e milenarismos de tempos em tempos cumpriram essa função no passado em muitos movimentos de que se tornaram emblemáticos, desde os movimentos milenaristas do mundo antigo e medieval, até aqueles mais perto de nós, os que vingaram e se tornaram igrejas pelo processo regular de institucionalização e os que foram aniquilados como perigo para os poderes religiosos ou políticos. Os mitos políticos seguem um roteiro análogo e por vezes quase idêntico (DELUMEAU, 1997). Partem sempre da constatação de um caos iminente para a nação, apontam as causas indicando os inimigos, oferecem um líder investido de todos os poderes de salvação, agregam uma massa de seguidores em torno do mesmo em uma dinâmica de vínculo direto líder-seguidores, constroem uma adesão fiel dos seguidores ao líder, antes e acima de qualquer projeto que se mostre politicamente viável, arregimentam os seguidores a lutarem contra aqueles que são considerados inimigos, alimentam os seguidores com as palavras solucionadoras do líder, em uma lógica que identifica palavra-verdade-realização.

b) O personagem inédito

O mito historicizado tem como ponto zero de sua construção o ineditismo de sua personalidade. Parece raro que um personagem rotinizado na vida política possa assumir essa posição, a não ser que passe de algum modo por uma grande conversão ou por um teste radical em seu itinerário, como no caso de uma grande provação (algum tipo de martírio político). De modo geral, ser desconhecido é a própria garantia de que o líder pode apresentar-se ao público sem máculas políticas, distante das rotinas viciadas, inédito e com potências inéditas, criador de novas promessas, investido de posturas e gestos que rompem com as regras sociais, portador de soluções definitivas e radicais para a história. Portanto, a indignação que muitos manifestam em relação ao apoio popular a um candidato desconhecido e que culmina em sua eleição e governo, ignora essa regra básica: de que o portador de dons extraordinários precisa ser extraordinário ou, de algum modo, fazer-se extraordinário. Todos se lembram do desconhecido Fernando Collor e sua ascensão vertiginosa. Não foi diferente com Donald Trump e Jair Bolsonaro, ambos desconhecidos do grande público. No caso de Bolsonaro, além de desconhecido, passou pela provação do atentado que o fez renascer heroicamente.

Contudo, o ineditismo não pode ser identificado com o simplesmente estranho ou superior à condição das massas políticas; ao contrário, trata-se de um inédito que agrega, ao mesmo tempo, distinção (pelos dons extraordinários) e semelhança (popularidade). O líder mítico é um homem comum exaltado por forças superiores. É a representação ou personificação das pessoas comuns que agrega em si e em suas promessas aquilo que a massa anseia e busca nele: a realização das soluções de seus problemas. Os líderes que encarnam miticamente a salvação da crise histórica não somente criam mecanismos de ligação direta com seus apoiadores, mas assumem os valores e os hábitos populares como sendo seus. Essa constitui uma das garantias de sua autenticidade como salvador das massas e, por conseguinte, da nação. A popularidade expressa nos discursos, nos gestos e nas frases de efeito messiânico prova o seu compromisso com o povo e indica que o tempo novo é viável, já se encontra no meio do povo.

c) *A verdade realizada*

Por operar com essa dinâmica, o mito historicizado dispensa a postura racional que insiste em buscar verificações empíricas ou lógicas para as promessas políticas. Em termos técnicos, exige que as promessas sejam transformadas ou traduzidas em projetos; em termos políticos, que os projetos sejam divulgados publicamente; em termos republicanos, que as promessas/projetos sejam conhecidos e pactuados pelos cidadãos; em termos governamentais, que os projetos sejam realizados e conferidos ou controlados socialmente; em termos éticos, que os governantes eleitos respondam pela coerência com seus projetos. Esse parâmetro e percurso racionalizados da política que descansa sobre a ideia da objetividade da coisa pública não encontram nos mitos políticos qualquer significado, por se tratar de um poder personalizado, instalado pela força agregadora e salvadora do líder, de quem procede a palavra verdadeira. A afirmação teológica de que em Deus a palavra e a ação não conhecem distância ou dicotomia, uma vez que a Palavra se realiza pelo simples fato de ser anunciada, tem um paralelo preciso na palavra do líder mítico: sua palavra é verdade e já contém por si mesma e em si mesma a verdade e a realização. *Discurso-verdade-realização* constituem um mesmo ato criador digno de fé que dispensa qualquer questionamento ou verificação. A palavra do líder é sempre verdade e jamais erra; por si mesma realiza o que significa. "A principal qualificação de um líder de massas é a sua infinita infalibilidade", explica Hannah Arendt (2000, p. 398). Por essa razão, será sempre inútil cobrar racionalidade de seguidores de algum mito encarnado na história. Aliás, sua palavra sequer deverá rebaixar-se aos foros políticos usuais, onde o debate e o teste de veracidade são feitos de algum modo. Esses espaços sempre eivados de falsidades não são dignos da suprema grandeza do líder. Ao analisar os totalitarismos, Hannah Arendt constatou essa lógica como inerente aos regimes:

[...] dentro da estrutura organizacional do movimento, enquanto ele permanece inteiro, os membros fanatizados são inatingíveis pela experiência e pelo argumento; a identificação com o movimento e o conformismo total parecem ter destruído a própria capacidade de sentir, mesmo que seja algo tão extremo como a tortura ou o medo da morte (2000, p. 358).

O líder todo-poderoso é verdadeiro e infalível, e sua palavra é, antes de tudo, salvadora. E fora dessa salvação certa e segura tudo é relativizado como desnecessário ou como impedimento de sua realização: os fatos, as ciências e as instituições. Por gozar de supremacia como portador da verdade, o mito encarnado é sempre um negacionista dos discursos regulares instituídos na cultura de um modo geral e nas ciências normais. Ele possui por si mesmo a chave interpretativa do passado, do presente e do futuro, distinções temporais que se fundem em uma espécie de eternidade que absorve tudo na graça totalizante oferecida no presente. Essa totalidade salvadora pode e deve reler o passado e eliminar dele aquilo que constituir contradição ou negação de sua verdade; da mesma forma, nega todas as narrativas sobre o presente que coloquem em xeque suas ofertas salvadoras: as narrativas das ciências, da ética e do ordenamento legal. O fascismo e o nazismo releram a história, a economia, a biologia e a antropologia na busca de uma nova explicação para o povo e a raça germânica. O livro supracitado de Alfred Rosenberg tornou-se a obra emblemática dessa releitura, embora não ultrapassasse o nível do senso comum arianista. Os nazistas negaram os fatos do passado e do presente, criaram novos fatos que comprovariam as teses. Mas, para além dos discursos da arena estritamente política, essa revisão da história e das ciências atingiu a própria comunidade acadêmica, configurando uma frente de intelectuais dedicados a construir as teorias sustentadoras do Terceiro Reich e de sua guerra:

> O processo de politização dos saberes deu-se em paralelo ao de sua construção. Tratava-se de um progresso lento, que não foi totalmente efetivo senão quando a Alemanha entrou em guerra. Ele levava, entretanto, os intelectuais SS a se considerarem ao mesmo tempo especialistas a serviço

da SS e teóricos que inscreviam a realidade do dogma nos avanços disciplinares. A história tornou-se uma "ciência de legitimação", até mesmo uma "ciência combatente", mobilizando a partir de 1939 o determinismo racial na justificação da guerra e na produção da imagem do inimigo (INGRAO, 2015, p. 324).

Os intentos de releitura do passado e de leituras negacionistas do presente por parte do capitão e dos bolsonaristas se inserem nessa lógica mítica que conta com amparo de fontes bíblicas e com elementos olavistas de cunho católico-esotérico. Trata-se de um sistema de crenças e não de um ceticismo que nega por razões lógicas ou de busca de coerência (SIM, 2010). Os negacionistas de ontem e de hoje negam determinadas leituras consensuais por serem profundamente crentes nos dogmas que fundamentam suas visões mais fundamentais.

d) A luta entre caos e cosmos

Os mistos historicizados encenam o fim da história por encarnarem em suas personalidades dotadas de dons extraordinários a solução verdadeira e certa para o caos. Assim se apresentaram os líderes fascistas e nazistas e os líderes autoritários de ontem e de hoje. São forças salvadoras investidas de um "cientificismo profético" (ARENDT, 2000, p. 399) que nega todas as evidências contrárias como discursos malignos produzidos pelos inimigos universais. A luta entre caos e cosmos é uma postura permanente e uma construção permanente. O líder salvador emerge em meio a um caos construído – condição de sua emergência –, mas sustenta-se na exata medida de continuidade do caos anunciado. Ele é sempre um profeta das catástrofes iminentes e nessa tragédia sempre anunciada alimenta sua personalidade e palavras salvadoras.

O ódio ao inimigo que se encontra onde houver discordância e a alguns inimigos escolhidos como protagonistas universais de todos os males, agregadores de todas as forças destrutivas, faz parte da lógica do mito que anuncia a síntese final da história por meio de sua pessoa e de sua palavra. Por essa razão, a violência e a morte são legitimadas nos discursos do líder e dos séquitos, sem escrúpulos e sem censura. A eliminação dos inimigos faz parte da cruzada para implantar a salvação, de forma que odiar os inimigos reproduz a velha teologia do ódio ao mal, do ódio ao demônio e às suas ações. A violência é a estratégia legítima para derrubar todas a forças que impedem a realização do bem, no caso do bem nacional que conduzirá todos a um patamar histórico novo e inédito. A violência torna-se uma nova cruzada que se apresenta como ação benéfica, como ação interna e necessária da implantação do reino na terra, como virtude dos possuidores da verdade e do bem maior capaz de salvar a todos. Não há qualquer imoralidade ou ilegalidade que possa deslegitimar a cruzada contra o mal, por se tratar de uma estratégia de eliminação do mal.

e)   Os mecanismos de vitimização

Por considerar-se portador de uma verdade redentora, o líder mítico se entende em uma luta que constrói vítimas de ambas as partes: da parte do mundo inimigo sempre vitimizado como inimigos a serem eliminados, como será visto à frente, e da parte dele próprio, sempre perseguido por causa da verdade de que é portador. O mundo dos inimigos está sempre na espreita por eliminá-lo como o mal que não suporta o bem. A mente do mito é quase sempre persecutória e por isso esses personagens costumam blindar-se com milícias particulares ou transformar as forças de segurança do Estado em suas forças privadas. Essa estratégia tem sido conhecida de todos nas figuras ditatoriais. O presidente do Brasil não é mais que um exemplar da espécie. Não se trata, ao que parece, de uma mente neurótica persecutória, embora possa sê-lo, mas de uma lógica inerente ao ego mitificado, sempre disposto a enfrentar o mal e, no limite, a sacrificar-se em benefício do povo (seus seguidores).

É com essa mesma chave que os líderes constroem conspirações sobre os riscos pessoais iminentes e antecipam os *scripts* armados pelos inimigos para interromper sua jornada heroica. Donald Trump antecipou "profeticamente" as armações de fraude das eleições de 2020 nos Estados Unidos, antes que houvesse qualquer evidência, e permaneceu sustentando sua tese quando os fatos comprovaram o contrário. O mesmo fez Jair Bolsonaro com as urnas eletrônicas e com os ministros inimigos do Supremo Tribunal Federal. A antecipação é, de fato, um mecanismo de defesa do fracasso iminente e previsto, de forma a sustentar o mito infalível. O líder só pode fracassar não por seus limites pessoais – que para ele não existem –, mas pela maquinação de seus inimigos. Denunciar essas maquinações, evidentemente construídas, permitem a desculpa antecipada dos seguidores e a sobrevivência do herói quando sua derrota está anunciada.

f) Os seguidores do mito

No sistema de crença que ao mesmo tempo abriga e é reproduzido pelo mito encarnado, a relação imediata, crente e militante, entre ele o os seguidores, é fundamental para a sua existência. Não há mito sem crentes. A relação de construção mútua entre líder e seguidores sustenta os propósitos salvadores dos governos mitocráticos (teocráticos). Hannah Arendt demonstrou na obra supracitada o vínculo inerente entre o líder totalitário e as massas (2000, p. 355-376). A sociedade civil organizada aprende a descrer de seus governos. Os partidos nascem e morrem precisamente por serem depurados pelo processo histórico, avaliados em suas promessas e realizações. O mesmo ocorre com os movimentos sociais que avançam e recuam não somente pela força da dinâmica da história, mas também pela luta interna de seus próprios membros. As lideranças teocráticas emergem como superação da sociedade politicamente organizada e legalmente instituída. Oferecem uma verdade capaz de solucionar os males devastadores diretamente àqueles que aderem ao projeto de salvação. A relação entre *líder-salvação-seguidores* é constitutiva dos regimes salvacionistas em alternativa à relação regular *governo-projeto-sociedade organizada*. Esse tipo de líder necessita de fiéis aderentes a sua personalidade e não de sujeitos políticos investidos de autonomia e politicamente organizados.

Embora se deva evitar transposições diretas para a realidade atual, a constatação de Arendt sobre a origem do totalitarismo europeu no século passado goza de uma atualidade impressionante para a compreensão da ascensão da ultradireita no Brasil:

A queda das paredes protetoras das classes transformou as maiorias adormecidas que existiam por trás de todos os partidos em uma grande massa desordenada e desestruturada de indivíduos furiosos que nada tinham em comum, exceto a vaga noção de que as esperanças partidárias eram vãs; que, consequentemente, os mais respeitados, eloquentes e representativos membros da comunidade eram uns néscios e que as autoridades constituídas eram não apenas perniciosas mas também obtusas e desonestas (2000, p. 365).

As diferenças conjunturais evidentes preservam, contudo, grandes semelhanças no tocante às relativizações das instituições que o governo atual exibe diariamente e nos seus vínculos diretos com as bases de apoio, organizadas/desorganizadas por meio das redes sociais. As mídias clássicas, embora explicitamente vinculadas às elites nacionais, parecem ter sido o último bastião da sociedade organizada a ser relativizado e, no caso daquelas hegemônicas, a serem negadas como parte do mundo inimigo a ser vencido na batalha escatológica em curso. O que constatava Hannah Arendt em meados do século passado, como resultado de uma duração relativamente longa, emergiu vertiginosamente no Brasil: uma massa de indivíduos furiosos sem ideais políticos comuns? O bolsonarismo catalisou na pessoa do líder as sobras de uma sociedade política ao que parece desorganizada e fora do poder dominado pelo Partido dos Trabalhadores: os representantes ressentidos de uma velha direita militar e católica tradicional, de uma elite econômica ultraliberal ansiosa por retomar o controle nacional do Estado, de uma elite religiosa evangélica excitada com as possibilidades de empoderamento por meios das bancadas evangélicas e de uma massa órfã do líder anterior execrado como centro da corrupção nacional.

Nos momentos de desagregação das esperanças, o que falta é somente a invenção de um líder salvador para instaurar um recomeço, quase construído como "utopia retrospectiva". O sociólogo Alain Touraine explica esse dinamismo como saída para as crises contemporâneas por ele denominadas como desmodernização. Essa crise da civilização moderna "faz imaginar uma volta a uma ordem global baseada em crenças religiosas" capazes de superar as fragmentações presentes. Contudo, ele observa que se trata de uma volta impossível "e aspirar a ela só leva à fusão de uma ideologia comunitária com um projeto modernizador nas mãos de um poder autoritário" (1999, p. 47). Os mitos políticos atuais praticam teocracias inseridas nas burocracias modernas e delas fazem uso nos mais diversos aspectos. Enquanto no passado a Igreja Católica fornecia o aparelho de apoio tecnológico capaz de agregar, persuadir e unificar, hoje esse aparelho é a própria máquina estatal e as tecnologias disponíveis da sociedade em rede. No entanto, como já foi exposto, trata-se de um uso de mediações modernas que visa precisamente dissolver as regras do jogo político igualmente moderno (do Estado democrático de direito) em troca de uma massa cada vez mais "despolitizada" nos termos da tradição moderna e "repolitizada" nos termos do mundo paralelo estruturado de maneira on-line.

As afinidades entre aquelas frentes supracitadas e o discurso da recomposição nacional construído sobretudo por meios das redes sociais foram configurando, na velocidade e na lógica das mesmas redes, a figura de Jair Bolsonaro, assim como de outros líderes populistas. Sem massa ansiosa de salvação não pode haver líder salvador. As massas virtuais organizadas como sociedades on-line, paralelas à sociedade presencial e com seus jogos relacionais instituídos, criam um mundo político igualmente paralelo que no rigor do termo se mostra na dicotomia permanente entre os discursos e posturas oficiais do governo e aqueles praticados por ele com os grupos de apoio virtuais. A conjuntura atual vivencia uma verdadeira esquizofrenia política que parece estar longe de qualquer síntese institucional.

Na dinâmica das redes os heróis midiático-sociais são construídos de maneira eficiente e ágil, em um processo de comunicação que primeiro oferece o produto (igual à verdade), que é acolhido, e, somente depois, pode ser filtrado (questionado, duvidado ou verificado), caso seja necessário. Assim nascem os heróis construídos pelas redes sociais: como novidades aderidas imediatamente pelos seguidores e reproduzidas pelo toque digital instantâneo. Eles são tecnicamente construídos em um espaço virtual sem controles editoriais, políticos, éticos e até mesmo jurídicos. Livres para crescer e aparecer, os heróis podem passar do completo anonimato para a vida pública, da anomia para o normativo, do fracasso à solução. A lógica da construção virtual navega e reforça a lógica da construção da liderança salvadora, em que a promessa e a realidade, a competência e a incompetência, a verdade e a falsidade são dispensadas como critério de crivagem política (PASSOS, 2019, p. 25).

2. O MITO HISTORICIZADO COMO PROBLEMA

Antes de tudo, a historicização do mito é um fato. Como já foi mencionado, os episódios se mostram em movimentos políticos no decorrer da história, persistindo nos tempos modernos. Por certo, nossas raízes judeo-cristãs oferecem a moldura geral da emergência de encarnações míticas vocacionadas a redimir a história pela força dos dons recebidos de alguma fonte ou entidade transcendente. A união entre mito e história protagoniza o encontro entre a perspectiva que busca fora da história no tempo primordial o significado e a energia benéfica de sua transformação e a que busca dentro da história a consciência da crise e a promessa de salvação. Essa fusão de perspectivas oferece sínteses que reproduzem, por meio de símbolos, aquilo que habita a alma e a cultura humana como unidade perdida a ser retomada: a pátria com sua unidade sentimental transcendente a toda diversidade, a nação como família unificada e sem conflitos, o líder paternal provedor de todas as soluções, a superação da condição provisória das estruturas históricas e o território definido que distingue o bem e o mal. Esse enredo supostamente de pura ação política não passa de encenações míticas acolhidas e aclamadas pelas massas entusiasmadas. E, por se tratar de um exercício de consciência mítica, dispensa qualquer racionalidade política que cobre projetos definidos de governo ou qualquer outra forma de controle social. São líderes míticos, com políticas míticas, que possuem eficiências por si mesmos, aos quais os seguidores se entregam como reprodutores fiéis das esperanças transformadas em ordem a ser seguida.

a) A violência do mito

Para a psicanálise esse encontro tem um significado antropológico por tratar-se de um transbordamento das forças inconscientes que assumem o comando da realidade com sua violência liberada, incontrolada e legitimada por uma conjuntura histórica de crise/solução. Essa perspectiva localiza no inconsciente a fonte incubadora das imagens míticas com suas forças, como repositório daquilo que a sociedade civilizada superou com suas estruturas e instituições voltadas para o controle dos desejos e das forças destrutivas. Portanto, a historicização do mito torna-se um fenômeno de descontrole político-institucional da violência humana, um império das regiões antissociais da psique humana e um retorno aos tempos em que a razão consciente não exercia seu controle sobre as vidas individual e coletiva (FINCHELSTEIN, 2015).

Nessa mesma perspectiva, a saga do herói sugerida por Joseph Campbell, em sua obra o *Herói de mil faces* (1997), permite localizar nos mitos políticos contemporâneos o cumprimento daquele roteiro que inclui saída-prova-retorno, o que faz do herói um vencedor certificado. O quesito da "provação" parece de fato um dado importante na legitimação das personalidades políticas mitificadas; a provação é, ao mesmo tempo, a região de onde emanam os dons extraordinários do líder, bem como a garantia de que se trata de um vencedor de todas as crises, estando, assim, habilitado a conduzir o povo para uma nova era.

b) A mitificação da realidade

Mas o mito historicizado tem significados psicológicos, sociais e históricos mais complexos que uma simples analogia entre dois mundos, o das narrativas primordiais e o da história presente com suas demandas concretas. Já vimos que um efeito do mito historicizado é concluir a história, oferecer por meio da promessa do líder uma síntese final que dispensa o discernimento e a ação humana. O Ocidente se formou em sua longa duração separando o mito da história. A duras penas, indo e vindo de suas fontes greco-romanas e judeo-cristãs, aprendeu que o mito não pode encarnar-se na história, sob pena de mitificar o que é natural/racional (legado grego) ou de idolatrar o que é relativo (legado judeo-cristão).

Os mitos políticos são personalidades crentes e seus dons e missão, sobrenaturais, o que faz com se considerem acima das crises e das rotinas históricas, transcendentes às normas reguladoras da vida política e portadores de uma verdade inquestionável. Trata-se de personalidades paradoxais, por um lado, autocentradas em suas capacidades e, por outro, vinculadas indelevelmente aos seus seguidores. Líder e grupos são participantes de um mesmo carisma salvador. Nesse sentido pode-se falar em nossos dias de bolhas míticas que alimentam, reproduzem e comunicam o projeto político como verdade e bondade. Por meio das bolhas sociovirtuais, com suas potencialidades incomensuráveis de reprodução para além dos limites de espaço e para além de critérios de verificação da verdade, o carisma salvador da nação dilata-se com seu líder e constrói uma nova maneira de ser massa que corre em paralelo com o mundo da sociedade organizada e instituída.

As neoteocracias se efetivam por meio dessas bases virtuais. O mito político encontra nesse expediente político a forma mais eficiente de se apresentar como poder sagrado investido de forças salvadoras que vinculam diretamente palavra-verdade-efeito. Desse canteiro germinador e, ao mesmo tempo, gerenciador, o mito projeta-se como governo legítimo, mundo mítico que se opõe e se impõe sobre o mundo dos instituídos, futuro antecipado que se contrapõe ao futuro calculado.

O mito historicizado mitifica a realidade. Não somente um personagem messiânico é considerado mito, mas também toda a realidade adquire essa percepção: como mundo dependente de forças sobrenaturais e que somente por meio dessas mesmas forças pode encontrar sua saída. Aquilo que acontece como jogo de interesses de indivíduos e grupos ou, em uma palavra, de classes sociais, torna-se uma realidade a ser superada pela palavra mágica do líder, dispensando o exame das relações entre causa e efeito e a ação política concreta por onde os projetos sociais e políticos são discutidos e implantados por meio de governos escolhidos pelo povo. Os mitos políticos escondem os processos históricos reais com suas promessas de solução salvadora para as crises históricas. Nesse sentido, o mito politizado é sempre uma falsa solução para as crises históricas, bem como uma dissimulação de personagens humanos de carne e osso.

Portanto, o mito político mitifica os seguidores com suas ofertas construindo uma totalidade autorreferenciada e excludente. Os de dentro pertencem ao mundo dos verdadeiros, os de fora são excluídos como opositores e inimigos que devem ser excluídos como perigo para a sociedade. Trata-se de uma totalidade que amarra em uma unidade o transcendente e imanente, a origem, o fim e o meio, o presente e o futuro. Essa totalidade dispensa as referências do mundo dos mortais comuns com suas mediações de controle regulares dos comportamentos individuais e dos processos sociais e políticos. O mundo paralelo dos verdadeiros dispensa as ideias que dele destoam como falsas, assim como as pessoas consideradas inimigas. Afinal, todos os inimigos da verdade são inimigos da nação e inimigos de Deus. Nesse sentido é que o mito historizado é portador de um maniqueísmo e de uma violência que cria teorias que apontam para inimigos (teorias da conspiração) e propõe que sejam eliminados (bodes expiatórios).

c) *Os bodes expiatórios*

As teorias da conspiração caracterizam os mitos políticos. Os judeus foram colocados precisamente como os grandes inimigos e os responsáveis pela crise alemã. A construção dessa ideia durou algumas décadas e contou com teóricos e documentos que demonstravam a evidência da afirmação. Hannah Arendt demonstrou com detalhes esse processo (2000, p. 31-143). A conspiração cria inimigos com ou sem base empírica, por meio de uma montagem lógica de demonstração de sua realidade, apelando para falsificações de documentos e informações, divulgando as informações e angariando consenso. As informações ágeis das redes sociovirtuais e, de modo emblemático, as *fake news* têm hoje um poder gigantesco em criar teorias da conspiração com técnicas de composição de discursos que fazem das informações verdades seguras. Os bodes expiatórios são os inimigos construídos pelas teorias da conspiração que devem ser eliminados. Esse mecanismo psicossocial foi explicado por René Girard no conjunto de sua obra (1990; 2002; 2004).

O conceito foi retirado do ritual de expiação do judaísmo antigo, quando um bode era utilizado como aquele que atrairia sobre si os males da sociedade. A passagem do Livro do Levítico testemunha esse ritual:

> Colocará as duas mãos sobre a cabeça do bode e confessará sobre ele todas as culpas, pecados e transgressões dos filhos de Israel. Depois de colocar tudo sobre a cabeça do bode o despachará para o deserto [...]. Assim, o bode levará sobre si todas as culpas deles para a terra da separação (16,21-22).

A psicologia presente nesse ritual ainda sobrevive em rituais religiosos e civis e, em nossos dias, é reproduzida nos linchamentos promovidos pelas mídias e, de maneira intensa, pelas redes sociais sobre determinados indivíduos ou grupos, nos linchamentos reais e nas táticas de extermínio de criminosos. A pena de morte exerce esse atrativo expiatório, assim como a busca de culpados para as desgraças coletivas com suas condenações. O incentivo ao armamento da população ecoa a mesma lógica de uma solução pela via da vingança.

A ideia de fundo dessa atitude é que, quanto mais encontrarem e condenarem os criminosos, menos crimes haverá na sociedade. O criminoso morto levaria consigo os crimes presentes na sociedade para a "terra da separação", para longe da sociedade dos bons. Matando o criminoso, matar-se-ia junto o crime; prendendo o criminoso, eliminar-se-ia o crime. Como resultado a sociedade ficaria liberta dos males encarnados pelo responsável, então localizado-criminalizado-executado. Os regimes teocráticos de ontem e as neoteocracias de hoje operam com esses mecanismos, uma vez que dividem o mundo entre amigos e inimigos e buscam eliminar os inimigos.

Nos momentos de grande crise indivíduos e povos sempre buscaram seus bodes expiatórios. No caso do ritual expiatório o bode que assumia sobre si os pecados do povo era sorteado pelo sacerdote. Ainda hoje, alguém é escolhido para assumir e pagar a culpa pelas desgraças coletivas de um povo, de preferência alguém que já carrega o potencial de ser inimigo e que o grupo aceite como tal. As políticas de ódio construídas e reproduzidas por governos e partidos no decorrer da história trilham sempre esse caminho e costumam chegar a um desfecho destrutivo para os indivíduos e grupos considerados responsáveis pelas desgraças.

d) Consciência infantil

O psicólogo Jean Piaget (1961) explica que uma marca da infantilidade é que a criança modifica a realidade em função de seus esquemas. Nessa dinâmica comportamental infantil o líder autocentrado opera seus esquemas perante a realidade, tende a projetar sobre a realidade sua visão. Os mitos políticos enxergam o mundo a partir das imagens que consideram verdadeiras, muita embora a realidade seja, muitas vezes, completamente distinta. A mitificação do líder político é circular, ocorre da parte dos seguidores e do líder como posturas que se reforçam e se afirmam. As imagens das quais se alimentam tornam-se verdades dogmáticas que dispensam os juízos críticos advindos do mundo empírico. O líder político teocrático acredita em sua personalidade superdotada de dons extraordinários; os reis antigos acreditavam na força de sua sagração e muitos deles se entendiam portadores de capacidades miraculosas; os líderes neoteocráticos assumem posturas de superioridade em relação a outras autoridades e geralmente julgam saber mais que as ciências. Por essa razão, costumam errar na dose de seus discursos e de seus desmandos sem escrúpulos e sem cálculos, acreditando estar dizendo a verdade e sendo creditado por seus seguidores como tal. Mas, além desse dado de fundo cognitivo, o autocentramento do líder mítico carrega um aspecto egolátrico: sua autoimagem narcísica exige reconhecimento, bajulação e culto constante. Não raro, a relação entre a dominação política e dominação erótica, entre autocracia e falocracia, revela-se como padrão de comportamento. Nas pegadas de Freud, Finchelstein observa que o líder fascista é, de fato, um narcisista radical, que deseja ser amado fora dos limites da lei (2015, p. 49). O fim trágico de Narciso costuma ser o desfecho final de muitos mitos políticos, por não saberem calcular a exata medida de suas capacidades.

e) A liderança carismática

Com essa tipologia Max Weber designou um tipo de dominação que se eleva com uma legitimidade própria: os dons extraordinários com os quais o líder se apresenta investido com sua decorrente oferta de salvação. Trata-se, portanto, de uma liderança que tem como base não a força do passado nem a objetividade das regras, mas a personalidade portadora dos dons salvadores inéditos e eficientes para responder às crises presentes. A legitimidade tradicional assenta-se na regularidade da transmissão da autoridade que tem sua última raiz em eras remotas, fonte de santidade. A legitimidade racional-legal firma-se na norma instituída que estrutura as instituições modernas, de modo emblemático o Estado. A liderança carismática é personalizada, não é executada por meio de regras estabelecidas, mas por meio daquilo que o personagem pode oferecer para aquele momento histórico. O personagem carismático tem uma origem mágica; considera-se "em possessão de forças sobrenaturais ou sobre-humanas", ou menos, explica Weber, como possuidor de dons extracotidianos que "outros não possuem" (193). O líder carismático é um enviado de Deus e é assim visto por seus dominados carismáticos, seus adeptos.

A validade do carisma não advém, evidentemente, de uma explicação racional sobre as qualidades efetivas do líder. É inútil, nesse sentido, cobrar coerência racional de um líder carismático; ele se define precisamente como dominação "especificamente irracional no sentido de sua estranheza a toda regra" (195). Esse tipo de poder mítico nasce e se alimenta da entrega à revelação, da reverência pelo herói e da confiança no chefe (194). São posturas crentes e não racionais; posturas que não necessitam de um fundamento propriamente causal, mas que se sustentam no dever dos seguidores em aderir por vocação – por entrega, aposta, adesão – ao que oferece o líder. Weber explica que psicologicamente essa adesão é "plenamente pessoal ou cheia de fé" que nasce de três posturas: do entusiasmo, da indigência e da esperança (194). Embora essas posturas não sejam explicadas, elas, de fato, parecem designar o comportamento dos seguidores dos heróis políticos de ontem e de hoje. A indigência revelada pelo líder como condição precária em que se encontra o grupo é uma construção concomitante à oferta de esperança. Consciência da crise e oferta de solução constituem os dois lados de uma mesma conjuntura administrada pelo chefe carismático. O entusiasmo define a adesão dos séquitos, acolhedores das forças carismáticas – mágicas, miraculosas, messiânicas – que decorrem da personalidade poderosa.

Weber explica ainda como uma dominação carismática compõe o seu governo. A regra é, evidentemente, a adesão ao carisma e à pessoa do chefe e não a competência. Forma-se um governo de participantes do carisma e de fiéis seguidores. A competência ocupa um segundo plano ou é até mesmo dispensada como critérios. Weber chega a afirmar que o quadro administrativo carismático não é sequer uma burocracia, no sentido de uma estrutura instituída por regras e funções objetivas. Os reverendos que ocupam cargos nesses governos indicam precisamente esse critério de adesão de fé, antes da competência: "[...] ao profeta correspondem os discípulos, ao príncipe da guerra os 'séquitos', ao 'chefe, em geral, os 'homens de confiança'" (194). O critério do "terrivelmente evangélico" cumpre com exatidão essa percepção de administração governamental. O adjetivo "terrivelmente", revestido de entusiasmo, poderia ser igualmente aplicado pelas outras frentes: terrivelmente militar, terrivelmente olavista, terrivelmente miliciano, terrivelmente ideológico etc. Em todos os casos, a escolha de quadros administrativos passa por critérios não racionais ou de competência, mas de adesão ideológica a um propósito de mudança escatológica da realidade. Nesse sentido, parece natural que os ministros se posicionem regularmente mais como servidores das decisões do mandatário do que como administradores de uma pasta focada em problemas concretos e regida por regras objetivas. Max Weber usa o raciocínio demonstrando que no governo carismático o critério da comunhão no carisma dispensa todas as regras regulares de composição de uma burocracia governamental: competência, jurisdição, magistratura, hierarquia autônoma. O governo gira em torno do chefe e é executado como uma missão que dispensa as regras regulares de funcionamento da coisa pública.

Explica Weber:

O "reconhecimento" puramente fático, mais ativo ou mais passivo, de sua missão pessoal pelos dominados, nos quais se apoia o poder do chefe carismático, tem sua origem na fiel consagração ao extraordinário e inaudito, estranho a toda norma e tradição e, com isto, em virtude de proceder da indigência e do entusiasmo, ao estimado como divino. Por isso a dominação autenticamente carismática não reconhece princípios e regulamentos abstratos, não admite nenhuma jurisdição "formal". Seu direito "objetivo" é o resultado concreto da vivência pessoal da graça celestial e da heroica força divina (1997, p. 851).

Ainda que se trate de uma descrição em termos puros, a passagem explicita algo de fundamental no mito historicizado: sua obediência pessoal à origem transcendente do poder – em Deus e no líder – e a dispensa das normas regulares dos governos rotineiros. Estado de direito, direitos instituídos e Estado laico não constituem nem tradição nem regra suprema a ser obedecida.

3. A RESISTÊNCIA DOS MITOS POLÍTICOS

A política sacralizada chega a uma síntese final que confronta o bem e o mal na saga e nas promessas do líder. A história pregressa mostra os itinerários desses personagens/promessas/governos. O ciclo emergência-decadência, que é próprio de todos os movimentos históricos, tem uma dinâmica própria nesses modelos políticos. O mito pode sobreviver sem o líder na forma da promessa identificada com a verdade realizável por si mesma, embora perca progressivamente seu poder agregador. Evidentemente, ele pode renascer em datas futuras, por meio de novos movimentos e novas lideranças, retorno do que não foi efetivado. A possibilidade de retorno dos mitos está diretamente ligada à sua ligação mais ou menos direta aos seus chefes. Movimentos muito identificados aos fundadores tendem a desaparecer juntamente com ele; movimentos mais autônomos, mais estruturados em torno de uma causa e com traduções e projetos políticos, tendem a retornar de algum modo no futuro.

A sobrevivência histórica dos mitos de viés carismático está sempre por um fio, precisamente por seu vínculo direto com o portador do carisma. Por essa razão, Weber afirma que "a autoridade carismática é por natureza especificamente instável" (1997, p. 850). O líder fica exposto à necessidade de operar milagres, de fazer acontecer suas promessas, o que no processo histórico pode rotinizar o seu carisma e provocar por essa razão o descrédito dos séquitos. Falando a seus seguidores, Jair Messias expressou de modo emblemático esse vínculo de sua pessoa com suas promessas e com seu destino quando disse que naquela conjuntura (em 28 agosto de 2021) lhe restavam três alternativas futuras: ser preso, morrer ou vencer a próxima eleição. A possibilidade de perder a eleição não se inscrevia em sua perspectiva, apenas vencer ou ser impedido de executar sua missão.

O destino de um mito historicizado pode assumir alguns rumos, diretamente relacionados ao destino de seu portador: a) a "desencarnação do mito" por meio de uma morte heroica ou de seu desaparecimento histórico. O mito lusitano do retorno de Dom Sebastião sobreviveu por séculos no império português. A afirmação de que Hitler estaria vivo em algum país da América do Sul persistiu por algumas décadas. A afirmação de que "Elvis Presley não morreu" foi repetida por seus fãs. Uma morte heroica pode igualmente perpetuar a imagem do líder por uma longa temporalidade. O caso de Evita Perón é bastante emblemático. Seu corpo mumificado tornou-se uma entidade viva que causava pânico na ditadura militar e conheceu uma saga trágico-cômica, até ser finalmente sepultado como solução para concluir sua morte; b) a rotinização do carisma é o percurso inevitável das lideranças míticas. O portador dos dons especiais tem data de vencimento como todo mortal e desde o momento de decadência física e, evidentemente com sua morte, o destino do mito está sob risco e dependerá, segundo explica Weber, da capacidade ou da estratégia de sucessão, nem sempre bem-sucedida. Após o desgaste ou morte de um mito político, a continuidade de suas promessas fica nas mãos dos seguidores que podem ou não reanimar o carisma e propor uma continuidade, fica ainda nas mãos do quadro administrativo que poderá buscar um sucessor. Weber (1997, p. 197-

203) enumera as seguintes saídas possíveis de continuidade do carisma ou do mito político: a) busca de um novo líder que demonstre qualidades semelhantes ao anterior; b) por revelação (sorteio, oráculo, juízo de Deus); c) por designação de um sucessor feita por uma autoridade reconhecida pelo grupo; d) por indicação de um líder por parte do corpo administrativo; e) pela indicação do "carisma de sangue", entendendo ser o carisma transmitido pela força da hereditariedade; f) pela via litúrgica que entende ser o carisma transmitido por um ato de consagração. Fora dessas vias o carisma morre com seu portador original. Mitos políticos contemporâneos buscaram formas de sucessão, caso da sucessão familiar no peronismo, da sucessão partidária na antiga União Soviética ou em Cuba. A maioria, porém, encerra sua jornada mítica com a jornada física, ainda que em longas vidas, ou morre com a estratégia do *jus esperniandi*, como no caso de Donald Trump e, por certo, de Messias Bolsonaro.

Vale ressaltar que Max Weber não conheceu a força mistificadora das mídias que produzem figuras mágicas, heróis e messias capazes de salvar a pátria da ruína final. As comunicações, hoje em uma luta titânica entre as mídias clássicas e as redes sociais, detêm uma capacidade de destruição/construção política que cada vez mais ultrapassa os meios tradicionais de construção de personagens políticos. O mito historicizado paga o preço de sua historicização e se desgasta como todos os mortais, ainda que sobreviva como uma ideia reincidente no decorrer do tempo.

O desgaste inevitável para os líderes míticos atuais está contido nas próprias promessas políticas ("falsas profecias", diria o Ministro Fux), inviáveis de serem cumpridas na quase totalidade, seja pela força determinante do mercado mundial que assassina sem clemência todo governo que signifique empecilho à sua livre e plena operação, seja pelas regras legais instituídas como os ordenamentos jurídicos, que impedem a execução das promessas disruptivas. Antes e acima das promessas de restauração messiânica, estão o mercado financeiro com suas operações mundializadas e as regras do jogo democráticas que ainda persistem como consenso no mundo ocidental. As neoteocracias, com suas expressões autoritárias, habitam um lugar inóspito a seus ímpetos messiânicos, que, para serem, de fato, executados, necessitariam de regimes ditatórios sem ponderações. E, para o séquito entusiasmado, toda promessa não cumprida significa frustração imediata e busca de um líder mais poderoso. Os emparedamentos econômicos e políticos sofridos pelo capitão Jair Messias, após suas promessas apocalípticas de 7 de setembro de 2021, são o exemplo claro desses desgastes inerentes a toda proposta extremista.

4. O LUGAR DO MITO

O mito é um dado histórico-cultural. Ele faz parte das construções culturais do *homo sapiens*, construção de maior duração na escalada da espécie pensante. As culturas arcaicas e as civilizações antigas operaram com o pensamento mítico como forma de explicar as causas e os efeitos, estruturar o mundo, separar o bem e o mal, fundamentar as normas sociais e proceder às intervenções na natureza e na história por meio dos ritos.

Contudo, para além das sociedades antigas, o mito se mostra como modo de representar, interpretar e intervir na realidade no decorrer da história, após a invenção das formas racionais, filosóficas e científicas de entender o mundo, o ser humano e a história. O mito se encontra de modo explícito em narrativas religiosas (em textos sagrados e nas tradições) e, muitas vezes, em outras expressões culturais: nos heróis modernos das artes, os ídolos artísticos e super-heróis cinematográficos, e nos mitos políticos que emergem de tempos em tempos. A psicologia ensina, desde Freud, que o mito expressa os dinamismos da alma humana: oferecem com seus símbolos personagens e enredos, elementos que permitem compreender como funciona a *psiqué* humana e, portanto, os comportamentos individual e social dos seres humanos.

Qual seria a função do mito no mundo moderno, regido efetivamente pela racionalidade científica e política? De modo sumário, pode-se dizer que é preciso deixar o mito ser mito e não historicizá-lo, sob pena de mitificar a realidade, ou seja, transformar as coisas explicáveis em coisas não explicáveis, as coisas naturais em coisas sobrenaturais, as coisas racionais em coisas mágicas e, enfim, o mundo humano em mundo divinizado. Como já foi mencionado, a mistura mito e história já foi superada no decorrer da história ocidental, com muita reflexão e com muita revolução. Essa superação tem um significado secularizador, um longo parto do tempo histórico autônomo realizado por razões filosóficas e científicas (que ensinam que a relação causa-efeito tem um significado e uma explicação imanentes) e por razões teológicas (a transcendência absoluta do divino que não se reduz à história e não aceita ser identificado com um personagem histórico). Para a consciência racional, o mito historicizado é falsificação da realidade, para a consciência teológica, é idolatria.

Os mitos são referências simbólicas para entender a realidade e a não realidade. Não se pode transformar o mito em história nem em ciência, sob pena de se cometer inversões e dizer o que a realidade não é. O mito de Adão e Eva é um modelo exemplar para a vida e a convivência humana e não uma narrativa científica e histórica, assim como Narciso, Édipo ou a Pacha Mama. Transformar a metáfora em realidade empírica, histórica ou científica é negar a natureza simbólica e seu potencial hermenêutico universal e condená-la ao ridículo no palco do conhecimento racional e ao trágico no palco da política. Quem se apresenta como encarnação de um mito – no sentido real ou metafórico – coloca-se acima de tudo e de todos, como portador de superpoderes e com legitimidade para decidir, dominar e separar os bons dos maus. O mito pretensamente encarnado esgota em um personagem o potencial universal da metáfora mítica e se torna o dono de narrativas e poderes que, desde então, tornam-se sinônimo de verdade eterna e inquestionável. O mito é somente espelho e não a realidade.

Capítulo VII

Mito político e consciência fanática

A relação entre fanatismo e mito político ficou insinuada senão explicitada com outros termos utilizados nas reflexões anteriores. O mito historicizado pelo qual se instalam as neoteocracias ocorre como um fenômeno coletivo que inclui construção de crises, de massas amedrontadas e de promessas de solução imediata e definitiva. O líder possuidor de dons extraordinários doados por Deus ou por alguma força transcendente é sempre líder de um grupo que o constrói e, ao mesmo tempo, é por ele construído. Em termos weberianos, o carisma é um dom coletivo que um líder encarna em sua pessoa e que o grupo de seguidores encarna em suas indigências, entusiasmo e esperanças. O contágio mítico constrói o líder e seus seguidores. Não há mito político sem adesão crente a suas promessas infalíveis. Nesse sentido, a consciência teocrática atual apresenta traços de fanatismo. A adesão de seguidores fiéis a um líder/promessa infalíveis, sinônimo de verdade e de bondade que dispensam a verificação da coerência ou viabilidade, caracteriza esse tipo de percepção da realidade. Se nos regimes teocráticos do passado poder-se-ia falar sobretudo em consciências ingênuas, uma vez que se tratava de indivíduos integrados em um sistema de cristandade, agora nessas expressões neoteocráticas operam consciências fanáticas. Transpondo as categorias de Humberto Eco para o campo político (1976), pode-se dizer que os adeptos desses governos são mais apocalípticos que integrados, na medida em que se agregam a uma promessa emergente e disruptiva em relação às regras do jogo político institucionalizado. Os seguidores do mito político compõem de alguma forma um grupo autorreferenciado que se alimenta de suas próprias verdades em oposição ao resto do mundo. Portanto, consciência fanática representa um tipo de comportamento em que o padrão coletivo (consciência coletiva) se sobrepõe de forma determinante sobre a consciência individual.

As qualificações *fanático* ou *fanatismo* são categorias analíticas valorativas, tanto quanto outras utilizadas pelas ciências sociais, como as de intolerância, alienação, manipulação, mitificação etc. Falar em consciência fanática significa, portanto, constatar um tipo de comportamento político, no caso um comportamento político neoteocrático, que expressa traços específicos de um modo de ver e de se posicionar no mundo, mediante a promessa de um líder extraordinário. O fanatismo é, por definição, uma postura político-religiosa. O fanático religioso assume uma postura política de isolamento do resto do mundo e busca os meios de agir como portador de verdade absoluta. O fanático político vive de uma determinada crença religiosa centrada em um tipo de verdade revelada a ser seguida.

A consciência fanática que aqui será descrita de modo tipificado é encarada como um tipo de consciência que nega valores fundamentais das sociedades modernas estruturadas sobre as bases antropológicas do indivíduo consciente, autônomo e ativo, ou seja, na postura e na noção de sujeito (TOURAINE, 1999, p. 68-152), princípio, caminho e meta das sociedades democráticas, assim como dos processos de formação da cidadania por meio da aquisição de parâmetros científicos e éticos de interpretação da realidade. Nesse sentido, trata-se da consciência antitética à consciência crítica, precisamente por negar a necessidade das ciências como parâmetro de interpretação do mundo e da história, a liberdade de expressão, a legítima pluralidade social, política e cultural, os direitos iguais de todos os cidadãos, a necessidade das instituições democráticas e burocráticas do Estado de direito. A consciência fanática é, ao mesmo tempo, a expressão e a condição da irrupção do fim da história ou da síntese final oferecida pelo líder investido de forças sobrenaturais e destinadas a salvar a nação da grande ruína.

1. A CONSCIÊNCIA FANÁTICA

A noção de consciência possui diferentes significados. O ponto comum das definições é, certamente, aquilo que distingue o ser humano dos demais animais; daí poder significar capacidade de cognição, região do aparelho psíquico, estado de vigília, parâmetro de julgamento, autorreflexão, ou centro integrador da personalidade (DORTIER, 2010, p. 89-92). O eixo comum dessas noções pode ser o de consciência como vida interior, ou seja, capacidade de interiorizar o mundo e, ao mesmo tempo, exteriorizar (BERGER, 1985, p. 16-26) ou manifestar-se a partir de imagens, ideias e valores. A capacidade de distinguir-se do mundo, de autoprocessamento e de comunicação, faz do ser humano um animal diferenciado dos outros animais. Nesse sentido, o ser humano possui consciência ou é capaz de consciência. A capacidade de saber das coisas, indissociável do saber de si mesmo, caracteriza as duas direções fundamentais da consciência humana. A primeira implica a capacidade de representar as coisas na interioridade por meio de imagens, ideias e valores. A segunda diz respeito à "capacidade de se reconhecer e de se sentir como um ser que tem uma identidade, um nome, uma história, projetos e razões de viver" (DORTIER, 2010, p. 90).

A consciência humana se expressa, portanto, como um modo próprio de ver o mundo e de ver a si mesmo, o que significa que, não obstante a característica fundamental de ser capaz de interiorizar e exteriorizar, a consciência pode diferenciar-se em cada indivíduo em função das capacidades e dos modos de representar e de manifestar-se no seu ambiente. É possível caracterizar, portanto, distintos níveis e habilidades do ser consciente, a começar do mais ou do menos consciente. Em outros termos, a consciência humana é capacidade humana, é potência de autoprocessamento e não um aparelho estável de representação e de ação que iguala a todos. Exercer a consciência é capacidade que pressupõe aprendizagem. O processo de interiorização/exteriorização constrói a realidade de diferentes modos, com maior ou menor coerência. A consciência pode operar com fantasias e com realidade, com mecanismos falsificadores ou com critérios de verificação, com falsidades e com verdades. Nesse sentido, os estudiosos distinguem tipos de consciência de um modo meramente adjetivado (consciência infantil, consciência social, consciência religiosa, consciência moral etc.) ou de um modo valorativo: falsa consciência, consciência alienada, inconsciência, consciência ingênua etc.

Não parece haver dúvidas de que é sempre necessário verificar, para além de uma estrutura psíquica humana capaz de autoprocessamento, a capacidade de exercer essa habilidade que se mostra sempre diferente em função da fase da vida (consciência adulta ou infantil), em função das opções valorativas (consciência moral, amoral ou imoral), em função da posição social e política (consciência social e política), ou, ainda, em função da maior ou menor capacidade de representar a realidade com coerência (consciência ingênua ou crítica). A consciência fanática se insere nessas duas últimas posições, sendo entendida, assim, como um modo de representar a realidade a partir de determinados valores, de compreensão de si mesmo e de atuação no mundo.

O conceito de consciência fanática pode ser rebatido como equívoco por razões aparentes. Tratar-se-ia de contrassenso entre ser consciente e ser fanático. O fanático seria precisamente caracterizado por uma ausência de consciência, por um jeito de ser marcado por uma alienação no mundo. Como foi exposto, a consciência se mostra sempre como um jeito concreto de representar e de ser no mundo que pode variar de direções e práticas. Ser fanático significa um jeito de representar a realidade e de se portar nela. A noção pode ser vista como uma das expressões do que Durkheim denominou consciência coletiva: "O conjunto das crenças e dos sentimentos comuns à média dos membros de uma mesma sociedade forma um sistema determinado que tem vida própria; podemos chamá-lo de consciência coletiva ou comum" (2010).

O comportamento fanático é, primordialmente, reprodutivista, ou seja, reproduz o padrão coletivo do grupo de pertença como seguidor fiel do líder, como será detalhado logo abaixo. Cada fanático só pode ser assim definido precisamente por ser um exato exemplar da consciência grupal que o determina.

O termo fanatismo (*fanaticus*, do latim) tem uma raiz curiosa que vale a pena ser retomada. O *fanaticus* é o possuidor do fogo divino, de uma capacidade religiosa distinta dos demais. O *Dicionário Latino* de Francisco Torrinha define o termo como "pertencente ao templo, inspirado, cheio de entusiasmo, delirante, furioso, louco, supersticioso, fanático". Essas variações apontam para um estado alterado de consciência em que o indivíduo se encontra sob o comando de forças externas. Nesse sentido, o fanático é sempre uma consciência possuída. Etimologicamente o adjetivo advém de *Fanum* (templo), indicando já na sua raiz uma postura religiosa. A palavra é da mesma família de *Pro-fanum* (fora do templo) e explica igualmente a abreviação moderna que resultou no termo *Fã*. A raiz religiosa, embora tenha sido soterrada, na medida em que o termo passou a designar uma postura geral, marcadamente apaixonada e militante nas várias dimensões da vida (política, religiosa, esportiva etc.), preserva um sentido original de uma pessoa possuída por uma força externa que a envolve e conduz de modo determinante. No uso atual, já não se trata nem de uma inspiração religiosa ou de um simples entusiasmado, mas de uma pessoa de zelo excessivo por uma ideia ou uma causa, de postura sectária e intolerante, de adesão cega a uma doutrina, como define o *Dicionário Aurélio* (1999, p. 877).

A partir dessas premissas, uma consciência fanática pode ser entendida como modo apaixonado e militante de pensar e agir em função de uma causa assumida como verdade absoluta, da qual decorre um posicionamento social sectário e intolerante aos que são diferentes.

A consciência fanática é formada socialmente, como qualquer outro direcionamento da consciência humana. Resulta de processos de interação social – interiorização e exteriorização – em determinado grupo e com métodos de ensinamento e aprendizagem. As neoteocracias agregam consciências fanatizadas em seus propósitos, uma vez que nenhum mito político nasce por geração espontânea ou decisão arbitrária de um alpinista político. Sem entusiasmo e entrega apaixonada ao líder e sem consenso grupal não há líder político. O dom da salvação oferecido pelo líder político é gerado na comunhão de ideais, de afinidades e convicções que vão sendo construídas em determinadas conjunturas políticas. A consciência dos seguidores de um mito político será sempre arrebatada pela promessa do mesmo e pela força supostamente extraordinária de que é portador.

Do ponto de vista sociológico a consciência fanática situa-se como posicionamento sociocultural conflitivo que se define como oposição ao seu entorno, expressão das tendências hegemônicas de um determinado regime econômico, político ou religioso. O fanático representa um tipo de personalidade que recusa a autonomia individual como primeira instância de autoprocessamento, a regra social da cooperação como ação comum da sociedade global em busca de fins comuns, a acomodação do conflito dentro das regras sociais, assim como a assimilação social que dissolve o grupo particular no conjunto da sociedade. A consciência fanática se alimenta do conflito, ao afirmar-se como pertença a um grupo de resistência que se opõe ao resto do mundo e busca os meios de eliminá-lo simbólica, política ou, até mesmo, fisicamente (DIAS, 2010, p. 110-115). Nessa lógica sectária, o conflito com o mundo externo é a força que agrega emocional e socialmente o grupo e a traduz a oposição aos outros em posturas de fobias (xenofobias, homofobias, aporofobias etc.), em intolerância, litígios, sabotagens, atentados e, até, em guerras. Em todos os casos, a consciência fanática sustenta o comportamento grupal/individual como possuidor de uma verdade absoluta e inegociável a ser imposta ao resto do mundo.

Paulo Freire explica de modo lapidar o funcionamento da consciência fanática:

> [...] consciência fanática implica uma preponderância de irracionalidade. A possibilidade de diálogo se suprime ou diminui intensamente e o homem fica vencido e dominado sem sabê-lo, ainda que se possa crer livre. Teme a liberdade, mesmo que fale dela. Seu gosto agora é o das fórmulas gerais, das prescrições, que ele segue como se fossem opções suas. É um conduzido. Não se conduz a si mesmo. Perde a direção do amor. Prejudica seu poder criador. É objeto e não sujeito (1967, p. 62).

2. Traços da consciência fanática

Os traços da consciência fanática são descrições tipificadas que não fotografam as consciências concretas tais quais se encontram em seus lugares sociais e políticos, sempre limitadas e particularizadas e sempre susceptíveis de incorporar e expressar nada mais que aspectos dos traços gerais. Trata-se de uma construção metodológica que visa descrever as características observáveis nos comportamentos concretos, elevadas a tipificações (abstrações) e que permitem por esse vínculo empírico retornar à realidade concreta e compreendê-la em seu funcionamento e em seus mecanismos tendenciais. Como todo recurso tipológico, tem função analítica e metodológica e não de encaixar a realidade na exata dimensão dos conceitos, feito cama de Procusto. Nessa perspectiva, os traços da consciência fanática podem facilitar a compreensão das mesmas em suas particularidades, nas quais as características de crentes, segregadas, gregárias, heterônomas, reprodutivistas, servis e militantes podem ser observadas, embora sempre em extensões e graus distintos. A sequência dos traços não significa necessariamente uma hierarquia do mais ao menos fundamental, apenas uma descrição didática do que na prática opera sempre de modo concomitante e, evidentemente, sem qualquer ordem.

a) Crença

O fanático é antes de tudo um crente. A convicção de que o líder político e as promessas por ele oferecidas são verdades absolutas que falam por si mesmas, nas quais já não existe a distinção entre discurso--realização. A palavra do líder já é antecipação da realidade que promete e dispensa verificação de sua veracidade e efetividade. A adesão crente insere-se em um sistema único em que se encontram os seguidores e o próprio líder, acontece em uma dinâmica crente que tem como último fundamento, senão imediato, uma fonte transcendente composta de divindades e de verdades reveladas que garantem a eficácia da promessa. Se a postura racional exige verificação dos discursos, a postura crente exige confiança no testemunho do líder. A consciência fanática insere-se e expressa uma pertença a um sistema de crença que se ambienta ao que Sim (2010) entendeu como tendência cultural atual e denominou "império da crença". O regime da crença conecta, portanto, *revelação--líder-promessa*, dimensões que se retroalimentam, à medida que o movimento político entra em ação. As formas mais ou menos religiosas de operação da crença podem variar, assim como os nomes dados à revelação, ao líder e à promessa. No caso das neoteocracias, as possibilidades podem se diversificar em função dos governos específicos:

1º) Quanto à revelação: a verdade testemunhada e crida tem uma fonte transcendente – um dom sobrenatural ou extracotidiano, explica Weber – que se mostra como verdade por si mesma e pode configurar-se como divindades antigas ou refeitas, como forças extranaturais que se impõem como imperativas, como encarnação das religiões hegemônicas, no caso com elementos teológicos explícitos (o poder de Deus, nos governos atuais). Em todos os casos pode-se perceber uma metafísica sobrenaturalista que fornece as referências para os crentes adeptos das promessas. Ainda que os seguidores fiéis não assimilem de modo consciente e coerente esse regime metafísico como uma totalidade teórica, é ele que possibilita a agregação dos adeptos, precisamente por constituir-se em um sistema tão transcendente quanto abstrato, tão heteróclito quanto concreto. Trata-se de uma representação religiosa normativa que agrega e direciona os crentes em seus conteúdos de salvação, ainda que esses não estejam estruturados em um corpo doutrinal coerente. As revelações das neoteocracias operam não mais com um regime uníssono e articulado como nos tempos da cristandade, mas em uma dinâmica moderna de composições híbridas próprias das sociedades modernas plurais.

2º) Quanto ao líder: ele encarna a verdade transcendente em sua pessoa/palavra. A palavra anunciada e repetida é ao mesmo tempo geradora e gerada pelo líder, uma vez que procede de uma fonte transcendente de onde ambos procedem. O líder, como já foi exposto, historiciza o mito, ou seja, opera uma teofania que arrebata seguidores como pai capaz de proteger os fragilizados, como pai casado com a mãe pátria, casal primordial que gera o novo e supera a velha ordem caótica. Crer na revelação política é inseparavelmente crer no líder. Como já foi exposto, o líder não erra; está postado acima do bem e do mal, nem mesmo suas afirmações e ordens mais disruptivas com as ordens moral e política causam espanto ou indignação; ao contrário, soam como verdades necessárias. A escolha entre o feijão (idiotas) e o fuzil (libertação da escravidão), proposta por Bolsonaro, não causou sequer o constrangimento ou o silêncio de seu séquito. Uma atriz conhecida que se abrigou em seu governo havia dito que ele diz "coisas da boca pra fora", outra adepta afirmou com tranquilidade que esse é "seu jeitão de ser". O líder é fundamentalmente verdadeiro e suas palavras, mesmo que imorais e criminosas, são naturalizadas e seus atos são legitimados como necessários. Trata-se sempre da ordem enfrentando o caos, dualismo radical que justifica toda e qualquer ação.

3º) Quanto à promessa: trata-se da oferta de salvação que advém da fonte revelada e que por si mesma se mostra eficaz. A crença na promessa é a mística que move os seguidores, a possibilidade de solução aderida como dogma. A promessa anunciada e retomada a cada crise do governo que inevitavelmente se rotiniza alimenta as esperanças dos seguidores. É a base do entusiasmo dos seguidores que na medida da consolidação do líder mítico já se encontra cada vez mais identificada com a imagem do mesmo. A presença do líder desperta o entusiasmo de tal forma que basta uma frase pronunciada para que a fidelidade se manifeste na euforia dos seguidores. A presença torna-se reveladora da promessa, encarnação viva do que promete e excitadora da esperança, ainda que se trate de uma esperança sem formas concretas. Afinal, o futuro pertence a Deus e o líder é um condutor desse projeto que não necessita de maior clareza ou de estratégias governamentais precisas. A presença pura e simples de membros religiosos no poder constitui a garantia da realização das promessas.

De fato, a promessa de salvação não pode ser traduzida em projeto de governo concreto; seria exigir uma postura racional de uma dinâmica mítica. Para a dinâmica mítica, contam mais os gestos e os rituais simbólicos que exibem o líder para que alimente a promessa de solução. O líder que encarna o mito da salvação da história é sempre teofania que, mediante gestos e rituais de força, demonstra seu potencial salvador, de forma que, qualquer estratégia de racionalidade política que nele se aplique, constitui perigo de dissolução de seu poder, demitização de suas forças pessoais. Quando Dalila possibilitou o corte do cabelo de Sansão – fez o teste racional de sua eficácia –, ele perdeu sua força, Deus o abandonou (Jz 16). Nenhum líder mítico aceita o teste da racionalização, da verificação de suas forças. Ao contrário, sua pessoa é a encarnação da promessa que se renova a cada aparição. A pose exibida de herói e de guerreiro é mais eficaz que a de estadista, o discurso repetido da salvação é mais eficaz que a gestão política de um projeto de governo.

b) Alienação

A postura crente acontece não somente pela adesão a um fundamento transcendente concretizado no líder/promessa, mas na vivência de um mundo imaginário que eles representam. Os crentes na promessa acreditam em uma solução iminente oferecida pelo mito político: uma utopia retrospectiva que promete um retorno garantido ao paraíso. O paraíso deixa de ser um território habitado somente pela saudade ou pela esperança escatológica, como ocorre na consciência religiosa ou mesmo na consciência secularizada banhada pelo realismo histórico, e torna-se uma realidade atual, prestes a ser instaurada. O fanático está sempre às portas do paraíso religioso, social e político – sempre religioso-político –, do qual acredita ser um membro escolhido e um profeta anunciador.

A alienação do fanático vai além da postura desvendada por Karl Marx, que a compreende como alheamento do trabalhador em relação ao produto de seu trabalho (BOTTOMORE, 2015, p. 6-12) e, por conseguinte, como postura marcada por aspectos econômicos, políticos e ontológicos que expressam a ruptura do ser humano com a realidade (MÉSZÁROS, 2006, p. 113-172). Trata-se de uma alienação mais próxima do conceito psiquiátrico de uma pessoa que acredita viver em outro mundo completamente alheio ao mundo real. O fascismo acreditava no projeto de afirmação dos nacionalismos como superação da crise que se abatera sobre a Europa e, de modo particular, sobre a Alemanha. Como já foi exposto, os integralistas acreditavam e acreditam em um regime político-religioso capaz de superar todas as contradições e instaurar uma nação unificada religiosa, política, cultural e religiosamente. O lema *Deus, pátria, família* sintetizava esta proposta. No dia 7 de setembro de 2021, o presidente anunciou suas decisões de ruptura com o regime democrático para o dia seguinte em Brasília, e foi aclamado pela multidão de seguidores que a cada "profecia" anunciada gritava "aprovamos!". Mas, no dia seguinte, a festa do paraíso bolsonarista – sem lei, sem democracia, sem oposição e sem crise – terminou para todos que voltaram à rotina da crise econômica e, sobretudo, para o presidente, que retornou à rotina governamental e foi obrigado a desculpar-se perante a nação dentro dos termos e dos rituais da ordem legal-estatal.

A consciência fanática acredita no mundo projetado por suas crenças, ainda que seja uma fantasia imediatamente identificada por consciências minimamente lúcidas. Assim se comportaram os milenaristas com suas promessas de retorno do Messias com data marcada, os nazistas em relação à promessa do império de mil anos do Terceiro Reich e com as promessas de um governo de ruptura de Messias Bolsonaro nos atos pró-golpe de 7 de setembro. Manuel Castells definiu essas excitações político-messiânicas como "paraísos comunais" contemporâneos (2001, p. 16ss). A crença no líder absoluto, portador de uma verdade absoluta, dispensa, por conseguinte, qualquer critério de verificação da racionalidade das promessas de salvação nacional.

c) *Segregação*

A consciência fanática é por definição segregada. Ela significa precisamente um comportamento que separa os crentes de determinadas promessas políticas dos não crentes, entre grupo de eleitos que participam da verdade e os equivocados. Os paraísos comunais são sempre construídos como imagem contraste da crise que domina o resto do mundo. Evidentemente a postura segregatória varia segundo as formas de organização social do grupo de seguidores do mito político: pode expressar-se de forma destilada em grupos fanáticos do Estado islâmico, em movimentos religiosos que distinguem os salvos e os condenados, ou de forma mais camuflada em apoiadores de regimes ditatoriais mais ou menos organizados, em determinadas tribos urbanas e, hoje em dia, em grupos organizados nas redes virtuais. O fanático se autocompreende sempre em oposição aos demais. É quando o islâmico se entende em oposição às potências ocidentais, e os ocidentais cristãos em oposição a eles, os nazistas em oposição aos judeus, os estadunidenses em oposição aos migrantes latinos, os brancos em oposição aos negros, os *QAnon* em oposição ao resto do mundo, os bolsonaristas em oposição aos esquerdistas, e assim por diante. O mecanismo segregador opera, portanto, como oposição que significa ao mesmo tempo uma identidade e uma distinção permanentemente construída (CASTELLS, 2001).

A oposição fanática se mostra como: a) oposição social, uma vez que o grupo detém a verdade, postura que reproduz a lógica autocentrada da tribo, como se verá a seguir; b) oposição moral que separa os verdadeiros dos falsos, os bons dos maus; c) oposição política que separa os amigos dos inimigos, os bons dos perigosos e, por fim, como d) oposição cósmica que distingue o caos iminente da salvação imediata.

A construção da distinção é construção permanente do inimigo, figura crida como ameaçadora, porém sempre muito além da realidade e, em muitos casos, produzida pela pura fantasia. O fanático vive mais de fantasia do que de realidade, e a construção do inimigo é emblemática dessa postura. É necessário não somente sustentar a ameaça iminente dos inimigos ou de um inimigo escolhido como encarnação visível do mal, mas também a construção de narrativas que amplificam sempre mais os poderes inimigos, por meio de discursos que se apresentam como evidentes ou cientificamente verdadeiros. As teorias da conspiração constituem o recurso mais comum para essa estratégia. A diferença entre as lendas antigas ou modernas que localizam os inimigos em um mundo sobrenatural e adotam estratégias rituais para vencê-los ou eliminá-los e as lendas conspiratórias atuais, é que estas últimas constroem narrativas fantasiosas, porém relacionadas a sujeitos históricos concretos. Sujeitos individuais ou coletivos são elevados ao status diabólico de origem de todos os males e passam a ser discriminados, isolados ou expurgados por meios violentos. As fobias aos diferentes fabricam números, constroem dados e fundamentos pretensamente científicos para demarcar o território inimigo com seus sujeitos perigosos. A fobia aos imigrantes na Europa atual narra essa tragédia social anunciada que ameaça os empregos, a segurança e a identidade europeia (BLAY, 2019, p. 15-30). O inimigo apresentado com nome e endereço, uma vez construído, torna-se perigoso e sofre as consequências físicas da discriminação. Já não há necessidade se ser, de fato, um inimigo real, uma vez construído como tal. O passo seguinte à identificação do inimigo é sua eliminação, conforme prescreve as regras do mecanismo do bode expiatório, explicado por René Girard. Matar o inimigo universal significa psicossocialmente a purificação universal de todos os males (GIRARD, 2004).

O fanático vê o outro como perigoso e ameaçador e termina por justificar sua eliminação como legítima por ser necessária para salvar o grupo e salvar a pátria. No Ocidente o comunismo e os comunistas têm encarnado o inimigo universal. Hoje os imigrantes do Oriente são os grandes inimigos que ameaçam a Europa. No Brasil, os inimigos comunistas que justificaram o golpe e a ditadura militar estão de volta, concretizados pelas esquerdas, pela China, pela Venezuela, pelo petismo e por todos os que afirmam posturas de justiça e de direitos iguais. A entidade comunista concretiza-se no chamado "marxismo cultural" onipresente nas ciências, nas intelectualidades e nas artes, encarnadas por agentes de esquerda, como Paulo Freire, CNBB, Movimento Indígena, Pe. Júlio Lancelotti, Papa Francisco, Zumbi dos Palmares, Joaquim Nabuco, Greta Thunberg e quem mais fizer qualquer discurso social. O inimigo está em toda parte e em lugar nenhum. O fundamental é: delimitar sua identidade, demonstrar sua periculosidade e expurgar sua presença da sociedade.

d) Sectarismo

A construção de uma identidade em oposição às demais acontece concomitante à dinâmica de autorreferencialidade. A consciência fanática é gregária, ela se entende em um grupo de iguais, em uma massa reduzida de membros que se associam em sentimentos, valores e ideais comuns na forma de grupos identitários isolados. A massificação grupal na dinâmica social de tribo, que se entende como *axis mundi*, é o lugar que gera, alimenta e direciona a consciência fanática. Nas sociedades tribais, cada grupo se entende como centro do mundo, lugar desde onde tudo procede e tudo acontece. Cada tribo é o próprio mundo, semelhante ao que se processa na consciência infantil egocêntrica. Vale para o grupo sectário a regra "eu sou o mundo" e, por conseguinte, "sou o cidadão" e "sou o direito", em oposição a todos os que não têm direito por encarnar o erro e o perigo. Por essa razão, o que está fora da tribo está fora do mundo e pode ser, de fato, identificado com o caos e entendido como perigo a ser legitimamente eliminado. O espírito sectário nega o comum universal que foi construído pelos séculos afora, seja pelas grandes tradições religiosas, na era denominada por Karl Jasper "era axial" (ARMSTRONG, 2008), seja nos tempos modernos com a filosofia, a ética, a política e a lei dos direitos humanos universais. A consciência fanática é autocentrada e sempre localizada em um *grupo--causa* que confere aos membros uma identidade coletiva que se impõe acima das identidades individuais. Nesse sentido, pode se constatar, de fato, analogias com os instintos gregários, em que cada representante da espécie reproduz exatamente o que é a espécie.

Na lógica tribal, sectária e etnocêntrica o mundo bom e legítimo é o grupo de pertença. O universal se expressa no grupo com suas narrativas de verdade, com suas normas de conduta e com seus direitos autocentrados. Por essa razão, o grupo costuma distinguir-se do resto do mundo por meio de marcas identitárias corporais e rituais e, de modo regular, por meio de marcas ideológicas. Os grupos religiosos criam suas regras identitárias distintivas presentes nas roupas e, muitas vezes, em incisões corporais. A uniformização costuma ser regra exigida, seja no sentido físico ou estético, seja no sentido da disciplina a ser cumprida. Esses traços identitários igualitários visam ocultar as individualidades na identidade grupal, em muitos casos a ponto de anulá-las por completo. Os grupos islâmicos fundamentalistas escondem as individualidades femininas por baixo da burca, os hábitos de determinadas ordens tradicionais escondem seus membros na mesma roupa, os camisas verdes do movimento integralista uniformizavam seus membros. Evidentemente, a uniformidade estética é apenas uma expressão da uniformidade mais profunda das ideias, onde a interiorização da regra coletiva atinge sua máxima dominação. A introjeção da causa e da norma grupal por mecanismos de doutrinação cria o comportamento grupal e institui o controle do grupo sobre seus membros. Essa mesma lógica pode ser verificada de alguma forma e em alguma proporção em grupos de fãs de clubes de futebol ou de determinada tribo urbana.

A consciência fanática é uma qualidade coletiva que faz do indivíduo um representante fiel do grupo, cuja qualidade valorizada é precisamente sua capacidade de ser igual ao grupo, um crente fiel de credos comuns, testemunho visível de uma identidade padrão e agente reprodutor da coletividade anterior, superior e posterior a qualquer autonomia individual.

As formas de construção das identidades grupais tribais podem acontecer à maneira clássica, por meio de mecanismos de agregação, visualização e controles identitários, marcadamente presenciais e corporais, ou, em nossos dias, por meio de mecanismos virtuais dentro das possibilidades associativas on-line. A sociedade atual vive por meio das redes sociais processos novos e eficientes de construção de novas tribos ou seitas, normalmente designadas bolhas sociais (FERRARI, 2018). Os mecanismos dessas bolhas constroem relações sociais virtualizadas que reproduzem com grande eficiência aquelas antigas identidades grupais autocentradas em seus mundos. A regra de que o mundo é o grupo e, ao mesmo tempo, de que o indivíduo é o grupo acontece de forma mais extensa (sem limites de espaço), mais individualizada (com cada indivíduo conectado), mais desvinculada (pela distância e o anonimato), mais livre (sem controles sociais e legais dos comportamentos), mais ágeis (onde o vínculo se faz e se desfaz em um toque digital), porém com grande eficiência gregária. Os grupos digitais se identificam em uma solução social que negocia a extrema individualidade (cada qual isolado, anônimo e protegido em seu mundo pessoal) com a forte coesão social construída pela regra da homofilia: a lei do igual que vai sendo vivenciada como sentimento instantâneo de pertença comum e que se reproduz por meio de verdades que dispensam a verificação.

e) *Heteronomia*

A consciência fanática é heterônima. A norma da consciência vem de fora dela. O centro das decisões de cada individualidade está, portanto, localizado em um centro decisório outro que pode ser o da vontade do líder, o de um poder coletivo ou o de um centro de comando transcendente desconhecido, porém atuante, como ocorre regularmente com as bolhas virtuais. Nesse sentido, tanto em sua expressão individual quanto coletiva, significa um modo de sentir, pensar e valorar que dispensa o discernimento que nasce da autonomia (da norma própria de cada consciência). Os indivíduos interiorizam e reproduzem normas de uma objetividade instituída, fonte de sentido, verdade e bondade que garante a coerência e a correção das decisões e ações de cada membro do grupo. O mundo histórico dos homens e mulheres comuns carece de consistência e veracidade, de forma que da fonte que sustenta o grupo é que procede a verdade a ser cumprida por cada qual com a máxima fidelidade e, em muitos casos, com fidelidade à letra sagrada. O fundamentalismo é a regra metodológica da consciência heterônoma, seja aquele da pretensa literalidade, seja aquele que fixa em algum tempo e espaço a origem suprema e única da verdade, como no caso do tradicionalismo. Assim explica J. B. Libanio:

> Em uma palavra, a realidade humana não tem verdadeira consistência e valor por ela mesma. Deriva-se da realidade transcendente e se refere continuamente a ela, à busca de sentido, valor, bem, verdade. Tal transcendente pode ser compreendido, seja dentro de uma visão de fé cristã, como Deus, seja dentro de uma visão religiosa ou mágica, como seres e espíritos superiores. Em ambos os casos, interessa ver o mesmo esquema mental de atribuir a uma realidade transcendente [...] o papel dos verdadeiros atores na natureza e no mundo dos homens (1978, p. 41).

A consciência fanática é por definição hospedeira, como diria Paulo Freire. Ela hospeda em si as imagens das promessas e do próprio líder como norma direcionadora das escolhas, decisões e ações. O entusiasmo por ser fiel e obedecer indica precisamente o que o termo carrega em sua etimologia grega *enthousiasmos*, que significa "ter um deus interior" ou "estar possuído por Deus". O fanático é possuído por aquilo que vem de uma verdade considerada absoluta e que lhe resta somente interiorizar, assimilar, repetir e praticar. Não há fanático sem entusiasmo por aquilo que ele acredita possuir e transmitir. É do entusiasmo que nasce a liderança carismática, como já foi visto na explicação weberiana.

A consciência autônoma rege-se pelo discernimento da realidade; ela interioriza verdades, porém em uma dialética entre a objetividade ética e a subjetividade moral, entre norma e decisão. É dessa relação tensa permanente que se eleva a própria moralidade dos atos humanos. A consciência considerada como a última instância de julgamento e decisão, desde a ética clássica, sempre deu à autonomia individual um lugar constitutivo no ato moral. Perante o legalismo dos cristãos judaizantes, Paulo afirmava a necessidade da convicção no momento de decidir. Dizia que "tudo o que não provém da convicção é pecado" (Rm 14,22). O oposto da consciência fanática é a consciência relativista amoral, que tem como imperativo o próprio eu com suas necessidades e seus desejos. A consciência crítica forma-se no exercício do discernimento que coloca individualidade e objetividade em permanente interação, reservando a cada sujeito a tarefa de acolher o que recebe como regra e interiorizar o que considera bom.

Para a consciência fanática somente o que é instituído pela autoridade externa pode ser bom. É da autoridade crida como verdadeira e boa que advém o que deve ser assimilado sem críticas como norma de vida. E desobedecer à norma constitui o grande erro; a traição à verdade é a traição à própria autoridade de onde brota a norma. Por essa razão, a autocensura faz parte do comportamento fanático, assim como a censura permanente dos pares. A consciência crítica é autocrítica e avaliativa, enquanto a fanática é regida pelo medo de errar e pelo remorso da desobediência. Só resta obedecer e reproduzir a norma adotada como dogma.

f) Reprodutivismo

A consciência fanática reproduz o que recebe como verdade nos termos da execução de uma ordem a ser cumprida, sob pena de traição ao grupo, à causa e ao líder. A reprodução é regra moral, hábito e método de trabalho da consciência fanatizada. No microcosmo social a que se encontra identificado como membro fiel, a ação possível é sempre de reprodução e não de criação. A fidelidade atua reproduzindo a crença, jamais a interpretando com alguma mediação externa ou que possa reler os seus dogmas. Nesse sentido, a atividade militante do membro não pode ser mais que uma ilusão de exercício da autonomia; na verdade, cada membro é transmissor engajado do que constitui, por assim dizer, a tradição do grupo. O ato de transmitir o que recebe de alguma autoridade consiste em fazer ecoar (catequese) aquilo que não pode ser alterado, por existir desde sempre como verdade revelada ao grupo/indivíduo. A ação possível de cada membro é sempre repetir aquilo que está estabelecido como doutrina e que se apresenta como verdade e solução dos problemas do mundo e como modo de crer e viver corretos do grupo.

Para a consciência fanática, o reprodutivismo não constitui um modo deformado de atuação política e pedagógica, mas o jeito natural de atuar, uma vez que conservar a verdade em sua formulação fixa exige repeti-la de modo fiel pelos meios mais eficientes. Nesse aspecto, a consciência fanática é sempre fundamentalista ou tradicionalista. Entende que a doutrina defendida pelo grupo não pode ser alterada, uma vez que expressa uma verdade absoluta avalizada por critérios revelados, seja de uma fonte escrita de origem divina ou de origem miraculosa, seja de uma fonte que coincide com o próprio líder político, também mediador de uma revelação. Para o fundamentalismo a verdade a ser ecoada nasce de um texto sagrado, último fundamento explicativo de todas as coisas que se sobrepõe a qualquer outra narrativa de uma outra fonte sagrada diferente ou de uma fonte científica. O conceito de cânon – instrumento de medir, regra – se mostra importante para esse exercício, tanto na sua acepção própria de textos sagrados, como por analogia a outros textos fundantes de conteúdo político, por exemplo. O cânon oferece o critério fixo de leitura da realidade e dele se deve retirar o que for necessário para transmitir a verdade. O tradicionalista é tão fixista quanto o fundamentalista por entender que a verdade está escrita em doutrinas imutáveis que devem ser repetidas sem alteração. A diferença é que pensa com parâmetros doutrinais construídos em um determinado momento da história: tradições da ortodoxia oriental ou da era tridentina, no caso do Ocidente.

Por ser reprodutivista, o fanático é um temeroso do desvio doutrinal ou da heresia, princípio que se traduz em autovigilância, em vigilância interna do grupo e em condenação dos que se encontram foram grupo. Para ele, toda renovação é sempre suspeita quando não sinônima de erro, mesmo que não seja conhecida em sua formulação. A doutrina ou a teoria diferentes não precisam ser, de fato, conhecidas para serem rejeitadas; são erradas por discordarem do pensamento oficial do sistema de crença a que pertence. Trata-se de um mundo fixo, repetido de modo exato e, por conseguinte, preservado por meio de cada indivíduo que integra o grupo.

E uma vez que se entende possuidor da verdade, dispensa o diálogo como caminho de relacionamento religioso, cultural ou político. O fanático busca os caminhos políticos de afirmar e expandir seu grupo por meio de negociações estratégicas com o inimigo, jamais de diálogo efetivo com o universo do outro. Não são raros os grupos fanáticos demonstrarem esse comportamento nas relações com os poderes com a finalidade de ganhar espaços na sociedade ou, no caso católico, dentro da própria Igreja. Por essa razão, a esquizofrenia entre o discurso público oficial e o discurso interno se mostra bastante regular: assim se comportaram os grupos tradicionalistas católicos com o Papa Bento XVI buscando a legitimidade dentro da Igreja, assim se comportam os grupos islâmicos nas relações internacionais e os líderes teocráticos atuais dentro da ordem democrática. Os fanáticos podem adaptar-se fisiologicamente em determinados contextos para sobreviverem ou ganharem espaços, mas não estão dispostos a fazer concessões de suas causas e doutrinas.

O reprodutivismo ganhou hoje uma dinâmica nova e de grande eficiência nas redes virtuais. Se, nos casos tradicionais, a dinâmica da reprodução estava diretamente relacionada à uma verdade aderida e repetida como expressão de uma revelação ou de um dogma recebido do passado, agora, trata-se de repetir as últimas verdades reveladas por alguma inteligência revestida de autoridade, de um personagem mitificado ou de uma fonte anônima, porém confiante pelo simples fato de produzir determinada informação. A reprodução não é mais de algo recebido de um passado santo, mas de uma informação presente e instantânea, uma espécie de profecia quase sempre desveladora do mal e anunciadora de um mundo novo possível a ser implantado. O próprio grupo virtual compõe uma bolha social que é, ao mesmo tempo, uma bolha cognitiva que reproduz (produz) verdades que são repetidas como ato missionário que confirma a crença do grupo e expande a mensagem reveladora. A palavra que circula no grupo é sempre uma boa-nova e se apresenta como verdade por circular em um grupo verdadeiro. Uma causa verdadeira, de um grupo verdadeiro só pode gerar notícias verdadeiras. Membros de determinados grupos políticos virtuais operam com essa lógica reprodutiva fanática tanto quanto aquelas tradicionais, embora por meio de uma comunhão de anônimos que posiciona o grupo em uma zona politicamente ambígua: por um lado, como uma espécie de sociedade secreta onipresente e onidistante e, por outro, como um grupo público de grande alcance comunicacional. Nessa fronteira socialmente indefinida, o fanatismo virtual encontra espaço de germinação e divulgação sem precisar de espaços, de normas e de estéticas identitárias sectárias.

A engenharia tecnológica subjacente às bolhas de verdade possibilita a execução das informações por meio de um simples clique. A verdade espalhada com os dedos dispensa o discernimento crítico e leva o mecanismo da reprodução da notícia ao seu ponto máximo e, por conseguinte, confirma a postura fanática que dispensa a verificação dos fatos e o exame lógico das formulações. A engenharia do caos, de que fala Giuliano Da Empoli (2020), é sinônimo de engenharia do fanatismo. O fenômeno das *fake news* é a expressão mais coerente e eficiente dessa consciência crente e militante que opera de modo autorreferenciado e fora das regras de verificação da verdade. Se, nos reprodutivismos clássicos dos grupos fundamentalistas e tradicionalistas, a verdade vinha de uma fonte e se mostrava em uma formulação definida como doutrina e norma, agora, no mecanismo do clique das *fake news*, a verdade busca ser inédita, oferecer a última revelação sobre a crise nacional, sobre a vida dos inimigos, sobre os perigos de dissolução final da sociedade, sobre os equívocos das ciências etc. No reprodutivismo *fake* a verdade pode ser mentira e a mentira pode ser verdade, uma vez que a existência da informação constitui por si mesma um dado verdadeiro, por proceder do grupo, circular no grupo e confirmar o grupo. O entusiasmo homofílico dispensa a verificação da verdade da mensagem recebida, uma vez que o grupo é instituído precisamente como uma comunidade de verdade. O hábito e a regra da pós-verdade (SANTAELLA, 2019) têm sido o meio novo de reproduzir dos fanáticos dos grupos virtuais.

g) Servilidade

Possuída por um entusiasmo (divindade interiorizada), a consciência dominada transita da indigência (do medo do caos) à esperança (oferta de salvação), entregando-se por completo a quem acredita ser capaz de compensá-la agora e no futuro imediato. À que interioriza a promessa salvadora e seu autor, cada indivíduo torna-se a imagem e semelhança do mesmo, seu repetidor fiel e epicentro reprodutor de suas promessas. Onde estiver o fanático estarão presentes a promessa e o próprio líder que os encarna simbolicamente. A militância fanática é a extensão da militância do líder, uma vez que ele comanda os sentimentos do seguidor com suas verdades. De fato, todo Messias existe com messiânicos. Nesse sentido, por mais desviante que possa parecer, é coerente que na lógica da consciência fanática não haja lugar para a autocrítica e para a crítica política das causas que defende. Essa atitude significaria, no fundo, uma negação de si mesmo e exigiria uma completa conversão que se mostraria possível somente mediante uma crise que se sobrepusesse de forma destruidora às promessas interiorizadas e ao próprio líder. Enquanto o mito encarnado pelo líder permanecer vivo com suas promessas, o seguidor será um membro fiel e disposto a servir a causa crida e interiorizada.

No fanático o entusiasmo se sobrepõe ao discernimento. Se essa postura nasce sempre da interação entre a norma instituída e a convicção-decisão pessoal, a entusiasmada dispensa a si mesma do esforço de pensar, de decidir e, até, mesmo de transgredir. O entusiasmado situa-se em uma zona de conforto que evita o risco do erro e da escolha e se agarra às seguranças da promessa interiorizada em forma de lei. A identificação *promessa-verdade-norma* que foi interiorizada constitui a pré-noção segura que dispensa qualquer objetividade antiga ou nova que exija adaptação dos esquemas mentais (LIBANIO, 1985, p. 23-26). Ao aprisionar em sua alma as causas verdadeiras a serem reproduzidas, o fanático torna-se ironicamente prisioneiro das mesmas e abre mão de sua liberdade.

Salvas todas as diferenças contextuais, os traços da chamada "servidão voluntária" detectados por La Boétie no século XVI no regime político francês (1982) podem ser localizados na militância fanática, na medida em que permite a dominação de um único líder mítico-político, que delega a ele a autoridade de emitir a verdade, que reproduz sua verdade coletivamente em um consenso entusiasta que dispensa a crítica, que introjeta a dominação que vem de fora e de cima e a reproduz no desejo de dominar os outros, que negocia a liberdade de questionar e decidir em troca de uma oferta de prosperidade e salvação, que aceita suprimir as liberdades em troca de um regime tirano provedor de segurança e felicidade. A consciência fanática, fazendo jus às origens do termo (*fanaticus*), é uma consciência possuída por forças ou por um comando externo que a domina e direciona. O comando do líder mítico nas neoteocracias acontece precisamente como introjeção de sua imagem redentora em cada apoiador. Somente habitando a alma de seus séquitos, o líder pode dominar como personagem infalível e onipotente.

Cada consciência fanática costuma, de fato, agir em uma postura paradoxal que sacrifica a si mesma para salvar a si mesma, que se deixa dominar como meio de obter uma redenção final e que escolhe a promessa em vez da realidade. O entusiasmo que interioriza o mito da salvação traz um dominador para dentro de casa e se entrega a seu serviço em detrimento da liberdade. Interrogava La Boétie: "Pois, em verdade, o que é aproximar-se do tirano senão se distanciar da liberdade e, por assim dizer, abraçar e apertar com as duas mãos a servidão?" (1982, p. 101). As posturas teocráticas de ontem e de hoje serão sempre antagônicas à liberdade, uma vez que o líder habita a alma do fiel seguidor e a comanda por dentro.

A servidão voluntária tem seus modos de se executar nas bolhas políticas atuais que permitem a vivência de um mundo duplo, em que a servidão oculta e virtual fica isenta de críticas e controles. É por dentro da rotina normal e da institucionalidade que os militantes fanáticos agem, reproduzindo suas verdades, e se entregam à autoridade do líder e de suas palavras, em detrimento do bom senso e de qualquer critério de verificação da verdade. O militante fanático age no regime da servidão à autoridade que foi habitando sua alma a aí permanece instalado no hábito regular de entrar, curtir e reproduzir as mensagens (verdades) em seus grupos virtuais. A frequência permanente aos grupos de pertença política e a facilidade da repetição automática por meio do toque digital confirmam tecnologicamente a predisposição da consciência dominada em reproduzir a mensagem recebida. Boétie já constatava que "A primeira razão da servidão voluntária é o hábito" (1982, p. 88). O hábito é o principal naturalizador da dominação. Nesse sentido, o fanatismo midiatizado é uma postura que vai sendo construída na consciência na medida da frequência às redes sociais, que vão se tornando a única instância de informação, e o grupo de pertença a única instância legítima de acesso à verdade. Nessa nova "jaula de aço" (WEBER, 1996, p. 139; LÖWY, 2014), os entusiasmados políticos podem estar condenados à prisão perpétua.

h) Militância

A consciência fanática é sempre militante. O fanatismo realiza sua missão como ação e não como cálculo racional. Cada membro fiel seguidor da causa/líder se autocompreende como membro portador de uma revelação, da qual é um divulgador permanente, seja pelo seu jeito de ser (pelas formas diversas como cada grupo desenha sua identidade), seja pelo jeito de agir (pelas estratégias estabelecidas pelo grupo). A militância fanática se dá a partir de algumas características originais que a distingue do que se pode entender como ação do sujeito moderno, entendido como possuidor de autonomia. O fanático é um repetidor ativo e não um ator criativo. A primeira característica é que se trata de uma ação padronizada, de forma que cada indivíduo repete individualmente aquilo que faz a coletividade. A ação individual é igual à ação de todos. A segunda é que a ação se referencia pela fidelidade ao padrão, de forma que cada um deve reproduzir a fórmula e o gesto estabelecido. A adesão passiva ao padrão sem questionamento, como uma espécie de obediência cega, caracteriza o comportamento fanático. A doutrina se apresenta como máxima ou imperativo a ser crido e reproduzido por cada membro. A regra estruturante do comportamento fanático trilha uma sequência invariável, assim composta: *doutrina-máximas--ordem-ação-reprodução*. A verdade é executada nessa sequência que não conhece interrupções ou possíveis intervenções críticas. Não há debates, consensos ou controles sociais instituídos, como na práxis das sociedades modernas baseadas em consensos e em parâmetros críticos. Como ação que tem sua origem e seu controle unicamente de uma fonte reveladora transcendente, não cabe nesse percurso nem após a ação consumada qualquer questionamento; a ação será sempre verdadeira pelo simples fato de repetir uma verdade. Nesse sentido, a consciência fanática se comporta de modo refratário aos mecanismos de crítica e de controle da sociedade e busca as formas de driblar os ordenamentos de controle legal, político e social para poder implantar sua verdade. As estratégias do mandatário maior e de seus seguidores antidemocráticos expressam de modo emblemático esse comportamento. As regras de controle social, político e ético são afrontas às verdades defendidas e reproduzidas por ele e sua base fiel e, por essa razão, podem e devem ser desbancadas como expressão dos inimigos da nação.

    A consciência fanática busca os meios de se impor sobre o resto da sociedade por estratégias que podem ir da simples identidade estética "fora do padrão" até a guerra, a depender do grupo e dos contextos.

Em todos os casos, não há fanático passivo nem disposto ao diálogo ou a ser assimilado socialmente com suas causas. Pode haver fanático contido, jamais disposto a negociar com aqueles ou aquilo que julgam precisamente como equívoco a ser evitado e eliminado. O espírito beligerante habita a alma fanática como humor, como precaução perante os inimigos e, no limite, como estratégia de eliminação dos mesmos. Nesse sentido, o fanatismo cultiva e expressa uma violência interna ávida por mudar a realidade por meio do expurgo simbólico ou físico dos inimigos.

A noção moderna de sujeito ativo (ator social) não cabe na ação da consciência fanática, embora ela possa ser definida como atividade permanente. O que distingue o sujeito do indivíduo é sua consciência e autonomia para agir na sociedade de forma organizada e associada (TOURAINE, 1999, p. 94-98). Ao contrário, cada indivíduo é assimilado de tal forma pelo padrão moral do grupo que parece ceder ao direito de pensar, de decidir e agir segundo seus próprios princípios e convicções, embora se experimente como indivíduo atuante no grupo de pertença isolado e em conflito com a sociedade mais ampla. Por essa razão, a ação fanática brota de uma crença e reproduz fórmulas e estratégias que dispensam o cálculo da coerência e da eficácia; tanto quanto a crença, a ação é carregada de força mágica que a torna eficaz por si mesma, redentora por si mesma à imagem e semelhança do que faz o líder. É a pura e simples atualização da promessa do líder, redentora por si mesma. Repetir o comando do líder é dar forma a uma ordem por si mesma verdadeira e boa, de forma que o fundamental é agir antes de planejar ou calcular a razoabilidade da ação. Por essa razão, a ação militante fanática exige que não se façam avaliações prévias nem posteriores a sua execução. É nada mais que a expressão de uma regra necessária a ser cumprida e que não pode ser transgredida. A única avaliação possível será feita como arrependimento de não ter agido nem sequer se ação produziu o efeito desejado. Nessa lógica é que se enquadram tanto as ações extremistas com seus alvos inesperados quanto os toques digitais que reproduzem sem qualquer ponderação as mensagens de *fake news*. Mais importante que verificar o conteúdo da mensagem é reproduzi-la imediatamente. Agir é preciso, porém pensar, calcular e avaliar não são necessários. A ação militante da consciência fanática é sempre salvadora, convicção de onde nasce o imperativo: agir sempre em conformidade com a verdade emanada da fonte revelada encarnada por um líder, de tal modo que em cada ação fiel se atualize essa verdade.

3. Os processos do fanatismo

A consciência fanática habita entre nós em tempos de pós-verdade praticada pelas *fake news* e dos regimes de ultradireita. O apoio a esses regimes revela de modo dramático, senão catastrófico, as concessões de indivíduos, grupos, igrejas, partidos, militares, mídias convencionais e grupos financeiros a valores que a sociedade moderna julgava essenciais e basilares da vida social. Hoje já não seria correto identificar o fanatismo somente com os grupos militantes socialmente visíveis e politicamente organizados, como o caso dos neonazistas, dos grupos tradicionalistas católicos, dos *QAnon* ou do Estado Islâmico. Embora esses grupos cresçam pelo mundo afora, o fanatismo dos militantes de ultradireita, com suas afinidades religiosas fundamentalistas e tradicionalistas, tem ocupado novos espaços e agido por meio de novas estratégias. As redes virtuais oferecem o território (desterritorializado) mais anônimo, ágil e legítimo, onde ser fanático se torna mais legítimo. Um tipo de banalização do fanatismo? Nova forma de banalizar o mal? Espaço de liberação das violências inconscientes, sem os controles sociais regulares? Possibilidade de excitar o desejo de satisfação hiperindividualista? Expressão das debilidades morais presentes na sociedade? Ensaios da natureza egoísta possibilitados pelas tecnologias da sociedade em redes? Por certo, um pouco de tudo isso operando por meio de uma nova maneira de os humanos se relacionarem conectando o individual, o local e global em redes potentes de comunicação e com possibilidades inéditas de reprodução de informações. Os territórios e os processos identitários não são mais os mesmos e os fanatismos se dissolvem por dentro das sociedades estruturadas com resultados políticos já visíveis, porém ainda imprevisíveis em seu exato alcance e em seu fôlego histórico.

Alguns pontos a serem destacados nesse novo processo: a) a sociedade das redes, com suas possibilidades de comunicação e associatividade, criou e cria permanentemente as condições de expressão livre das opiniões individuais, sem necessidade de filtros ou controles sociais; b) a cultura de consumo hiperindividualista oferece o estímulo e a regra de vida que afirma cada vez mais o eu desejoso de satisfação que desconsidera o outro como valor fundamental; c) o anonimato das redes libera a agregação homofílica de indivíduos isolados em suas máquinas interconectadas; d) os grupos virtuais recriam as regras da transmissão – tradição – com suas verdades endógenas que se tornam máximas a serem aderidas e repetidas; e) o entusiasmo com as possibilidades quase infinitas de informação mitifica as informações imediatamente traduzidas em verdade que dispensa verificação; f) a relação indireta, disfarçada ou oculta entre cada indivíduo conectado, cada bolha social (política e cognitiva), e os interesses de grupos econômico-políticos de ultradireita com suas engenharias algorítmicas configuram bases de apoios de governos dessa mesma natureza nos quadrantes do planeta; g) a militância político-comunicacional das bolhas rompe com os valores e os controles institucionais tradicionais da sociedade democrática, das igrejas e da sociedade organizada; h) as bolhas políticas vinculam-se a propósito de governos que prometem solução para as crises econômicas e políticas que avançam pelo planeta; i) por meio das redes digitais, a relação direta do líder-base cria mecanismos de legitimação que se firmam como coesão interna do grupo (homofílico), como sociedade paralela (às regras da sociedade democrática) e como negação de toda oposição considerada inimiga a ser odiada e eliminada; j) o mundo micropolítico das bolhas conectam ao macropolítico (frentes-governos de ultradireita) cada indivíduo com suas tecnologias individualizadas e potentes; k) esse mundo conectado – universal-local-individual – funciona como mundo paralelo onde cada indivíduo integrado torna-se um militante reprodutor das verdades e das ações a elas correspondentes; l) a consciência sectária ou fanática se forma como um jeito de ser de cada qual e dos grupos, onde as indiferenças entre a verdade e a mentira, a competência e a incompetência, o ético e o antiético se escondem no reprodutivismo executado com os dedos nos toques digitais.

O fanatismo assim produzido e expandido já não corre os riscos imediatos dos controles social, político e jurídico. Cada grupo, com sua verdade, é autorreferencial, autossuficiente e autocontrolado. As possibilidades de conexão social e política são versáteis e ágeis e seriam inocentes se não fossem inseridas em uma conexão maior capaz de comandar as redes por meio de engenharias aptas a direcionarem as opiniões e os comportamentos (EMPOLI, 2020). Nesse mundo paralelo e em franca busca de espaço no mundo dos consensos e das instituições, as consciências fanáticas agem e se tornam cidadãs legítimas. O fato é que desses celeiros *on-line* legitimadores vazam para o mundo *off-line*, onde a vida política é decidida: influenciam nas eleições estadunidenses e brasileiras, influenciam na decisão do *brexit*, organizam movimentos contra a democracia e contra o STF, influenciam nas leituras negacionistas sobre a pandemia e assim por diante. Trata-se de um mundo politicamente ativo e disruptivo que luta por impor-se sobre o mundo das instituições consensuadas a partir de fundamentos éticos, de ordenamentos legais e de mecanismos de controle social.

> Se o algoritmo das redes sociais é programado para oferecer ao usuário qualquer conteúdo capaz de atraí-lo com maior frequência e por mais tempo à plataforma, o algoritmo dos engenheiros do caos os força a sustentar não importa que posição razoável ou absurda, realista ou intergaláctica, desde que ela intercepte as aspirações e os medos – principalmente os medos – dos eleitores (EMPOLI, 2020, p. 20).

Portanto, já não se trata de um comportamento fanático com nome e endereço certo, sobre o qual pesam imediatamente os mecanismos de controle do estado de direito, mas de uma barbárie (des)organizada que nega a civilização e de uma força política quase sempre anônima que produz efeitos devastadores nas decisões políticas do mundo que há séculos luta para construir uma civilização razoável e justa. As observações críticas do Papa Francisco são elucidativas desse quadro que vai sendo produzido:

Mas a história dá sinais de regressão. Reacendem-se conflitos anacrônicos que se consideravam superados, ressurgem nacionalismos fechados, exacerbados, ressentidos e agressivos. Em vários países, uma certa noção de unidade do povo e da nação, penetrada por diferentes ideologias, cria novas formas de egoísmo e de perda do sentido social mascaradas por uma suposta defesa dos interesses nacionais. Isto lembra-nos que "cada geração deve fazer suas as lutas e as conquistas das gerações anteriores e levá-las a metas ainda mais altas. É o caminho. O bem, como aliás o amor, a justiça e a solidariedade não se alcançam duma vez para sempre; hão de ser conquistados cada dia. Não é possível contentar-se com o que já se obteve no passado nem instalar-se a gozá-lo como se esta situação nos levasse a ignorar que muitos dos nossos irmãos ainda sofrem situações de injustiça que nos interpelam a todos" (*Fratelli tutti*, 11).

Nesse novo território a consciência fanática não usa hábito ou farda nem busca lugar-comum de abrigo definido, mas se espalha como postura autocentrada em grupos compostos pela regra da homofilia, mostram-se presentes em todos os lugares virtuais possíveis e em nenhum lugar físico específico e dessa espécie de supramundo emergem na esfera pública em movimentos políticos de viés autoritário. A identidade fanática se faz no conectar-se virtualmente sem desvincular-se de um grupo social de referência: são católicos fanáticos que permanecem vinculados à Igreja, são políticos fanáticos filiados aos partidos, governos fanáticos instalados nas estruturas do Estado democrático, indivíduos fanáticos atuantes dentro de famílias democráticas etc. Trata-se de comunas transversais que operam por dentro da sociedade institucionalizada, porém com causas que rompem com as bases da mesma e, cada vez mais, compõem um *front* que avança no espaço público e destrói sem alternativas o que se encontra estabelecido. Sólidos flutuantes na liquidez do *on-line* que se aglutinam em ações decisivas que impactam os rumos da vida política e os próprios fundamentos da civilização. As ambivalências tornam-se cada vez mais regulares e vão naturalizando-se nas posturas assumidas de grupos, de políticos, de governantes, de clérigos e de movimentos onde as velhas fronteiras se diluem e perdem suas funções de distinguir e separar o certo do errado, o seguro do arriscado, a civilização da barbárie. A ação dos fanáticos expõe constantemente o relativismo entre: o público e o privado, o legal e o ilegal, o tradicional e o novo, o democrático e o autoritário, o moral e o imoral, o laico e o teocrático e o falso e o verdadeiro. Será o fim da norma do paraíso e do juízo final?

Considerações finais

*É rei de Israel:
desça agora da cruz,
e acreditaremos nele.
(Mt 27,42)*

As neoteocracias encenam as antigas performances políticas dos líderes que governam no lugar de Deus. A novidade não está no tipo de governo, sempre fundamentado em uma ordem transcendente e absoluta, mas no tipo de divindade e no tipo de líder que executa a ordem. Nas teocracias tradicionais a legitimidade do líder advinha do passado, de uma santidade original localizada em um tempo santo de onde emanava a força para o governo atual, conforme indicou Max Weber. A fonte transcendente anterior e superior ao governo presente lhe conferia uma posição estável e inquestionável e tinha nome e endereço, conforme a religião hegemônica de cada povo. O governante era a *imago dei* da divindade crida pelo povo. Nas neoteocracias esta fonte transcendente se mostra mais versátil, imagem inevitável das sociedades modernas plurais que, há muito, deixou de possuir uma religião hegemônica e, por conseguinte, uma única imagem divina. Em um passado ainda recente, o nazismo contou com formas de legitimação religiosa construídas a partir de mitologias novas de cunho esotérico que recontavam as origens da raça ariana como uma dádiva pura ligada às antigas mitologias germânicas. Para tanto, Hitler contou com a construção de supostos cientistas que revelavam a verdadeira origem do povo e a fundamentação normativa para a nova era que se dispunha no reino milenar do terceiro Reich. Mas o líder mítico da raça pura e purificadora lançou mão de estratégias de alianças com as classes clericais à maneira das teocracias antigas, quando instalou uma Igreja Nacional do Reich (*Reichskirche*). O poder baseado em fontes transcendentes contava com a força e a criatividade do líder carismático emergido com o apoio das massas. O mito eclodido como ruptura inevitável dedicava-se a construir novas bases para o exercício de sua missão messiânica. Caminhos conhecidos das velhas teocracias.

Esse novo arranjo teocrático não foi um padrão para os regimes inspirados no fascismo, nem na Espanha de Franco que implantou uma teocracia católica nem na América Latina que costurava igualmente alianças com a Igreja Católica, como ocorreu no Estado Novo de Getúlio Vargas. No caso do Brasil atual, a composição religiosa do poder tem mostrado a mesma marca da composição plural, quando evidencia a presença de diferentes tradições religiosas no mesmo governo: calvinistas, pentecostais, católicos, exotéricos olavistas etc. Assim como no regime nazista, pode-se observar uma inversão na lógica da fundamentação do poder em relação às teocracias tradicionais. Enquanto no passado os regimes reproduziam regras de um mito fundador, de forma que o governante se apresentava como um fiel transmissor daquele poder oferecido por Deus em um momento do passado, agora é o mito historicizado que se encarrega de reconstruir a partir de si mesmo novas imagens de uma fonte transcendente do poder. É de sua pessoa que brota o arranjo sobrenatural possível que fundamenta o poder como uma metafísica de seus propósitos. Jair Messias Bolsonaro agrega em sua pessoa mitificada uma fundamentação religiosa nitidamente sincrética, embora exiba um núcleo duro evangélico-pentecostal, conforme repete "terrivelmente evangélico". E, se as metafísicas dos poderes teocráticos do passado podem ser decodificadas como um autêntico sistema, essas contemporâneas deixam flagrar em suas imagens e em suas "teorias" nada mais que fragmentos cuja unidade acontece unicamente na fantasia do paraíso imediato a ser alcançado como salvação da crise histórica. As neoteocracias encarnam politicamente o império das crenças que dispensam o exercício permanente da dúvida como caminho necessário para se chegar à verdade. Hoje, em termos de bolhas sociais (cognitivas, políticas e religiosas) que operam com as regras da pós-verdade, a prática da dúvida torna-se cada vez mais urgente (SIM, 2010).

Como foi visto, a imagem do mito realiza a promessa da salvação da crise por meio do líder escolhido por Deus para executar essa missão inadiável e insubstituível. O que para o olhar crítico (científico e político) se revela como uma paranoia política digna de intervenção psiquiátrica, ou, ainda, para o olhar da lei, como permanente crime contra a democracia, encena, de fato, sagas antigas de governantes delegados a governar em nome de Deus, antes e acima de qualquer norma racional instituída pela ética ou pelas regras da República e do Estado democrático. O "Deus acima de todos" se posiciona, inclusive, acima de todo ordenamento institucional e legal. O líder político-religioso detém um dom a ser distribuído a seus seguidores sem entraves e sem demora; oferece uma nova ordem capaz de restaurar a conjuntura política perante as forças do mal que rondam, permanentemente, inimigos externos e inimigos internos que estão organizados para destruir a nação.

O retorno a uma ordem anterior à ordem instituída, eivada de vícios e de males e tomada por inimigos, constitui a saída legítima e necessária para superar a crise. O mito redentor é o condutor competente ao paraíso da salvação nacional. As "utopias retrospectivas" de que fala Alain Touraine oferecem o caminho de volta ao passado, ao território seguro dos tempos melhores de um passado lamentavelmente superado: da família tradicional, da sociedade moralmente unificada, da civilização cristã e do Estado fundado em Deus. Nessa lógica de retorno do passado que termina no território imaginado do paraíso messiânico habitado somente pelos homens de bem, o lema repetido pelo mandatário da nação, *Deus--pátria-família*, expressa com coerência e precisão o estágio da vida social anterior à ordem presente: Deus como fonte anterior à laicidade, a pátria como sentimento comum anterior à nação e família como sociedade elementar anterior à sociedade global. A ordem social e política estruturada nas regras do jogo político democrático, dinamizada como construção permanente de consensos em torno de direitos e vigiada por controles sociais, políticos e legais, mostra-se secundária, relativa e, até mesmo, como estrutura viciada a ser superada pela ordem messiânica de um novo "paraíso comunal" (Castells). Como todo dom sobrenatural, trata-se de uma ordem disruptiva que não se traduz em projetos políticos tecnicamente estruturados, mas que se impõe como promessa que se realiza por si mesma; projeção de solução supra-histórica emergente na história, invisibilidade viável e prestes a ser visibilizada, quando os inimigos deixarem de ser empecilhos. A fantasia da ordem iminente, que tarda mas não falha e que tem a garantia da palavra do líder, rege as consciências míticas. A nova ordem é um dom disponível que ainda não foi distribuído e concretizado, não pela fraqueza do líder (sempre forte e infalível), mas por forças de oposição que maquinam permanentemente contra o bem. Por essa razão, o mito que se encarna na história será sempre violento; vive de planos de guerra para vencer os inimigos que impedem a criação da nova ordem. E, para todos os seguidores, a intolerância, a guerra e a morte se tornam cada vez mais necessárias e legítimas. A relação inseparável entre *mito-autoritarismo-violência*, explicada por Freud em chaves psicanalistas, pode ser verificada historicamente nos regimes teocráticos do passado e do presente sem nenhuma exceção. São todos violentos. As neoteocracias são surtos políticos tão fantasiosos como violentos. A conspiração desemboca sempre em bodes expiatórios. Nas gramáticas virtuais atuais, as *fake news* produzem narrativas de ódio e de violência.

Deus-pátria-família constituem as palavras mágicas da nova ordem; espécie de mantra que se torna verdade e, por si mesmo, realidade, na medida em que é repetido. As consciências fanatizadas pelo retorno imediato ao paraíso vivem da promessa, sem necessitar, e até mesmo dispensando, qualquer teste de viabilidade. Qualquer teste racional dos paraísos comunais significaria a dissolução da oferta de solução. Por essa razão, a esquizofrenia entre o mundo da promessa e o mundo político real faz parte da lógica de execução das novas teocracias. A oscilação entre as afirmações messiânicas e as rotinas do poder instituído marca o comportamento de Donald Trump e de Jair Bolsonaro. Nega regularmente no mundo da política real o que afirma no mundo das promessas. Acusam as mídias convencionais e as oposições de terem deformado suas falas. Dispensa qualquer coerência dos discursos pronunciados alhures no tempo e no espaço. No entanto, retorna sempre às massas entusiasmadas e crentes na era das soluções definitivas da história e perante elas renovam as promessas. O mundo duplo, o da promessa e o da realidade, se mostra, inclusive, nas contradições comportamentais: nega a eficácia da vacina, mas toma a vacina no dia seguinte, acusa a China como mãe do comunismo contemporâneo, mas negocia com a mesma, e assim por diante. Sob a excitação da promessa salvadora e da ruptura com a ordem instituída, os teocráticos marcham em direção ao paraíso, que se renova a cada dia como certeza de uma era iminente. A fantasia supera a realidade e demonstra longo fôlego, mesmo quando o líder por alguma razão sai de cena. O mito não morre no mesmo ritmo dos mortais comuns, os paraísos não se desgastam na mesma velocidade dos projetos políticos concretos.

Vale observar que, quando essas reflexões vierem a público, o líder e suas promessas já podem ter sofrido os desgastes históricos naturais. Nesse território da previsibilidade os cálculos podem falhar. Contudo, a história pregressa narra o fôlego longo dos governos instalados em nome de Deus. Para se instalarem, as teocracias contemporâneas necessitaram regularmente de ao menos três condições: a) a percepção de uma crise aguda que clama por saídas novas e radicais; b) as massas "despolitizadas" que buscam e apoiam os líderes salvadores; c) a crença na onipotência divina que atua diretamente na natureza e na história.

As crises atuais tendem a se amoldar aos interesses do mercado mundial e, por meio de remédios paliativos, acomodam-se em aparentes superações nos famosos ciclos de retomada econômica. Além disso, elas são susceptíveis às interpretações políticas que as tornam mais ou menos graves. A crise da economia mundial agravada pela pandemia do novo coronavírus seguirá seu curso. As leituras feitas sobre ela dependem de interesses e de sujeitos mundiais e locais. O mercado financeiro, protagonista da razão do mundo, tem suas estratégias para comandar as terras onde haja riqueza a ser explorada, fazendo dinheiro gerar dinheiro. Nesse sentido, a crise do Brasil não é um dado histórico, mas um fato fixo e permanente; tende a transformar-se conjunturalmente, de forma que o líder atual não poderá tê-la como fonte que alimenta suas promessas por uma longa temporalidade. O mercado financeiro não suporta crises prolongadas e se encarrega de eliminar os líderes políticos que atravessarem seus planos de lucro incessante. Portanto, o fato paradoxal é que a mesma crise que gera os atuais líderes salvadores da pátria se encarrega de eliminá-los, sobretudo quando dispõe de um novo líder mais eficiente. A mudança dos fatos e da compreensão da crise provoca mudança na força e na urgência das promessas de solução.

As massas organizadas nas bolhas virtuais tendem a continuar em suas tribos isoladas, homofílicas e reprodutoras das promessas de solução salvadora, hoje capitaneadas pelo capitão reformado. O líder vai passar, as massas vão sobreviver com fôlego indefinido. O tempo mostrará se elas adotarão um outro líder salvador. Enquanto houver massa, haverá mitos políticos salvadores que podem ser encarnados em personalidades específicas ou sobreviver como uma ideia que permanece aguardando um executor investido de poderes sobrenaturais. As bolhas virtuais ainda constituem incubadoras de leituras e soluções mágicas para a história, encenando mais uma vez a alegoria da caverna de Platão, onde a opinião é tida como ciência e essa, por sua vez, ofusca os olhos dos fanáticos por exigir aferimento das promessas messiânicas. A sociedade das bolhas virtuais está viva com seus modos próprios de socializar e de fazer política sem as mediações clássicas da sociedade organizada. O critério da homofilia substitui o critério do consenso, o individualismo dispensa as alteridades.

Perguntas legítimas de natureza teológica ainda podem persistir: por que não governar em nome de Deus? Qual seria a inconveniência política e teológica de um governo em nome de Deus? Afinal, Deus pode ser uma referência de bondade para a convivência humana, pode ser uma fonte de valores que direciona eticamente os governos em nome do bem comum dos filhos do mesmo Pai. Os cristãos poderiam acrescentar uma razão fundamental: a fé no Reino de Deus que deve fecundar a história, a superação de todo dualismo entre a fé e a política. Segue um pequeno pitaco teológico, antes de parar com a reflexão. Nessa perspectiva, pode-se falar em uma teologia do social que não se traduz em teocracia, em governos que se apresentam como representantes diretos de Deus, investidos de poderes supremos e em propósitos de realização escatológica de promessas messiânicas de conclusão da história. Haveria, no caso, uma teologia do provisório bem distinta de uma teologia do definitivo, uma teologia da ordem secular e não uma teologia sacralizadora de ordens políticas. Tratar-se-ia de uma teologia que se traduz tão somente em projetos de governo, mas que se posiciona como uma reserva utópica (sempre utópica) que direciona eticamente os projetos concretos de governo, sempre históricos, sempre limitados e sempre refeitos em nome de valores maiores e transcendentes. Nas teocracias o líder e a promessa encarnam e esgotam todas as reservas críticas de cunho ético (secular ou religioso), na medida em que se apresentam como represantes diretos de uma revelação política. São governos definitivos por serem encarnações diretas de uma vontade divina. Na perspectiva teológico-social, governar em nome de Deus significa governar em nome da igualdade e, por certo, de uma igualdade radical que exige a prática da justiça social, onde iguais e diferentes constroem o mesmo projeto de convivência. Nessa perspectiva, Deus poderá ser a crítica permanente do poder e dos governos, jamais seu fundamento e sua justificativa. As teocracias de ontem e de hoje não deixam Deus ser Deus, na medida em que o reduzem às dimensões da história, à imagem e semelhança do líder ao tamanho limitado de suas promessas. As teocracias são sempre idolatrias. O todo-poderoso transcendente só pode delegar ao ser humano – e somente a ele – a condução da história no jogo da liberdade e da responsabilidade. Nesse jogo necessariamente provisório cada governo pode ser mais ou menos ético para ateus e para crentes e, por essa razão, estará sempre sujeito a críticas e revisões. As encarnações do divino em líderes políticos messiânicos delegam a esses a exclusividade do exercício legítimo do poder, exclusividade que se apresenta como perfeição, assimetria que instaura a separação inevitável entre os bons e os maus e, por conseguinte, a missão urgente de eliminação dos maus. Por essa razão, toda teocracia é exclusivista e violenta.

A fé na onipotência divina subsistirá de forma diferenciada nos distintos espaços das confessionalidades e da cultura de um modo geral.

Permanecerá, por certo, intacta pelo fato de habitar o centro dos credos e dos imaginários religiosos e expressar-se como sinônimo do próprio Deus. A afirmação do Deus todo-poderoso como fonte direta dos fenômenos naturais e determinante dos fatos históricos não promete nenhuma mudança no sentido de recolocação de uma teologia do poder. O Deus todo-poderoso permanece um dogma intocável no âmbito da religiosidade popular, dos fundamentalismos, dos tradicionalismos religiosos e, em certa medida, na doutrina oficial das tradições religiosas monoteístas. Embora o cristianismo tenha a cruz a oferecer como hermenêutica que recoloca de modo radical o poder divino antigo, a imagem de Zeus ainda comanda os imaginários religiosos cristãos. E hoje se encontra cada vez mais saliente como teofania de prosperidade e de excitação dos desejos de felicidade plena. Se o casal primordial rompeu com a ordem paradisíaca tão confortável quanto dominadora em busca da autonomia vivenciada como drama da construção de si e da história e se a cruz matou a onipotência divina deixando espaço somente para um divino amoroso, as teocracias continuam oferendo soluções definitivas para os filhos inseguros, retornos aos paraísos perdidos e dependência às ordens divinas. "É rei de Israel: desça agora da cruz, e acreditaremos nele" (Mt 27,42). O cristianismo nasceu dessa impotência política primordial esquecida ou ignorada pelos que afirmar estar marcados com esse sinal indelével. Para os teocráticos, *pantocrator* aceita a provocação dos incrédulos no amor, ele desce da cruz e escolhe sentar-se nos tronos com coroas e cetros, com Bíblias e fuzis. Os teocráticos se alimentam de poder divino absoluto e se fazem igualmente absolutos.

Para além dessas razões teológicas, as democracias em crise têm de novo a tarefa de brigar com o poder divino para se firmarem como poder legítimo construído do lado de fora do paraíso. Aí nada está definitivamente conquistado, mas sempre em construção. O fantasma do poder divino que busca encarnar-se historicamente rondará por tempo indefinido as democracias em crise com suas velhas imagens e com os pretendentes messiânicos.

***

Levantemos os olhos para o céu e para nossa honra, para o próprio amor da virtude, dirijamo-nos a Deus todo-poderoso, testemunha de todos os nossos atos e juiz de nossas faltas. De minha parte, creio – e acredito não estar enganado – que ele sem dúvida reserva para os tiranos e seus cúmplices um castigo terrível no fundo dos infernos, pois nada é mais contrário a Deus, soberanamente justo e bom, que a tirania (La Boétie).

Bibliografia

ABBAGNANO, Nicola. *Dicionário de Filosofia*. São Paulo: Martins Fontes, 2007.

ANTOINE, Charles. *O integrismo brasileiro*. Rio de Janeiro: Civilização Brasileira, 1980.

ARENDT, Hannah. *As origens do totalitarismo*. São Paulo: Companhia das Letras, 2000.

ARMSTRONG, Karen. *Em nome de Deus;* o fundamentalismo no judaísmo, no cristianismo e no islamismo. São Paulo: Companhia das Letras, 2001.

_____. *A grande transformação;* o mundo na época de Buda, Confúcio e Jeremias. São Paulo: Companhia das Letras, 2008.

ASSMANN, Hugo. *A igreja eletrônica e seu impacto na América Latina*. Petrópolis: Vozes, 1986.

ASSMANN, Jean. *Poder y salvación*; teologia y política em el antiguo Egipto, Israel y Europa. Madrid: Abada Editores, 2015.

AZEVEDO, Thales de. *A religião civil brasileira*. Petrópolis: Vozes, 1981.

AZZI, Riolando. A instituição eclesiástica durante a primeira época colonial. In: *História da Igreja no Brasil*. São Paulo/Petrópolis: Paulinas/Vozes, 1992, tomo I/1.

_____. *A neocristandade;* um projeto restaurador. São Paulo: Paulus, 1994.

_____. *Razão e fé*; o discurso da dominação colonial. São Paulo: Paulinas, 2001.

BLAY, Milton. *A Europa hipnotizada; a escalada da extrema direita*. São Paulo: Contexto, 2019.

BEM-ITTO, Hadassa. *A força da mentira*: a grande farsa de "Os protocolos dos sábios de Sião". São Paulo: Educ, 2017.

BERGER, Peter. *O dossel sagrado*. São Paulo: Paulus, 1985.

BERMAN, Harold J. *Direito e revolução;* a formação da tradição jurídica ocidental. São Leopoldo: Unisinos, 2006.

BLOOM, Harold. *La religión en los Estados Unidos*; el nascimiento de la nación poscristiana. México: Fondo de Cultura Económica, 1997.

BOTTOMORE, Tom. *Dicionário do Pensamento Marxista*. Rio de Janeiro: Zahar, 2015.

BULTMANN, Rudolf. *Teologia do Novo Testamento*. Santo André: Academia Cristã, 2021.

CAMPBELL, Joseph. *O herói de mil faces*. São Paulo: Cultrix/Pensamento, 1997.

CANCLINI, Néstor G. *Culturas híbridas*. São Paulo: Edusp, 1998.

CASSIRER, Ernst. *A filosofia do iluminismo*. Campinas: Unicamp, 1992.

CASTELLS, Manuel. *O poder da identidade*. São Paulo: Paz e Terra, 2001.

_____. *Ruptura;* a crise da democracia liberal. Rio de Janeiro: Zahar, 2018.

Catecismo da Igreja Católica. Petrópolis/São Paulo: Vozes/Loyola, 1993.

CHAUI, Marilena. *Brasil;* mito fundante e sociedade autoritária. São Paulo: Editora Fundação Perseu Abramo, 1996.

CLARKE, Nicholas G. *O sol negro;* cultos arianos, nazismo esotérico e políticas de identidade. São Paulo: Madras, 2004.

COX, Harvey. *A cidade do homem*. Rio de Janeiro: Paz e Terra, 1971.

DELUMEAU, Jean. *Mil anos de felicidade*; uma história do paraíso. São Paulo: Companhia das Letas, 1997.

DIAS, Reinaldo. *Introdução à sociologia*. São Paulo: Pearson Prentice Hall, 2010.

DORTIER, Jean-François. *Dicionário de Ciências Humanas*. São Paulo: Martins Fontes, 2010.

DURKHEIM, E. *Da divisão do trabalho social*. São Paulo: WMF Martins Fontes, 2010.

ECO, Humberto. *Apocalípticos e integrados*. São Paulo: Perspectiva, 1976.

ELIADE, Mircea. *Mito e realidade*. São Paulo: Perspectiva, 1972.

_____. *O sagrado e o profano*. São Paulo: Martins Fontes, 1999.

EMPOLI, Giuliano da. *Os engenheiros do caos*. São Paulo: Autêntica, 2020.

ESPINOSA, Baruch. *Tratado teológico-político*. Lisboa: Imprensa Nacional-Casa da Moeda, 1988.

ESTRADA, J. Antonio. *Imagens de Deus;* a filosofia ante a linguagem religiosa. São Paulo: Paulinas, 2007.

EUSÉBIO DE CESAREIA. *História eclesiástica.* São Paulo: Novo Século, 1999.

FERRARI, Pollyana. *Como sair das bolhas.* São Paulo: Educ/Armazem da Cultura, 2018.

FERRIN, Emilio G. *A angústia de Abraão; as origens do judaísmo, do cristianismo e do islamismo.* São Paulo: Paulus, 2018.

FEUERBACH, Ludwig. *A essência do cristianismo.* Campinas: Papirus, 1988.

FINCHELSTEIN, Federico. *El mito del fascismo*: de Freud a Borges. Buenos Aires: Capital Intelectual, 2015.

FONSECA, Alexandre B. As religiões e suas contribuições para o surgimento do bolsonarismo; discursos evangélicos de uma nova direita cristã à brasileira. In: SOLANO, E. (ed.). *Brasil em colapso.* São Paulo: Unifesp, 2019.

FREIRE, Paulo. *Educação como prática da liberdade.* Rio de Janeiro: Paz e Terra, 1967.

FRESTON, Paul. Breve história do pentecostalismo brasileiro. In: ANTONIAZZI, Alberto et. al. *Nem anjos nem demônios.* Petrópolis: Vozes, 1994.

FREUD, Sigmund. Por que a guerra? *Obras completas.* Rio de Janeiro: Imago, 1996, v. XXII.

_____. Moisés e o monoteísmo. *Obras completas.* Rio de Janeiro: Imago, 1996a, v. XXII.

GADAMER, Hans-Georg. *Verdade e método;* traços fundamentais de uma hermenêutica filosófica. Petrópolis: Vozes, 2002.

GALLEGO, Juan M. L. *Integrismo e intolerância en la Iglesia.* Madrid: PPC, 2019.

GAUCHET, Marcel. A dívida do sentido e as raízes do Estado. In: CLATRES, Pierre et. al. *Guerra, religião, poder.* Lisboa: Edições 70, s/d.

GIRARD, René. *A violência e o sagrado.* São Paulo: Unesp/Paz e Terra, 1990.

_____. *Eu vi Satanás cair do céu como um raio.* Lisboa: Instituto Piaget, 2002.

_____. *O bode expiatório.* São Paulo: Paulus, 2004.

GONÇALVES, L. Pereira; NETO, O. Caldeira. *O fascismo em camisas verdes;* do integrismo ao neointegrismo. Rio de Janeiro: FGV Editora, 2020.

GRUNNING, Herb. *Deus e a nova metafísica;* um diálogo aberto entre ciência e religião. São Paulo: Aleph, 2007.

HABERMAS, Jürgen. *Entre naturalismo e religião;* estudos filosóficos. Rio de Janeiro: Tempo Brasileiro, 2007.

HAIGHT, Roger. *A comunidade cristã na história;* eclesiologia comparada. São Paulo: Paulinas, 2012, v. 2.

HINKELAMMERT, Franz J. *Crítica da razão utópica.* Chapecó: Argos, 2013.

HOBSBAWM, Eric; RANGER, Terence. *A invenção das tradições.* São Paulo: Paz e Terra, 2002.

_____. *Nações e nacionalismos;* desde 1780; programa, mito e realidade. São Paulo: Paz e Terra, 2016.

HOLANDA, Aurélio Buarque F. *Novo Aurélio Século XXI;* o dicionário da língua portuguesa. Rio de Janeiro: Nova Fronteira, 1999.

HOLANDA, Sérgio Buarque. *Visão do paraíso;* os motivos endêmicos no descobrimento e colonização do Brasil. São Paulo: Companhia das Letras, 1994.

INGRAO, Christian. *Crer & Destruir;* os intelectuais na máquina de guerra da SS nazista. Rio de Janeiro: Zahar, 2015.

KAHHAT, Farid. *El eterno retorno;* la derecha radical em el mundo contemporâneo. Lima: Crítica, 2019.

KANTOROWICZ, Ernst H. *Os dois corpos do rei;* um estudo sobre a teologia política medieval. São Paulo: Companhia das Letras, 1998.

LA BOÉTIE, Etienne. *Discurso da servidão voluntária.* São Paulo: Brasiliense, 1982.

LEÃO XIII. Encíclica *Rerum Novarum.* In: *Documentos de Leão XIII.* São Paulo, Paulus, 2005.

LENHARO, Alcir. *Sacralização da política.* Campinas: Papirus, 1986.

LEVITSKY, Steven; ZIBLATT, Daniel. *Como as democracias morrem.* Rio de Janeiro: Zahar, 2018.

LIBANIO, J. Batista. *Formação da consciência crítica 1;* subsídios filosófico-culturais. Petrópolis: Vozes, 1985.

LILLA, Mark. *A grande separação;* religião, política e ocidente moderno. Lisboa: Gradiva, 2007.

LÖWY, Michel. *A jaula de aço;* Max Weber e o marxismo weberiano. São Paulo: Boitempo, 2014.

MÉSZÁROS, István. *A teoria da alienação em Marx.* São Paulo: Boitempo, 2006.

MOLTMANN, Jürgen. *O Deus crucificado;* a cruz de Cristo como base e crítica da teologia cristã. Santo André: Academia Cristã, 2011.

NEMO, Philippe. *O que é o ocidente?* São Paulo: Martins Fontes, 2005.

OLIVEIRA, Pedro R. de. *Religião e dominação de classe*; gênese, estrutura e função do catolicismo romanizado no Brasil. Petrópolis: Vozes, 1985.

PASSOS, J. Décio. Mudança social e estudo da religião: o caso do pentecostalismo no contexto urbano. In: SOTER. *Religião e transformação social no Brasil hoje.* São Paulo: Paulinas/Soter, 2007.

_____. Legitimação da morte em tempos totalitários. In: *Cibertologia 60,* São Paulo: Paulinas, 2019.

_____. *A força do passado na fraqueza do presente;* o tradicionalismo e suas expressões. São Paulo: Paulinas, 2020.

PELIKAN, Jaroslav. *A tradição cristã;* uma história do desenvolvimento da doutrina 5. São Paulo: Shedd Publicações, 2016.

PERO VAZ DE CAMINHA. *Carta.* Disponível em: <http://objdigital.bn.br>.

PIAGET, Jean. *A linguagem e o pensamento da criança.* Rio de Janeiro: Fundo de Cultura, 1961.

PIRENNE, Henri. *Maomé e Carlos Magno;* o impacto do islã sobre a civilização europeia. Rio de Janeiro: Contraponto/PUC-Rio, 2010.

PRIESTLAND, David. *Uma nova história do poder;* comerciante, guerreiro, sábio. São Paulo: Companhia das Letras, 2014.

QUEIROZ, Maria Isaura P. *O messianismo no Brasil e no mundo.* São Paulo: Alfa-Ômega, 1976.

QUEIRUGA, Andrés Torres. *Do terror de Isaac ao Abbá de Jesus;* por uma nova imagem de Deus. São Paulo: Paulinas, 2001.

_____. *Fim do cristianismo pré-moderno.* São Paulo: Paulus, 2003.

THOMPSON. John B. *Ideologia e cultura moderna;* teoria social na era dos meios de comunicação de massa. Petrópolis: Vozes, 1995.

ROCHA, João C. de Castro. *Guerra cultural e retórica do ódio;* crônicas de um Brasil pós-político. Goiânia: Caminhos, 2021.

RUNCIMAN, Steven. *A teocracia bizantina.* Rio de Janeiro: Zahar, 1978.

SANTAELLA, Lucia. *A pós-verdade é verdadeira ou falsa?* Barueri: Estação das Letras e Cores, 2019.

SIM, Stuart. *Império das crenças;* por que precisamos de mais ceticismo e dúvidas no século XXI? São Paulo: Loyola, 2010.

SOUZA, Jessé. *A classe média no espelho.* São Paulo: Estação Brasil, 2018.

TORREY, R. A. *Os fundamentos.* São Paulo: Agnos, 2005.

TORRINHA, Francisco. *Dicionário Latino Português*. Porto: Gráficas Reunidas Ltda. 1942.

TOURAINE, Alain. *Crítica da modernidade*. Petrópolis: Vozes, 1998.

_____. *Poderemos viver juntos?;* iguais e diferentes. Petrópolis: Vozes, 1999.

VELASCO, Rufino. *A Igreja de Jesus;* processo histórico da consciência eclesial. Petrópolis: Vozes, 1996.

VERNANTE, Jean-Pierre. *As origens do pensamento grego*. Rio de Janeiro: Difel, 2013.

VEYNE, Paul. *Quando nosso mundo se tornou cristão (312-394)*. Rio de Janeiro: Civilização Brasileira, 2011.

WEBER, Max. *Ensaios de sociologia*. Rio de Janeiro: LTC, 1982.

_____. *A ética protestante e o espírito do capitalismo*. Lisboa: Presença, 1996.

_____. *Economia y sociedad*. México: Fondo de Cultura Económica, 1997.

XAVIER, Francisco C. *Pátria do evangelho*. Rio de Janeiro, Departamento Editorial e Gráfico da Federação Espírita Brasileira, s/d.

Índice remissivo

A

Absoluto: 8, 14, 16, 28, 60, 65, 67, 72, 90, 98, 106, 116, 118, 120, 142, 146, 152, 163, 197, 224

Aliança: 27, 35, 42, 62, 67, 77, 87, 93, 94, 103, 105, 110, 137, 146

Arendt, Hannah: 49, 166, 170, 171, 176

Assmann, Jan: 112, 148, 150

Autoritarismo: 17, 18, 42, 91, 92, 220

Autorreferencialidade: 155, 199

B

Berger, Peter: 68, 189

Bíblia: 11, 17, 27, 32, 35, 40, 42, 55, 62, 64, 93, 114, 119, 121, 124, 125, 130

Bode expiatório: 164, 199

Bolhas: 37, 43, 175, 201, 202, 206, 209, 213, 219, 222

Bolsonarismo: 14, 59, 155, 171

Brasil: 9, 10, 19, 22, 26, 33, 34, 38, 39, 40, 72, 74, 77, 78, 80, 82, 84, 86, 87, 88, 89, 90, 91, 103, 106, 169, 218, 221

C

Calvinismo: 69, 143

Caos: 8, 24, 25, 31, 34, 45, 67, 68, 107, 122, 146, 148, 158, 159, 160, 161, 164, 168, 195, 198, 200, 206, 207, 214

Capital: 11, 12, 19, 27

Carisma: 50, 175, 179, 180, 182, 183, 187

Casta: 12, 31, 35, 57, 69, 154

ÍNDICE REMISSIVO

Castells, Manuel: 25, 197, 220

Cesaropapismo: 64

Ciência: 18, 19, 28, 29, 31, 42, 76, 116, 142, 168, 222

Clero: 86, 135, 153

Consciência: 7, 8, 12, 18, 21, 28, 36, 51, 54, 60, 61, 65, 66, 70, 74, 92, 93, 99, 111, 122, 128, 145, 147, 148, 153, 173, 185, 187, 188, 189, 190, 191, 192, 193, 196, 197, 199, 200, 201, 202, 203, 204, 207, 208, 209, 210, 211, 212, 213, 215

Conspiração: 176, 177, 198, 220

Constantino: 14, 63, 64, 109, 131, 134, 136, 137, 138, 139, 150, 152

Corpo místico: 58, 59, 64, 69, 73, 96, 99, 117, 118, 153, 155

Crença: 41, 42, 51, 108, 110, 170, 188, 193, 194, 195, 197, 204, 205, 206, 211, 221

Crise: 12, 15, 19, 23, 24, 25, 26, 27, 29, 36, 37, 51, 66, 67, 68, 79, 84, 92, 95, 105, 109, 113, 114, 117, 148, 155, 157, 159, 161, 165, 171, 173, 174, 176, 177, 180, 195, 196, 197, 207, 218, 219, 221, 222, 224

Cristo: 39, 64, 73, 88, 96, 113, 136, 137, 138, 140, 151, 152

Cristofascismo: 14

D

Deus: 7, 8, 9, 10, 12, 13, 14, 15, 16, 17, 18, 21, 22, 23, 24, 25, 26, 27, 28, 29, 30, 31, 32, 33, 34, 35, 36, 38, 39, 40, 41, 42, 43, 44, 45, 47, 49, 50, 54, 55, 56, 57, 58, 59, 60, 61, 62, 63, 64, 65, 66, 67, 68, 69, 70, 72, 73, 77, 78, 80, 82, 83, 84, 85, 86, 88, 89, 90, 91, 92, 93, 94, 101, 102, 103, 104, 105, 106, 107, 108, 109, 110, 111, 112, 113, 114, 115, 116, 117, 118, 119, 120, 121, 122, 123, 124, 125, 128, 130, 131, 132, 133, 134, 135, 136, 137, 138, 139, 140, 142, 143, 144, 145, 146, 147, 149, 150, 151, 152, 153, 154, 155, 156, 166, 176, 179, 181, 183, 187, 194, 195, 196, 197, 202, 203, 217, 218, 219, 220, 221, 222, 223, 224, 225

Ditadura: 78, 81, 82, 91, 101, 146, 182, 199

Divino: 7, 8, 9, 15, 17, 21, 28, 29, 30, 31, 48, 53, 54, 56, 58, 59, 61, 62, 67, 68, 69, 86, 90, 104, 106, 107, 108, 110, 112, 113, 116, 118, 119, 121, 123, 124, 125, 128, 145, 148, 151, 152, 181, 185, 191, 223, 224

E

Eclesiologia: 73, 142, 143

Encarnação: 8, 117, 159, 185, 194, 195, 196, 198

Entusiasmo: 36, 37, 42, 59, 65, 117, 179, 180, 181, 187, 191, 192, 195, 203, 207, 208, 213

Esperança: 36, 42, 82, 179, 180, 195, 196, 207

Eterno: 8, 58, 68, 92, 148, 149

Evangélicos: 92, 104, 115

F

Família: 26, 33, 39, 40, 71, 72, 88, 89, 91, 92, 94, 99, 101, 102, 146, 173, 191, 197, 219

Fanático/fanatismo: 188, 190, 191, 192, 193, 196, 198, 199, 203, 205, 207, 208, 209, 210, 211, 212, 214

Fascismo: 60, 91, 160, 167, 196, 218

Fé: 7, 14, 16, 18, 30, 34, 39, 42, 44, 61, 65, 66, 78, 80, 84, 85, 86, 88, 89, 97, 107, 108, 109, 111, 112, 113, 117, 123, 134, 139, 145, 146, 150, 151, 162, 166, 179, 180, 202, 222, 223

Filosofia política: 24, 42, 52, 106

Finchelstein, Federico: 8, 45, 59, 60, 69, 174

Fobia: 199

Freud, Sigmund: 11, 13, 160, 163, 178, 184, 220

Fundamentalismo: 65, 66, 114, 125, 202, 204

G

Governo: 9, 10, 11, 12, 15, 17, 18, 19, 22, 23, 25, 26, 27, 31, 34, 35, 36, 37, 38, 40, 41, 42, 43, 44, 45, 57, 58, 60, 64, 65, 66, 71, 80, 81, 83, 84, 85, 86, 87, 90, 93, 94, 95, 97, 98, 101, 102, 103, 104, 105, 106, 109, 112, 114, 115, 117, 118, 120, 137, 140, 142, 144, 149, 150, 151, 152, 155, 156, 157, 165, 170, 171, 172, 173, 175, 180, 183, 195, 196, 197, 217, 218, 222, 223

Guerra: 11, 49, 81, 132, 136, 137, 138, 147, 148, 151, 163, 167, 168, 180, 210, 220

H

Herói: 69, 130, 159, 161, 170, 174, 179, 196

Hierarquia: 109, 134, 138, 140, 146, 153, 180, 193

História: 7, 8, 9, 10, 11, 12, 13, 16, 18, 21, 22, 24, 25, 28, 29, 30, 31, 33, 34, 35, 37, 39, 42, 43, 45, 47, 48, 49, 50, 51, 53, 54, 56, 61, 62, 63, 64, 65, 66, 67, 68, 72, 73, 76, 77, 78, 80, 81, 82, 83, 84, 85, 89, 90, 98, 99, 101, 104, 106, 107, 108, 109, 110, 113, 115, 116, 118, 119, 122, 125, 127, 130, 131, 133, 136, 142, 143, 149, 151, 152, 155, 160, 161, 162, 163, 164, 165, 166, 167, 168, 170, 173, 174, 175, 178, 181, 184, 185, 188, 189, 195, 205, 215, 220, 221, 222, 223, 224

Homofilia: 158, 201, 215, 222

I

Ideologia: 39, 75, 76, 172

Igreja: 33, 35, 40, 49, 50, 62, 64, 67, 69, 73, 77, 85, 86, 87, 89, 90, 91, 95, 96, 99, 110, 111, 131, 134, 135, 136, 137, 138, 139, 140, 141, 142, 143, 144, 145, 152, 153, 172, 205, 215, 218

Ilusão: 47, 68, 131, 204

Imagem: 31, 50, 63, 64, 68, 72, 73, 77, 78, 80, 81, 90, 94, 95, 99, 100, 101, 102, 107, 108, 109, 110, 111, 116, 118, 119, 120, 121, 122, 123, 125, 130, 132, 133, 137, 138, 145, 146, 148, 150, 153, 154, 168, 182, 195, 197, 207, 208, 211, 217, 219, 223, 224

Império: 14, 63, 109, 110, 134, 135, 136, 139, 141, 147, 151, 152, 154, 159, 174, 182, 194, 197, 218

Inconsciente: 8, 11, 22, 71, 160, 163, 174

Indigência: 36, 42, 44, 117, 179, 180, 181, 207

Inimigo: 23, 24, 79, 159, 160, 168, 169, 171, 178, 198, 199, 205

Integralismo: 92, 102

K

Kantorowicz, Ernst: 97, 114, 118

L

Leigo/laico: 10, 14, 15, 21, 22, 23, 25, 26, 27, 29, 30, 34, 35, 37, 38, 39, 41, 43, 44, 50, 51, 54, 55, 56, 58, 62, 87, 102, 103, 104, 105, 138, 140, 143, 156, 181, 216

M

Medieval: 62, 73, 118, 127, 128, 137, 141, 164

Messias/messianismo: 10, 14, 38, 44, 117, 157, 182, 183, 184, 197, 207, 218

Metafísica: 17, 124, 194, 218

Mito: 7, 18, 22, 31, 32, 45, 59, 60, 63, 69, 70, 72, 73, 74, 75, 76, 77, 78, 80, 83, 84, 95, 96, 97, 109, 112, 134, 136, 137, 147, 149, 151, 157, 158, 159, 160, 161, 162, 163, 164, 165, 166, 167, 168, 169, 170, 173, 174, 175, 176, 181, 182, 183, 184, 185, 187, 188, 191, 192, 194, 195, 196, 197, 207, 208, 218, 219, 220, 221

Mito fundante/fundador: 63, 73, 74, 75, 78, 134, 136, 137, 218

Modernidade: 23, 47, 49, 52, 53, 55, 62, 63, 105, 113, 116

Monarquia: 48, 78, 114, 121, 141, 142, 148, 149

Morte: 32, 69, 112, 149, 155, 163, 167, 168, 177, 182, 220

N

Nacionalismo: 11, 162

Neoteocracia: 10, 11, 18, 56, 57, 92, 104, 146

Norma: 7, 179, 181, 201, 202, 203, 207, 208, 216, 219

O

Ocidente: 7, 8, 13, 15, 23, 24, 25, 47, 48, 51, 57, 61, 62, 66, 83, 89, 92, 104, 105, 107, 109, 116, 117, 119, 120, 128, 131, 134, 137, 139, 145, 146, 152, 154, 174, 199, 205

Ordem: 7, 8, 11, 17, 19, 22, 25, 44, 50, 58, 79, 91, 99, 108, 110, 116, 122, 125, 131, 134, 138, 140, 141, 146, 148, 152, 153, 171, 173, 193, 194, 195, 197, 204, 205, 210, 211, 217, 219, 220, 221, 223, 224

Oriente: 15, 63, 103, 120, 128, 136, 149, 199

P

Padroado: 56, 63, 85, 86

Pantocrator: 103, 109, 110, 112, 119, 125, 137, 224

Papa: 56, 137, 138, 139, 140, 141, 152, 153

Paraíso: 7, 8, 12, 22, 44, 45, 78, 97, 196, 197, 216, 218, 219, 220, 221, 224

Pátria: 9, 12, 15, 18, 19, 23, 44, 59, 65, 68, 69, 71, 72, 73, 76, 77, 78, 79, 80, 81, 82, 83, 84, 85, 86, 87, 88, 89, 90, 91, 92, 93, 94, 95, 96, 97, 98, 99, 100, 101, 102, 103, 104, 114, 117, 118, 146, 155, 157, 173, 183, 194, 197, 199, 219, 222

Pentecostalismo: 18, 53, 94, 112, 125

Poder de Deus: 7, 9, 10, 11, 123

Política: 7, 8, 9, 10, 12, 14, 15, 16, 17, 18, 22, 23, 24, 25, 26, 28, 31, 37, 39, 40, 41, 42, 44, 45, 47, 49, 50, 51, 52, 53, 54, 55, 57, 58, 60, 63, 64, 65, 66, 67, 68, 72, 73, 75, 76, 78, 83, 86, 87, 88, 89, 90, 91, 92, 94, 95, 97, 98, 99, 101, 102, 103, 104, 105, 106, 109, 110, 112, 113, 114, 115, 116, 118, 129, 133, 134, 136, 138, 140, 142, 143, 144, 145, 147, 149, 151, 152, 153, 160, 162, 163, 165, 166, 167, 171, 172, 173, 175, 178, 181, 183, 184, 185, 188, 189, 190, 191, 192, 194, 195, 196, 197, 198, 200, 204, 207, 209, 213, 214, 215, 219, 220, 222, 223, 224

Promessa: 18, 22, 38, 159, 161, 173, 174, 181, 184, 187, 188, 192, 193, 194, 195, 196, 197, 207, 208, 211, 219, 220, 221, 223

R

Redentor: 18, 88, 113, 219

Redes: 36, 37, 60, 84, 92, 111, 157, 171, 172, 176, 177, 183, 198, 201, 206, 209, 212, 213, 214

Rei: 7, 8, 50, 58, 63, 64, 69, 73, 78, 96, 99, 100, 113, 114, 119, 130, 133, 134, 137, 139, 140, 141, 147, 149, 150, 151, 152, 153, 154, 155, 217, 224

Reino: 12, 14, 35, 63, 64, 65, 68, 78, 104, 121, 135, 136, 138, 139, 140, 142, 150, 151, 152, 222

Religião: 11, 18, 23, 29, 33, 39, 49, 50, 52, 53, 54, 55, 58, 59, 62, 65, 66, 68, 69, 73, 75, 83, 84, 94, 99, 133, 134, 135, 144, 217

Rotinização: 85, 155, 182

S

Sagrado: 52, 59, 79, 128, 129, 130, 138, 140, 153, 154, 175, 204

Salvação: 10, 12, 14, 18, 22, 23, 25, 30, 45, 57, 69, 71, 86, 92, 94, 98, 106, 112, 113, 117, 138, 143, 144, 148, 158, 164, 165, 167, 168, 170, 172, 173, 179, 192, 194, 195, 196, 197, 198, 207, 208, 209, 218, 219

Sectarismo: 199

Sistema: 16, 17, 23, 39, 42, 47, 54, 65, 85, 94, 110, 128, 135, 137, 144, 145, 152, 155, 168, 170, 188, 190, 193, 194, 205, 218

Soberanismo: 11, 17

T

Teocracia: 7, 8, 14, 15, 16, 18, 25, 34, 45, 48, 49, 50, 54, 56, 57, 58, 63, 65, 69, 85, 96, 104, 109, 112, 127, 128, 129, 130, 131, 133, 134, 135, 136, 139, 141, 142, 143, 145, 146, 149, 150, 151, 152, 153, 218, 223

Totalidade: 34, 47, 60, 97, 117, 129, 135, 160, 167, 176, 183, 194

Totalitarismo: 170

Touraine, Alain: 37, 45, 72, 188, 211

Tradição/tradicionalismo: 91, 93, 125, 202

U

Ultradireita: 8, 11, 15, 16, 18, 32, 33, 48, 58, 92, 117, 121, 128, 146, 170, 212, 213

Unidade: 11, 36, 67, 68, 69, 72, 79, 80, 81, 84, 87, 88, 91, 94, 95, 96, 97, 99, 102, 109, 134, 136, 138, 140, 148, 151, 152, 173, 176, 215, 218

V

Verdade: 8, 10, 13, 15, 18, 21, 25, 31, 41, 42, 51, 53, 58, 59, 65, 68, 70, 74, 82, 86, 89, 92, 103, 104, 105, 113, 125, 131, 134, 136, 147, 151, 152, 154, 159, 160, 161, 164, 166, 167, 169, 170, 172, 173, 175, 176, 178, 181, 185, 187, 188, 191, 192, 194, 197, 198, 200, 202, 203, 204, 205, 206, 207, 208, 209, 210, 212, 213, 214, 219, 220

Violência: 18, 32, 33, 60, 121, 122, 160, 163, 164, 168, 169, 174, 176, 211, 220
Virtual: 111, 158, 172, 173, 206, 209
Vitória: 12, 35, 63, 78, 134, 137, 151

W

Weber, Max: 11, 17, 29, 36, 42, 50, 57, 64, 117, 154, 155, 161, 179, 180, 181, 182, 183, 194, 209, 217

X

Xenofobia: 17

Rua Dona Inácia Uchoa, 62
04110-020 – São Paulo – SP (Brasil)
Tel.: (11) 2125-3500
http://www.paulinas.com.br – editora@paulinas.com.br
Telemarketing e SAC: 0800-7010081